新商科"互联网+教育"
电子商务专业系列教材

电子商务法律法规

张彬彬　安　娜◎主编

电子工业出版社
Publishing House of Electronics Industry
北京·BEIJING

内 容 简 介

本书根据教育部颁发的教学大纲编写，同时将近些年来电子商务行业的新发展融入其中，遵循学生的认知规律。全书内容丰富，讲解透彻，循序渐进，不断深入。本书共9章，第1章从概述开始，讲述电子商务法律法规的基础知识；第2章和第3章从电子合同、电子签名和电子认证法律法规3个方面出发阐述内容，层层递进，逐渐拔高知识；第4章到第7章讲解电子支付、知识产权保护、消费者权益保护及电子商务快递物流方面的法律法规内容；第8章从纠纷及解决角度讲解电子商务纠纷与解决的相关知识；第9章介绍了近些年来出现的新型电子商务法律法规。

本书配套有教学课件、微课视频、课后习题答案、期末试卷及答案、教学大纲、教学进度表、电子教案等资源，可有效辅助教学。本书可作为相关院校"电子商务法律法规"课程的教材，也可作为从事电子商务行业的相关人员的参考用书，还可以作为相关培训机构的培训用书。

未经许可，不得以任何方式复制或抄袭本书部分或全部内容。
版权所有，侵权必究。

图书在版编目（CIP）数据

电子商务法律法规 / 张彬彬，安娜主编. -- 北京：电子工业出版社，2025.1. -- ISBN 978-7-121-49102-3
Ⅰ.D922.294
中国国家版本馆CIP数据核字第2024XN9629号

责任编辑：袁桂春　　　文字编辑：韩玉宏
印　　刷：三河市龙林印务有限公司
装　　订：三河市龙林印务有限公司
出版发行：电子工业出版社
　　　　　北京市海淀区万寿路173信箱　邮编：100036
开　　本：787×1 092　1/16　印张：12.25　字数：314千字
版　　次：2025年1月第1版
印　　次：2025年1月第1次印刷
定　　价：59.00元

凡所购买电子工业出版社图书有缺损问题，请向购买书店调换。若书店售缺，请与本社发行部联系，联系及邮购电话：(010) 88254888，88258888。
质量投诉请发邮件至zlts@phei.com.cn，盗版侵权举报请发邮件至dbqq@phei.com.cn。
本书咨询联系方式：(010) 88254199，sjb@phei.com.cn。

前言

党的二十大报告指出："教育、科技、人才是全面建设社会主义现代化国家的基础性、战略性支撑。必须坚持科技是第一生产力、人才是第一资源、创新是第一动力，深入实施科教兴国战略、人才强国战略、创新驱动发展战略，开辟发展新领域新赛道，不断塑造发展新动能新优势。"这为推动当下和未来一段时间内我国科教及人才事业的发展、构建人才培养体系指明了基本方向。

随着我国经济的不断发展、科技的飞速进步、移动通信技术的不断突破，我国的电子商务得到了快速发展，为我国的经济增速添砖加瓦，给人们的生活方式带来了极大的改变，与此同时也带来了各种各样的问题。为了规范电子商务行业发展，使之朝良好有序的方向发展，国家和各地方政府纷纷出台相关法律法规与政策，对电子商务行业中的一些不良行为加以规范，使之健康有序发展。为此，我们特别组织具有丰富教学经验的一线教师编写了本书，旨在培养遵纪守法的电子商务行业人才。

本书共 9 章，主要内容及建议学时安排如表 0-1 所示。

表 0-1　本书主要内容及建议学时安排

章	内 容 介 绍	学 时 安 排
第 1 章	从基础层面介绍电子商务法律法规的相关知识。通过本章的学习，学生应该能够掌握必备的电子商务法律法规基础知识，为后续学习奠定基础	4
第 2 章	主要介绍电子合同基本知识及合同订立、履行等相关知识，从法律规范层面约束电子合同的订立。通过本章的学习，学生应该能够掌握有关电子合同的相关法律法规知识	8
第 3 章	主要介绍电子签名和电子认证法律法规的相关知识，通过本章的学习，学生应该能够明确电子签名和电子认证两方面需掌握的法律法规基本常识	6
第 4 章	主要介绍电子支付的相关法律法规知识，通过本章的学习，学生应该能够掌握必备的电子支付法律法规知识，并能够对电子支付存在的风险加以必要的防范	6
第 5 章	主要介绍知识产权保护的相关知识，通过本章的学习，学生应该能够牢记知识产权保护方面的法律法规，在日常工作和学习中加以应用	8
第 6 章	主要介绍消费者权益保护法和电子商务中个人信息保护的相关知识，通过本章的学习，学生应该能够熟悉消费者权益保护法，并能够对个人信息进行安全保护	8
第 7 章	主要介绍电子商务快递物流法律法规的相关知识，通过本章的学习，学生应该能够熟悉并掌握有关快递物流方面的法律法规知识	8
第 8 章	主要介绍电子商务纠纷的相关知识及解决方式，通过本章的学习，学生应该能够熟悉电子商务纠纷的相关法律知识，并能够提出解决方式	8
第 9 章	主要介绍近些年来出现的新型电子商务相关的法律法规，通过本章的学习，学生应该能够掌握三种新型的电子商务法律法规	8
合计		64

在编写本书的过程中，从结构到内容，力求有所突破、有所创新，主要体现在以下几点。

1．内容系统详尽

本书从电子商务法律法规的基础知识入手，逐层深入，循序渐进地讲解内容，做到知识尽量全面，涵盖电子商务法律法规的绝大部分知识，在内容讲解方面，尽量将概念、理论阐述清晰、明白、详尽。

2．课程形式多样化

本书除理论知识外，还设置了学习目标、思政讨论、知识目标、技能目标、小常识、知识拓展、复习思考题等多个模块，有助于学生更主动地学习及更好地吸收课堂知识。

3．融入课程思政

通过思政进课堂引导学生树立正确的三观，培养其民族精神和爱国情怀。本书在每章开头设置"思政讨论"栏目，让学生可以进行集体思考讨论，使"思政"元素深入其心中，为培养遵纪守法的电子商务人士打下坚实的基础。

4．教学资源丰富

本书配有教学课件、微课视频、课后习题答案、期末试卷及答案、教学大纲、教学进度表、电子教案等资源，可有效地辅助教学。读者可以登录华信教育资源网（http://www.hxedu.com.cn）免费获取以上资源。

本书是黑龙江省高等教育教学改革项目《文化自信视域下中华优秀传统文化融入法学专业课程教学路径研究》的阶段成果，课题编号：SJGY20220495。

本书由张彬彬和安娜担任主编，王月任副主编并由其进行全书的统稿工作。具体分工如下：第1～4章由张彬彬（哈尔滨学院）编写，第5～8章由安娜（哈尔滨学院）编写，第9章由王月编写。同时隋东旭对本书做了细致的审校工作。本书在策划与编写的过程中，得到了电子工业出版社姜淑晶编辑的大力支持和帮助，在此深表谢意！由于作者水平有限，书中难免存在疏漏之处，敬请专家和读者不吝赐教。

编　者

目录

第1章 电子商务法律法规概述 ·· 1

1.1 电子商务认知 ·· 2
- 1.1.1 电子商务的概念 ·· 2
- 1.1.2 电子商务的特点 ·· 3
- 1.1.3 电子商务的分类 ·· 6

1.2 电子商务法认知 ·· 8
- 1.2.1 电子商务法的概念 ·· 9
- 1.2.2 电子商务法的基本原则 ·· 10
- 1.2.3 电子商务法的特征 ·· 13
- 1.2.4 电子商务法的作用 ·· 14

1.3 电子商务法律关系 ·· 14
- 1.3.1 电子商务法律关系的概念 ·· 15
- 1.3.2 电子商务法律关系的特点 ·· 15
- 1.3.3 电子商务法律关系的组成 ·· 16

第2章 电子合同法律法规 ·· 20

2.1 电子合同基本知识 ·· 21
- 2.1.1 电子合同的概念和分类 ·· 21
- 2.1.2 电子合同的特征 ·· 23

2.2 电子合同的订立 ·· 23
- 2.2.1 电子合同订立的构成要件 ·· 24
- 2.2.2 电子合同的要约和承诺 ·· 24
- 2.2.3 电子合同成立的时间和地点 ·· 26

2.3 电子合同的条款与生效 ·· 27
- 2.3.1 电子合同的主要条款 ·· 27
- 2.3.2 电子合同的生效条件 ·· 29
- 2.3.3 无民事行为能力人和限制民事行为能力人订立的电子合同 ·· 30
- 2.3.4 自动信息系统订立的电子合同 ·· 31

2.4 电子合同的履行及违约救济 33
2.4.1 电子合同的履行 33
2.4.2 电子合同的违约归责原则与违约救济 34
2.4.3 电子信息合同的履行 37

第3章 电子签名与电子认证法律法规 40
3.1 电子签名法律法规 41
3.1.1 电子签名的含义 41
3.1.2 电子签名的功能 42
3.1.3 电子签名与手写签名的区别 43
3.1.4 电子签名的法律效力 43
3.2 电子认证法律法规 45
3.2.1 电子认证的概念和作用 46
3.2.2 电子认证服务机构的含义和特点 47
3.2.3 电子认证服务机构设立的形式和条件 48
3.2.4 电子认证服务机构的申请和许可 50
3.2.5 电子认证服务机构的法律责任 50

第4章 电子支付法律法规 53
4.1 电子支付及其法律问题 54
4.1.1 电子支付概述 54
4.1.2 电子支付工具 55
4.1.3 电子支付当事人的法律关系 64
4.1.4 电子支付的法律关系 65
4.2 电子支付风险防范 67
4.2.1 电子支付风险 67
4.2.2 电子支付风险的法律防范对策 69
4.2.3 电子支付安全的防范措施 70

第5章 知识产权保护法律法规 72
5.1 电子商务知识产权概述 73
5.1.1 知识产权与电子商务知识产权 73
5.1.2 电子商务经营主体的知识产权保护义务 75
5.2 网络著作权的法律保护 76
5.2.1 网络著作权的定义和特点 76
5.2.2 网络著作权的主体和客体 77
5.2.3 网络著作权受侵犯的类型 78
5.2.4 网络著作权的保护 79
5.3 电子商务专利权的法律保护 80

- 5.3.1 专利与电子商务专利 ····· 80
- 5.3.2 专利权的授权条件 ····· 81
- 5.3.3 专利电子申请 ····· 82
- 5.3.4 电子商务专利侵权的类型 ····· 82
- 5.3.5 电子商务中专利权的保护 ····· 83
- 5.4 电子商务商标权法律法规 ····· 84
  - 5.4.1 商标的含义和分类 ····· 84
  - 5.4.2 商标法和商标权 ····· 85
  - 5.4.3 商标权侵权行为及责任 ····· 86
  - 5.4.4 电子商务商标权的法律保护 ····· 88

第6章 电子商务中的消费者权益保护 ····· 94

- 6.1 电子商务与消费者权益保护法 ····· 95
  - 6.1.1 消费者权益保护法 ····· 95
  - 6.1.2 电子商务中对消费者权益的保护 ····· 100
  - 6.1.3 消费过程中发生争议的解决 ····· 102
  - 6.1.4 侵害消费者权益的法律责任 ····· 103
- 6.2 电子商务中的个人信息保护 ····· 104
  - 6.2.1 个人信息基本知识 ····· 104
  - 6.2.2 个人信息权 ····· 107
  - 6.2.3 电子商务个人信息保护的原则 ····· 110
  - 6.2.4 电子商务中的个人信息侵权 ····· 111

第7章 电子商务快递物流法律法规 ····· 115

- 7.1 快递与物流概述 ····· 116
  - 7.1.1 快递的概念与分类 ····· 116
  - 7.1.2 物流的概念与特征 ····· 118
  - 7.1.3 电子商务物流模式 ····· 120
- 7.2 快递物流服务提供者、接受者的责任与义务 ····· 123
  - 7.2.1 快递物流服务提供者的责任与义务 ····· 124
  - 7.2.2 快递物流服务接受者的责任与义务 ····· 124

第8章 电子商务纠纷与解决 ····· 128

- 8.1 电子商务纠纷与解决的基本知识 ····· 129
  - 8.1.1 电子商务纠纷的概念 ····· 129
  - 8.1.2 电子商务纠纷解决的基本原则 ····· 130
  - 8.1.3 电子商务纠纷的特点 ····· 130
- 8.2 电子商务纠纷的解决方式 ····· 131
  - 8.2.1 电子商务纠纷的传统解决方式及其弊端 ····· 132

8.2.2　电子商务纠纷的在线解决方式及其优势 ·· 134
8.3　电子商务纠纷的管辖与法律适用 ·· 137
　　8.3.1　电子商务纠纷的管辖 ·· 138
　　8.3.2　电子商务纠纷法律适用 ·· 141
8.4　电子商务诉讼中的电子证据 ·· 143
　　8.4.1　电子证据基本知识 ·· 144
　　8.4.2　电子证据的收集 ·· 146
　　8.4.3　电子证据的审查 ·· 148

第9章　新型电子商务法律法规 ·· 150

9.1　直播电子商务法律法规 ·· 151
　　9.1.1　直播电子商务概述 ·· 151
　　9.1.2　直播电子商务法律法规现状 ·· 155
　　9.1.3　直播电子商务法律法规存在的问题及其应对策略 ······································ 156
　　9.1.4　带货主播在直播中的主体定位及其法律责任 ·· 159
　　9.1.5　直播电子商务法律法规完善方向 ·· 161
　　9.1.6　直播电子商务虚假宣传的法律法规完善 ·· 163
9.2　农村电子商务法律法规 ·· 166
　　9.2.1　农村电子商务概述 ·· 167
　　9.2.2　农村电子商务存在的法律风险及其原因分析 ·· 171
　　9.2.3　解决农村电子商务法律风险的对策 ·· 173
　　9.2.4　农村电子商务法律法规健全策略 ·· 174
9.3　跨境电子商务法律法规 ·· 176
　　9.3.1　跨境电子商务概述 ·· 176
　　9.3.2　跨境电子商务相关法律政策 ·· 182
　　9.3.3　我国跨境电子商务法律监管现状 ·· 183
　　9.3.4　完善我国跨境电子商务法律监管的对策 ·· 184
　　9.3.5　跨境电子商务知识产权的法律风险及其法律保护发展对策 ······················ 185

参考文献 ·· 188

第1章
电子商务法律法规概述

　　电子商务是通过电子信息技术、网络技术、现代通信技术，使交易涉及的各方当事人借助电子方式进行联系并完成交易的过程。电子商务以交易范围大、交易成本低、交易周期短等优势对传统交易形式产生了巨大的冲击，同时也为市场规范带来了新的问题，如电子合同的订立问题、网上支付结算问题、征税问题、知识产权保护问题，以及电子商务的安全和争议的解决问题等。为了解决这些问题及规范电子商务行业的发展，国家和各地方政府相继出台了各项法律法规和相关制度。

【学习目标】

　　（1）初步认知电子商务，了解其基本概念、特点和分类。
　　（2）掌握电子商务法的基本知识，并知晓电子商务法在电子商务活动中的重要性。
　　（3）明确电子商务参与各方之间的法律关系，熟练掌握电子商务法律关系的组成。

【思政讨论】

习近平总书记在党的十九大报告中提出，要以培养担当民族复兴大任的时代新人为着眼点，强化教育引导、实践养成、制度保障，发挥社会主义核心价值观对国民教育、精神文明创建、精神文化产品创作生产传播的引领作用，把社会主义核心价值观融入社会发展各方面，转化为人们的情感认同和行为习惯。

社会主义核心价值观三个层面的价值要求互为条件、相互融合，共同构成了一个不可分割的有机整体，统一于中国特色社会主义建设实践。

讨论：

（1）请谈一谈你对社会主义核心价值观中"富强、文明、和谐"的理解。

（2）电子商务与社会主义核心价值观有着怎样的联系？

1.1 电子商务认知

【知识目标】

（1）了解电子商务的概念。

（2）熟悉电子商务的特点。

（3）掌握电子商务的分类。

【技能目标】

（1）能够区分电子商务在广义和狭义概念上的不同。

（2）能够说出电子商务的特点有哪些。

（3）能够对不同类型的电子商务进行区分。

1.1.1 电子商务的概念

电子商务这一概念自产生起，就没有一个较为全面的、具有权威性的、能够被大多数人接受的定义，国内外不同的书籍、机构等对电子商务的定义都有差异，各国政府、学者、企业界人士都根据自己所处的地位和对电子商务的参与程度，从各自的角度提出了自己对电子商务的认识。简单来讲，电子商务是通过电子信息网络从事交易的活动，有广义和狭义之分。

1. 广义的电子商务

广义的电子商务是指交易当事人或参与人利用计算机网络和现代信息技术按照一定标准所进行的各类商务活动，包括货物贸易、服务贸易和知识产权贸易（主要是指企业与企业之间、企业与消费者之间的交易活动）。

对上述广义电子商务的定义，可以从以下两个方面来分析和理解。

（1）电子商务是一种采用先进信息技术的商务方式。交易各方将自己的各类供求意愿按照一定的格式输入电子商务网络，电子商务网络便会根据用户的要求寻找相关的信息，并提供给用户多种交易选择。一旦用户确定了交易对象，电子商务网络就会协助完成合同的签订、分类、传递和款项收付结转等业务。为交易双方提供一种"双赢"的最佳选择。

（2）电子商务的本质是商务。电子商务的目标是通过互联网这一最先进的信息技术来进行商务活动，所以它要服务于商务，满足商务活动的要求，商务活动是电子商务永恒的主题。从另一个角度来看，商务是不断发展的，电子商务的广泛应用将给商务本身带来巨大的影响，从根本上改变人类社会原有的商务方式，给商务活动注入全新的理念。

对电子商务的全面理解应从"现代信息技术"和"商务"两个方面进行思考。一方面，电子商务所包含的"现代信息技术"应涵盖各种以电子技术为基础的现代通信方式；另一方面，对"商务"一词应作广义的理解，是指契约性和非契约性的一切商务性质的关系所引起的种种事项。用集合论的观点来分析，电子商务是现代信息技术与商务两个子集的交集。电子商务与现代信息技术、商务之间的关系如图1-1所示。

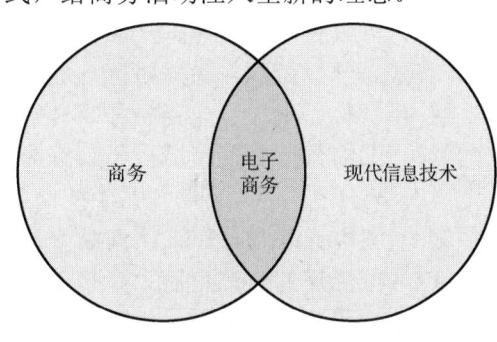

图1-1 电子商务与现代信息技术、商务之间的关系

> **小常识**
>
> **契约精神**
>
> 契约精神是指存在于商品经济社会并由此派生的契约关系与内在原则，是一种自由、平等、守信的精神。契约精神要求社会中的每个人都要受自己诺言的约束，信守约定。这既是古老的道德原则，也是现代法治精神的要求。
>
> 民事当事人在商品交易中主体地位的平等、彼此选择意志的自由、利益分享的互赢、对已成立契约效力的尊重和信守，是契约精神最基本的内容。因此，从一定意义上讲，平等、自由、互利是契约精神的内在本质。

2. 狭义的电子商务

狭义的电子商务是指通过互联网进行的商务活动。从发展的角度来看，将利用各类电子信息网络进行的广告、设计、开发、推销、采购和结算等全部贸易活动都纳入电子商务范畴是比较符合实际的。

1.1.2 电子商务的特点

电子商务与传统商务相比具有明显的特点，具体可归纳为以下6点。

1. 全球性

电子商务可以直接与全球各地的客户联系。电子商务依托于互联网，互联网可以把地方市场、国内市场、国际区域市场和全球市场连成一体，整个世界的生产、交换、分配和消费紧密相连，无论是企业还是个人。通过互联网进行的商务交易活动或非交易活动已经很难限制，尤其是当代，经济的全球化、一体化趋势直接推动了电子商务的发展，使电子商务的全球性特征更为明显。同时，电子商务以网络经济为载体和依托，又为经济的全球化、一体化发展提供了手段。互联网与电子商务活动相互推动，促进了信息经济及其相关产业、行业的迅速发展。

2. 高效便捷性

电子商务的高效便捷性主要表现在以下7个方面。

（1）可以将原料采购、产品生产、产品销售、银行汇兑、物资保险、货物申报与托运等集成一体，做到在最短时间内完成各环节的相关任务，从而大大减少了在传统营销方式中用信件、电报、电话、传真传递信息的复杂环节与时间耗费，既大幅度提高了工作效率，又节约了时间，减少了延误事件的发生。

（2）充分利用互联网将贸易中的商业文献标准化，使之能快速传递和进行计算机处理。

（3）利用互联网存储大量商品交易信息，便于消费者即时查询。

（4）可传递的信息数量大、精确度高，并能根据市场需求变化及时更新商品和调整商品价格，最大限度地满足消费者的需求。

（5）不受天气、路途、地域的限制，大大提高了企业的服务质量。

（6）国家、行业、市场的管理部门可以直接通过互联网进行查询、统计、监督和检查电子商务活动的情况和观察分析市场运行的情况，从而把握商品生产、流通、消费的总体情况，同时可以通过对市场的动态分析，适时向市场各方发出调控信息，确保市场有序地运行。

（7）对微观企业的自我调节，特别是开展电子商务后及时获取各个层次的商务信息，如调节企业的经营决策等，实现了高效、便利和快捷的企业服务目标。

3. 安全性

电子商务的安全问题也是一个完全不同于传统商务的特殊问题。网络线路的可窃听性、电子信息的可复制性，以及互联网软件、硬件目前仍存在的一些缺陷，使人们对电子商务的安全性大为担心。但是，不断发展的电子商务能够很好地解决这一问题。黑客攻击、病毒侵害、网上欺诈、网上盗窃都是可以防范和拦截的。安全性是电子商务高速发展的重要保证。

4. 电子集成性

电子商务中大量采用了计算机、网络通信等新兴技术。这些新兴技术的运用并非意味着企业原有的信息系统和设备将被全部淘汰。电子商务的电子集成性是指通过电子工程技术实现新老资源、人工操作与电子系统处理的有机集成。首先，电子商务实现新老资源集成。电子商务作为新兴产业，一方面，通过互联网协调新老技术，使互联网用户更加有效地利用自身已有的资源与技术，可以更有效地完成自己的任务；另一方面，又可以通过伸缩型的网络计算模型，帮助企业分析、规划其电子商务的发展战略，指导设计和建立应用项目，更好地集成新老资源和充分利用已有资源发挥其作用。其次，电子商务可以实现人工操作与电子系统处理的有机集成。电子商务在事务处理上具有整体性和统一性的特征,能规范事务处理的工作流程,将人工操作和电子信息处理集成为一个不可分割的整体,这样不仅提高了人力、物力的有效利用率,也提高了系统运行的严密性。

5. 服务可扩展性

正常运行的电子商务必须保持其可扩展性。可扩展性就是对服务对象的开放性。互联网上的用户数量之大、增长速度之快,均要求电子商务系统能够有与其相适应的可扩展性,在信息传输过程中不时会出现用户拥挤的高峰时段,作为电子商务企业,就必须考虑要有扩展用户访问的服务器,以此降低系统拥塞程度,保持用户访问高峰时段的系统的稳定。如果企业自己的系统经常堵塞,客户对该系统的访问量就会急剧下降,可能会拒绝为企业带来丰厚利润的客户来访,导致大量客户流失,给企业造成巨大的损失。可见,对电子商务来说,可扩展的系统才是稳定的系统;稳定的系统才能提供优质的服务,从而促进电子商务的不断发展。

6. 经济性

电子商务的经济性主要表现在使买卖双方的交易成本大幅度降低上。

(1)互联网传输信息的成本远远低于信件、电话、电报、传真传递信息的成本。同时,网络传输缩短了时间,减少了数据重复录入,也降低了信息传输的成本。

(2)买卖双方通过互联网进行商务交易活动,越过交易的中间环节,同时也就减少了中间交易支付的费用。

(3)生产者与商品拥有者通过互联网进行商品的介绍、宣传,费用低,减少了传统广告、宣传各环节的开支。

(4)电子商务实现"无纸经营"模式,降低了印刷成本,大约可节约90%的文件处理费用。

(5)互联网能够使买卖双方实现即时沟通供需信息,使"无库存生产"和"无库存销售"成为可能;不仅使库存保管成本降为零,而且降低了产量过剩造成的资源浪费现象的发生。

(6)企业可利用内部网络实现"无纸化办公",从而提高了内部信息传递效率,节约了时间,降低了管理成本。特别是一些大型企业,可以通过互联网将其母公司、分公司与各子公司及各产品代理商等紧密联系在一起。企业可及时对世界各地的市场变化情况做出反应,实现即时生产、即时销售,从而降低了存货管理费用,进一步降低了产品的总成本。

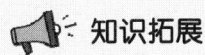 知识拓展

无纸化办公的优势

无纸化办公是指在无纸化办公环境中进行工作的一种方式,需要硬件、软件与通信网络协力才能达到的办公体验。随着科技的快速发展,很多传统公司由传统纸质化办公转向现代无纸化办公,协同办公系统的方便和快捷也在日常办公过程中得以体现。

无纸化办公的主要优势体现在以下5个方面。

1. 节约时间，提高办公效率

节约职员之间的沟通和走程序的时间，这是协同办公系统的最主要特点，也是多数企业实行无纸化办公的出发点之一。企业通过协同办公系统受理办公流程和审批文件，不仅节省了大量文件印发、转送、通知等方面的时间和人力成本，也大大提高了工作效率。

2. 节约资源，绿色环保

绿色环保是无纸化办公的另一个优势。很多传统企业的一些文件审批，一般一复印就要很多份，这样只会增加办公成本。自无纸化办公方式兴起之后，可以节约纸质上的交流传递，减少了印刷、笔墨、订书钉等办公用品费用的支出，节约了资源。

3. 实时传递，信息共享无障碍

传统办公中的办公资料只能通过纸质文件来传递公告，且需要一级一级传递。协同办公系统的推出保证了信息共享的实时性和迅速性。企业可通过协同办公平台共享资料信息，职员可以第一时间看到最新的通知、资料等。后期文件的存档入档、查找等也更加方便、快捷。

4. 易学易用

可将领导在传统纸质文件上的批示、签署信息转换为电子文档并借助软件打开，通过对文件传阅、审批流程的定义，领导便可使用搭载原笔迹手写技术的电磁屏，通过手写对电子文件进行亲笔圈阅、批注和签名。

5. 网络安全

领导办公可以与工作的各环节紧密结合，动态电子签名认证保证了领导签名内容的不可更改性和来源的真实性。企业可以利用动态电子签名认证实现可靠的身份确认功效，比传统使用键盘输入密码更安全、更有效。用动态签名认证来替代传统密码口令验证，极大地增加了系统中信息的安全性，而且使用更加方便、容易。

1.1.3 电子商务的分类

通常来说，电子商务根据模式不同，可以分为7类，如图1-2所示。

1. B2B 模式

B2B（Business to Business）模式是最常见的由商家对商家的电子商务模式，即企业与企业之间使用网络技术或各种商务网络平台发布供求信息，订货及确认订货，实现支付过程及票据的签发、传送和接收，确定配送方案并监控配送过程，等等。

2. B2C 模式

我国最早产生的电子商务模式就是B2C（Business to Customer）模式，其标志为8848网上商城正式运营。B2C模式即企业通过网络为消费者提供一个新型的购物环境——网上商店，消费者通过网络在网上购物、支付。B2C模式节省了消费者和企业的时间与空间，大大提高了交易效率。

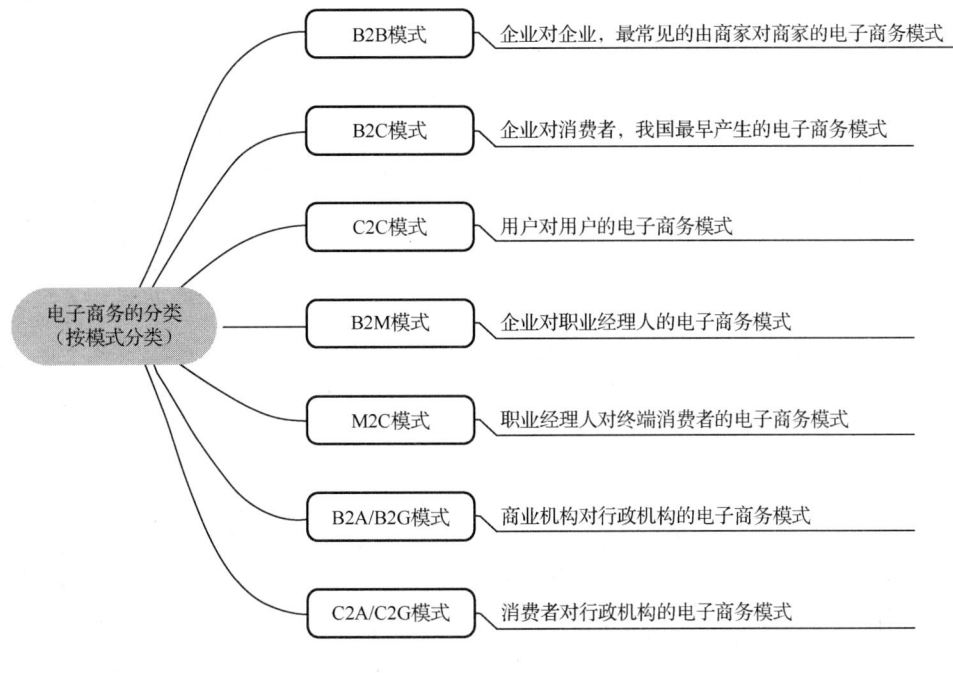

图 1-2　电子商务按模式分类

3．C2C 模式

C2C（Customer to Customer）模式与 B2B、B2C 模式一样，都是电子商务的模式之一。但不同的是，C2C 是用户对用户的模式；C2C 商务平台就是通过为买、卖双方提供一个在线交易平台，来使卖方可以主动提供商品进行网上拍卖，而买方可以自行选择商品进行竞价。

4．B2M 模式

在 B2M（Business to Manager）模式下，企业通过网络平台发布该企业的产品或者服务，职业经理人通过网络获取该企业的产品或者服务信息，并且为该企业提供产品销售或者企业服务。企业通过职业经理人的服务达到销售产品或者获得服务的目的，职业经理人通过为企业提供服务而获得佣金。B2M 模式所针对的客户群是该企业或者该产品的销售者或者其他工作者，而不是最终消费者，其本质是一种代理模式。

5．M2C 模式

M2C（Manager to Consumer）模式是在 B2M 电子商务模式下出现的延伸概念。在 M2C 模式下，职业经理人将取代企业而直接面对最终消费者。C2C 模式是传统的盈利模式，赚取的是商品进、出价的差价，而 M2C 模式的盈利模式则更加丰富、灵活，赚取的既可以是佣金也可以是差价，并且在物流管理模式和库存方面也较传统的 C2C 模式更有优势。

实践证明，要实现完整的电子商务运作还会涉及很多方面，除买家、卖家外，还要有银行或其他金融机构、政府机构、认证机构、配送中心等主体的加入才行。由于参与电子商务的各方在空间上是互不见面的,因此,整个电子商务运行过程并不是传统商务活动的翻版,其中还融入了许多新的元素,如网上银行、在线电子支付等方式,以及数据加密、电子签名等新兴技术,它们在电子商务运行过程中发挥着不可或缺的作用。

> **小常识**
>
> **数据加密技术**
>
> 数据加密技术是指将一条信息(或称明文,Plain Text)经过加密钥匙(Encryption Key)及加密函数转换,变成无意义的密文(Cipher Text),而接收方则将此密文经过解密函数、解密钥匙(Decryption Key)还原成明文。加密技术是网络安全技术的基石。

6. B2A/B2G 模式

B2A/B2G(Business to Administration/Business to Government)模式即商业机构对行政机构的电子商务模式,是指企业与政府机构之间进行的电子商务活动。例如,政府将采购的细节在互联网上公布,通过网上竞价方式进行招标,企业也要通过电子方式进行投标。虽然目前这种方式仍处于初期的试验阶段,但基于其便捷性,B2A/B2G 模式可能会发展很快。在 B2A/B2G 模式下,政府可以通过示范作用来促进电子商务的发展,还可以实施对企业的行政事务管理,如政府用电子商务方式发放进出口许可证、开展统计工作,企业可以通过网络办理交税和退税业务等,这也有利于促进其他各类电子商务活动的有序开展。

7. C2A/C2G 模式

C2A/C2G(Consumer to Administration/Consumer to Government)模式即消费者对行政机构的电子商务模式,是指政府对个人的电子商务活动,目前,该模式尚处于雏形阶段。然而,在个别发达国家(如澳大利亚),政府的税务机构已经能够通过指定的私营税务所或财务会计事务所用电子方式来为个人报税。虽然它还没有达到真正的报税电子化,但是已经具备了消费者对行政机构电子商务的雏形。

随着上述电子商务模式的发展,政府将会更为全面地向社会个体提供电子服务,如社会福利金的支付等将来都会在网上进行。

1.2 电子商务法认知

【知识目标】

(1)了解电子商务法的概念。
(2)理解电子商务法的基本原则。
(3)理解电子商务法的特征。
(4)掌握电子商务法的作用。

【技能目标】

（1）能够说出电子商务法的基本原则。
（2）能够归纳出电子商务法的特征。
（3）能够说出电子商务法的作用。

1.2.1 电子商务法的概念

电子商务法是随着现代信息化技术发展和应用而形成的商事法律部门中的一个重要领域。电子商务法不仅是对传统商事理念和交易规则的继承与发展，更是对传统法律无法应对新兴交易规则、交易模式等问题的突破。

一般认为，法律是调整特定社会关系或社会行为的规范，而电子商务的发展和自身的规范及要求促使电子商务法的产生。顾名思义，电子商务法是指调整平等主体之间通过电子行为设立、变更和消灭财产关系和人身关系的法律规范的总称；是政府调整企业和个人以数据电文为交易手段，通过信息网络所产生的因交易形成所引起的各种商事交易关系密切相关的社会关系、政府管理关系的法律规范的总称。

> **小常识**
>
> **数据电文申报**
>
> 数据电文申报是经税务机关批准的纳税人、扣缴义务人经由电子手段、光学手段或类似手段，生成、存储或传递信息并用于税务数据传输申报的过程。数据电文申报运用了新的电子信息技术，代表着纳税申报方式的发展方向，使用范围逐渐扩大。但由于采用数据电文申报方式，其数据的可靠性尚不够稳定，因此，税法要求纳税人采取电子方式办理纳税申报的，应当按照税务机关规定的期限和要求保存有关（纸质）资料，并定期书面报送主管税务机关。

法律的调整对象即立法目的，是立法的核心问题。通常，人们在描述某一法律部门或领域的概念时，往往免不了要提及其特定的对象。电子商务法是调整以数据电文为交易手段而形成的以交易形式为内容的商事关系的规范体系。也就是说，以数据电文为交易手段而形成的以交易形式为内容的商事关系就是电子商务法调整的对象。

为了保障电子商务各方主体的合法权益，规范电子商务行为，维护市场秩序，促进电子商务持续健康发展，2018年8月31日，中华人民共和国第十三届全国人民代表大会常务委员会第五次会议表决通过了《中华人民共和国电子商务法》（以下简称《电子商务法》），该法自2019年1月1日起施行。

> **知识拓展**
>
> **《电子商务法》实施的意义**
>
> 对消费者来说，《电子商务法》成了维护自身权益的"利剑"。在日常的电子商务交易过程中，当自身合法权益受到侵害时，能够依法维权。通览整部《电子商务法》，从其条文体现的精神来看更加偏向于维护消费者的权益，这足以说明在市场

经济大环境下,电子商务想要长足发展,离不开消费者,维护好消费者的权益更是重中之重。

对经营者来说,《电子商务法》是其必须遵循的规则和压在肩上的责任。《电子商务法》不仅划定了禁止刷单、禁止搭售、禁止杀熟等经营者不敢逾越的红线,同时也明确了经营者的责任与义务,并鼓励平台经营者建立担保、促进争端解决等机制,将经营者朝着有责任、有担当的方向引导。

对电子商务行业来说,《电子商务法》的出台标志着我国电子商务行业从原先的自由生长逐渐过渡转化为合法合规治理,夯实了电子商务领域消费者权益保护的根基,有利于营造良好的电子商务业态,促进电子商务行业朝着健康的方向发展。

对国家来说,我国的《电子商务法》走在了世界前列,填补了我国电子商务领域法律法规的空白,也开创了我国电子商务立法的先河,对世界范围内的电子商务立法也具有示范意义。

1.2.2 电子商务法的基本原则

1. 中立原则

电子商务法的基本目标就是在电子商务活动中建立公平的交易规则。中立原则包括技术中立、媒介中立、实施中立和同等保护4个方面。

1)技术中立

技术中立是指法律对电子商务的技术手段一视同仁,不限定使用或不禁止使用何种技术,也不对特定技术在法律效力上进行区别对待。电子商务法对传统的口令法、非对称性公开密钥加密法及生物鉴别法等认证方法都不可厚此薄彼,不可提出任何歧视性要求;同时,还要给未来技术的发展留下法律空间,不能停滞于现状,以致闭塞贤路。例如,《中华人民共和国电子签名法》(以下简称《电子签名法》)第四条规定:"能够有形地表现所载内容,并可以随时调取查用的数据电文,视为符合法律、法规要求的书面形式。"

2)媒介中立

媒介中立与技术中立紧密联系,是指法律对于交易是采用纸质媒介还是采用电子媒介(或其他媒介)都一视同仁,不因交易采用的媒介不同而区别对待或赋予不同的法律效力。媒介中立是中立原则在各种通信媒体上的具体表现。从传统的通信行业划分来看,不同的媒体可能分属于不同的产业部门,如无线通信、有线通信、广播、电视、增值网络等,《电子商务法》应以中立的原则来对待这些媒介体,允许各种媒介根据技术和市场的发展规律而相互融合、相互促进。

3)实施中立

实施中立是指在电子商务立法和司法实践中,强调本国电子商务活动与跨国电子商务活动在适用法律上一视同仁。《电子商务法》与其他相关法律法规在实施上不能偏颇,传统商务环境下的法律规范与电子商务法律规范在效力上并不相悖。

4）同等保护

同等保护是实施中立原则在电子商务交易主体上的延伸。《电子商务法》对商家与消费者、国内当事人与国外当事人都应尽量做到同等保护。因为电子商务市场本身具有国际性，所以，割裂的、封闭的电子商务市场在现代通信技术条件下是无法生存的。

2. 安全原则

电子商务以高效、快捷的特性在各种商事交易形式中脱颖而出，具有强大的生命力。因此，电子商务必须以安全为前提，既需要技术上的安全措施，也需要《电子商务法》的安全规范；保障电子商务的安全进行，既是《电子商务法》的重要任务，又是其基本原则之一。

安全原则要求与电子商务有关的交易信息在传输、存储、交换等整个电子商务过程中不被丢失、泄露、窃听、拦截、改变等，要求网络和信息应保持可靠性、可用性、保密性、完整性、可控性和不可抵赖性。

3. 自愿、公平、诚实信用原则

自愿、公平、诚实信用是公认的商业准则，电子商务作为一种新型的商业业态，也应当遵守。

《电子商务法》第三条规定："国家鼓励发展电子商务新业态，创新商业模式，促进电子商务技术研发和推广应用，推进电子商务诚信体系建设，营造有利于电子商务创新发展的市场环境，充分发挥电子商务在推动高质量发展、满足人民日益增长的美好生活需要、构建开放型经济方面的重要作用。"

《电子商务法》第五条规定："电子商务经营者从事经营活动，应当遵循自愿、平等、公平、诚信的原则，遵守法律和商业道德，公平参与市场竞争，履行消费者权益保护、环境保护、知识产权保护、网络安全与个人信息保护等方面的义务，承担产品和服务质量责任，接受政府和社会的监督。"

4. 交易自治原则

允许当事人以协议方式订立其间的交易规则是交易法的基本属性，交易自治原则是指参加电子商务交易的各方当事人完全可以按照自己的意愿进行协商，确定他们之间的协议条款，选择交易与履行方式等，其中不含有被强迫的成分和国家强制执行。

在《电子商务法》的立法与司法过程中都要以交易自治原则为指导，为当事人全面表达与实现自己的意愿预留充分的空间，提供实际的保障。联合国国际贸易法委员会制定的《联合国国际贸易法委员会电子商务示范法》第四条规定："在参与生成、发送、接收、存储或以其他方式处理数据电文的当事方之间，除另有规定外，第三章的条款可经由协议做出改动。"即除强制性的法律规范外，其余条款均可由当事人自行协商制定。

5. 监督管理与社会共治原则

电子商务的治理要充分发挥政府作用，国务院和县级以上地方人民政府应当将电子商务发展纳入国民经济和社会发展规划，制定科学合理的产业政策，完善标准体系建设，根据电子商务活动的特点，完善和创新电子商务管理体制和管理方式。

《电子商务法》第六条规定："国务院有关部门按照职责分工负责电子商务发展促进、监督管理等工作。县级以上地方各级人民政府可以根据本行政区域的实际情况，确定本行政区域内电子商务的部门职责划分。"

电子商务的治理还要充分发挥行业自律和社会共治的作用，体现电子商务管理创新，运用互联网思维、互联网管理办法。电子商务行业组织和电子商务经营主体应当加强行业自律，建立健全行业规范和网络规范，引导本行业经营者公平竞争，推动行业诚信建设。

例如，《电子商务法》第七条规定："国家建立符合电子商务特点的协同管理体系，推动形成有关部门、电子商务行业组织、电子商务经营者、消费者等共同参与的电子商务市场治理体系。"第八条规定："电子商务行业组织按照本组织章程开展行业自律，建立健全行业规范，推动行业诚信建设，监督、引导本行业经营者公平参与市场竞争。"

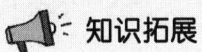

《电子商务法》的立法进程

2000年12月，全国人民代表大会常务委员会（以下简称全国人大常委会）审议通过了《关于维护互联网安全的决定》。

2004年8月，通过了《电子签名法》。

2012年12月，通过了《关于加强网络信息保护的决定》。

2013年12月7日，全国人大常委会在人民大会堂召开了电子商务法起草组的第一次会议，正式启动了电子商务法的立法进程。12月27日，全国人大财经委在人民大会堂召开电子商务法起草组成立暨第一次全体会议，正式启动电子商务法立法工作，首次划定中国电子商务立法的"时间表"。根据十二届全国人大常委会立法规划，电子商务法被列入第二类立法项目，即需要抓紧工作，当条件成熟时提请常委会审议的法律草案。

2014年11月24日，全国人大常委会于全国人大会议中心召开电子商务法起草组第二次全体会议。起草组已经明确提出，电子商务法要以促进发展、规范秩序、维护权益为立法的指导思想。

2015年1月至2016年6月开展并完成电子商务法草案起草。

2016年3月10日，全国人大财政经济委员会副主任委员乌日图透露，电子商务立法已列入十二届全国人大常委会五年立法规划，目前法律草案稿已经形成，将尽早提请审议。

2016年12月19日，十二届全国人大常委会第二十五次会议上，全国人大财政经济委员会提请审议电子商务法草案。

2018年6月19日，电子商务法草案三审稿提请十三届全国人大常委会第三次会议审议。

2018年8月27日至8月31日举行的十三届全国人大常委会第五次会议对电子商务法草案进行四审。

2018年8月31日，中华人民共和国主席习近平签署中华人民共和国主席令（第七号），《电子商务法》已由中华人民共和国第十三届全国人民代表大会常务委员会第五次会议于2018年8月31日审议通过，自2019年1月1日起施行。

1.2.3 电子商务法的特征

电子商务法具有如下 3 个特征：国际性、虚拟性、安全性。

1. 国际性

电子商务是行为人通过网络等现代科技手段所构成的网络空间进行的一些商业活动，而互联网则是电子商务活动最主要的依托平台。

从本质上来讲，互联网也是具有国际性的，每个国家都相互连接，电子商务也属于世界范畴的一种商业行为，参与电子商务活动的所有人都是可以跨越国家和地区的，打破了时间、空间的局限，让活动参与者利用电子数据即可完成线上交易，参与的范围大大扩张。在国际电子商务法统一使用之前，各国都应重视本国法律与国际贸易法的接轨，从而使其与世界的需求相适应。所以说，国际性是电子商务法的主要特征之一。

2. 虚拟性

电子商务法中所涉及的对象与现实社会中的社会关系有很大不同，它是存在于网络虚拟世界与现实世界之间的。电子商务的整个互动过程都在网络平台上展开，互联网是交易者参与活动的唯一平台。

互联网平台的稳定运行需要数字技术的支持，由软件与硬件共同构成了电子商务活动的虚拟空间。在这个虚拟空间中，交易的主体——商品都是以数字化的形式而存在的，通过数字技术以多媒体数据信息的形式展现在我们面前。例如，买卖双方的交谈记录、交易的资金等交易信息都是以数字化的方式呈现的。在电子商务活动中，电子商务通过电子信息交换进行交易，所以说，虚拟性也是电子商务法的主要特征之一。

目前，我国没有一种法律是规范电子商务主体的。在电子商务活动中，主体是以虚拟的形式在互联网平台上出现的，如果对于主体行为是否合格都不确定，那么，要展开电子商务活动便困难重重。所以说，电子商务的主体身份要通过法律身份认证等方式来确定。若身份不经过确认便不能明确主体在现实中是否具有合格的条件，其网络交易也就是一种无效的行为，不受法律保护。所以，对于电子身份认证的问题，在电子商务立法过程中也要重点关注。

3. 安全性

在商业活动中，电子商务能够帮助企业提高竞争力，扩大其发展的空间，给企业带来更好的发展机遇。在电子商务活动中，安全问题也是使企业商家感到不安的一个主要问题。怎样才能保证商业机密的安全、数据库的保密、避免商业欺诈、交易系统安全及参与者的身份问题，是电子商务活动中需要重视的关键问题。在这方面如果只依靠技术而没有法律方面的保障是远远不够的。在电子商务活动中，很多交易凭证都需要以电子信息的方式来进行传递，这需要有一套完整的安全法律来保障交易和信息的安全性。

在电子商务立法和信息安全立法过程中，可以从信息保密与加密技术法规，通信技术的安全性法规，电子商务交易发生事故后的处理规则，国家机密、商业机密的界定和保护，信息犯罪的界定、裁决、惩罚等方面来进行考虑。因为电子商务法具有国际性，所以，立法时还需要重视与国际的接轨，并且要注意，电子商务活动中的交易安全不仅关系交易当事人的利益，电子商务的相关法律对国家的安全和经济利益都有着直接的影响。所以，不仅要强调开发拥有自主知识产权的商务核心软件，还要充分考虑国家和民族的利益，从更高的角度来确定我国的电子商务立法工作。

不管从电子商务活动的参与者的角度来说，还是从国家的利益来看，立法过程中都要以解决电子商务的安全为目标，通过电子商务安全问题的确定，预防、打击各类网络犯罪，从而保障电子商务的顺利进行。因此，安全性也是电子商务法的主要特征之一。

1.2.4　电子商务法的作用

电子商务法的作用主要体现在以下3个方面。

1. 为电子商务的健康、快速发展创造一个良好的法律环境

随着信息高速公路与互联网技术的快速普及，电子邮件、电子数据交换等现代化通信工具在商务交易中的使用急剧增多，预示着未来将持续扩展其影响力。然而，以非书面的电文形式来传递具有法律意义的信息，可能会因使用这种电文所遇到的法律障碍或电文法律有效性的不确定而受到影响。制定电子商务法的目的就是要向电子商务的各类参与者提供一套虚拟环境下进行交易的规则，说明怎样去消除此类法律障碍，如何为电子商务营造一种比较可靠的法律环境。

2. 法律是保证网络交易安全的重要手段

在谈到交易安全时，人们首先想到的就是技术保证措施，如防火墙技术等。但是，单纯的技术仍难以完全保证电子商务的交易安全，况且技术本身也需要法律规范。因此，电子商务安全仍然需要法律的保障。

电子商务安全问题涉及两个方面：一是交易安全，二是信息和网络安全。这两个安全问题往往交织在一起，没有信息和网络安全就没有交易安全。

3. 鼓励利用现代信息技术来促进交易活动

电子商务法的目标主要包括促进电子商务的普及或为此创造方便条件、平等对待基于书面文件的用户和基于数据电文的用户、充分发挥高科技手段在商务活动中的作用等。这些目标都是促进经济增长和提高国内、国际贸易效率的关键。从这一点上讲，电子商务立法的目的不是从技术角度来处理电子商务关系，而是要创造尽可能安全的法律环境，以便电子商务参与各方能高效率地开展贸易和服务活动。

1.3　电子商务法律关系

【知识目标】

（1）了解法律关系和电子商务法律关系的概念。
（2）理解电子商务法律关系的特点。
（3）掌握电子商务法律关系的组成。

【技能目标】

（1）能够说出电子商务法律关系的概念。
（2）能够归纳出电子商务法律关系的特点。
（3）能够总结出电子商务法律关系的组成。

1.3.1 电子商务法律关系的概念

1．法律关系

法律关系是法律规范在调整人们行为过程中形成的权利和义务关系。例如，公司与职工依法签订劳动合同后，就构成了双方的劳动法律关系。法律关系由法律关系主体、法律关系客体和法律关系内容3个要素组成。

2．电子商务法律关系

电子商务法律关系是指由电子商务法律规范所确认的电子商务活动中当事人之间的具有权利和义务内容的经济关系。电子商务法律关系的构成要素自然也包括电子商务法律关系主体、电子商务法律关系客体和电子商务法律关系内容。这3个要素缺一不可，不管3个要素中的哪一个发生变化，都会影响电子商务法律关系。

1.3.2 电子商务法律关系的特点

电子商务法律关系具有如下5个特点。

1．电子商务法律关系具有平等性

电子商务法律关系是平等主体之间的财产关系和人身关系在法律上的表现。因此，这种法律关系具有平等的特点，主要表现为以下两个方面。

1）主体地位平等

电子商务法律框架下的交易双方，各自秉持独立、无差别的法律身份，无论采取何种方式加入这一法律领域，均享有与对方同等的地位。他们之间不存在任何层级差异，诸如不平等的指令服从、管理与被管理的从属架构。因此，任何未能建立在平等基石之上的法律关系，均被排除在电子商务法律关系的界定之外。

2）权利义务一般对等

在大多数电子商务法律关系中，交易双方往往都享有权利并且承担义务，且通常一方的权利就是对方的义务，反之亦然。但是，权利义务的对等却并非电子商务法律关系的根本特征。也就是说，只要当事人的法律地位是平等的或是在平等的基础上设立的，那么，即使在某些情况下，一方只享有权利，另一方只承担义务，也应属于电子商务法律关系的范畴。

2．电子商务法律关系具有复合性

电子商务的交易和服务关系主要由电子商务法中的民商法部分来调整。因为电子商务法具有私法和公法交融的性质，国家为推进电子商务的发展，实行宏观调控，行政部门对电子商务主体、市场秩序、电子认证、网络安全、网络税收等进行监管，所以，违反电子商务法的法律责任不仅有民事责任，还有行政责任和刑事责任。

3. 电子商务法律关系是一种意志关系

电子商务法律关系并非一般意义上的社会关系，而是依据国家意志构建并通过法律形式展现的特殊社会关系。这一关系深刻体现了国家的意愿与导向，仅当交易行为遵循电子商务法所蕴含的国家意志时，方能获得国家的认可与保护，同时，国家将运用其强制力确保该关系中权利与义务的有效实现。值得注意的是，电子商务法律关系作为一种意志关系的体现，其特殊性在于它不仅映射了国家的意志，也融入了交易者的个人意志。在诸多场合下，电子商务法律关系的产生、变化、终止，乃至其内容的具体界定，均深受交易者意志的影响与决定。这一特点鲜明地区分了电子商务法律关系与其他法律关系的不同。

因此，电子商务法律关系不是物质关系，而是一种意志关系，属于上层建筑的范畴。

4. 电子商务法律关系是一种具体的电子商务权利义务关系

电子商务法律关系是电子商务法调整的结果。电子商务法调整社会关系，赋予当事人电子商务主体的权利和义务。但是法律规定的权利和义务是抽象的，它只是标志着国家保护什么、反对什么。电子商务法律关系是现实的、具体的，电子商务法律关系一经建立，当事人一方面享有某种权利，另一方面承担相应的义务，或者双方当事人均享有权利，又都承担相应的义务，因此，电子商务法律关系中的权利义务是具体的权利义务。通过这种权利与义务的约束，确认和保护当事人的合法权益，满足他们生产和生活上的需要，以此建立起社会的经济生活秩序。

5. 电子商务法律关系是一种人与人之间的社会关系

电子商务法律关系不是人与自然界或人与物的关系，更不是物与物的关系，而是人与人的关系。虽然民事法律关系多涉及物或信息，但所反映的是通过物或信息而引发的人与人的关系。例如，在买卖关系中，实际发生的并不是买方或卖方与所卖之物的关系，更不是出卖物与交付货币之间的关系，而是通过出卖物和货币交换而发生的买方与卖方的关系。因此，在电子商务活动中，物或信息尽管十分重要，但终究只能处于被人管理、被人支配的地位，它不会自动地参与电子商务活动，而只能是人参与的电子商务关系的附属。

1.3.3 电子商务法律关系的组成

前面在讲解电子商务法律关系概念时提到过，电子商务法律关系由电子商务法律关系的主体、电子商务法律关系的客体和电子商务法律关系的内容3个部分组成。

1. 电子商务法律关系的主体

电子商务法律关系的主体是指电子商务的各方参与者，是享有权利、承担义务的当事人。在电子商务法律关系中一般存在两个或两个以上的主体，其中权利的享有者称为权利主体，义务的承担者称为义务主体，但一般情况下，当事人都有双重身份。

电子商务法律关系的主体如图 1-3 所示。

1）电子商务交易者

电子商务交易者是电子商务交易中心就商品或服务进行直接交易的各方，即商品或服务的提供者和消费者，也就是商品或服务的卖方和买方当事人。

2）电子商务服务提供者

在电子商务交易中心，商品或服务的买

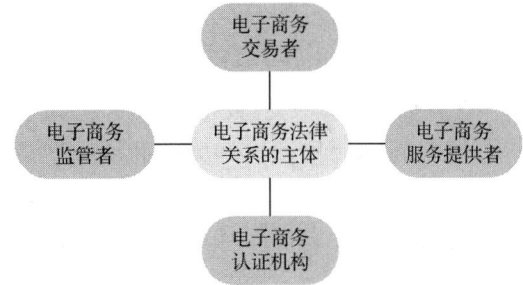

图 1-3 电子商务法律关系的主体

卖双方是通过数据传输的形式进行交易协商及履行的，双方互不见面，因此，交易的实现必须依靠第三方的参与。电子商务服务提供者在买卖双方的交易活动中发挥着重要作用，缺少了这些服务机构，电子商务活动就无法真正开展。

3）电子商务认证机构

电子商务认证机构是在开放性的电子商务中为交易双方提供身份验证的第三方机构，主要证明数据电文中电子签名人的身份及其信用状况，为用户的电子签名办理电子签名认证证书，从而消除交易双方的疑虑，实现交易的目的。

4）电子商务监管者

通常来说，电子商务的监管者由政府承担。作为管理者，政府需要对电子商务实施有效的监管，履行监管者的职责，以保证电子商务健康有序地发展。

2. 电子商务法律关系的客体

电子商务法律关系的客体是指电子商务法律关系主体享有的权利和承担的义务所指向的对象。在电子商务法律关系主体之间，为了达到一定的商务目的而形成了相应的法律关系，这种目的就是电子商务法律关系的客体。通常来说，电子商务法律关系的客体如图 1-4 所示。

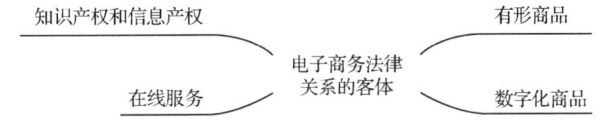

图 1-4 电子商务法律关系的客体

1）有形商品

有形商品主要是针对服务类的无形商品而言的。顾名思义，有形商品是指能够被感知具体形状、色彩、质量、体积等具有实在形体性状的商品。消费者通常购买的除服务类商品外，一般均属于有形商品，即前述民商事法律关系客体中的"物"，包括动产（如图书、食品、计算机、体育用品、数码产品等）和不动产（如房屋、土地等）。

2）数字化商品

数字化商品或信息商品是一种虚拟化的商品，属于无形商品的一种，它通常是以数字形态存在于电子媒介中,由买、卖双方通过订立电子合同的方式进行购买和使用。消费者可采用直接下载或复制的方式消费商品,商品种类主要有手机铃声、电子图书、网络游戏、数码影音等。

3)在线服务

无形商品的代表就是在线服务,即服务提供商通过网络向消费者提供的特定服务或信息,如求职招聘、旅游门票、电子客票、网上保险、网上汇款、数字卡、网上教育等。对于在线服务,供、需双方可以在网上直接实现交易。

4)知识产权和信息产权

知识产权和信息产权是指商标权、专利权、著作权等的专项许可使用权,即前述民商事法律关系客体中的"智慧财产",它们与数字化商品同属于虚拟化的无形商品。消费者同样通过与服务提供方订立电子合同的方式,使用电子数据库、网络空间、网络虚拟财产、电子域名或 IP 地址及其他信息产权等。但需要指出的一点是,信息产权包括但不限于知识产权,其是信息所有者对本身所创造的具有独创性和实用性的智慧成果所独享的权利,可以是知识产权,也可以是其他非知识性的信息权利。

3. 电子商务法律关系的内容

电子商务法律关系的内容实质是电子商务活动中当事人享有的权利和需要承担的义务。电子商务法律关系的内容如图 1-5 所示。

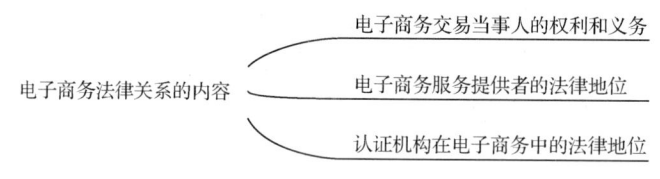

图 1-5 电子商务法律关系的内容

1)电子商务交易当事人的权利和义务

电子商务交易双方之间的法律关系实质上表现为双方当事人的权利和义务。交易双方的权利和义务是对等的。

2)电子商务服务提供者的法律地位

电子商务服务提供者在电子商务交易中扮演着介绍、促成和组织者的角色。这一角色决定了电子商务服务提供者既不是买方,也不是卖方,而是交易的中间人。它是按照法律的规定、买卖双方委托业务的范围和具体要求进行业务活动的。

3)认证机构在电子商务中的法律地位

电子商务认证机构扮演着一个买卖双方签约、履约的监督管理的角色,买卖双方有义务接受其监督管理。在整个电子商务交易过程中,认证机构有着不可替代的地位和作用。

复习思考题

1. 填空题

（1）简单来讲，电子商务是通过电子信息网络从事交易的活动，它有_____和_____之分。

（2）从发展的角度来看，利用各类电子信息网络进行的_____、设计、_____、推销、采购和结算等全部贸易活动都纳入电子商务范畴比较符合实际。

（3）_____是最常见的由商家对商家的电子商务，即企业与企业之间使用网络技术或各种商务网络平台发布供求信息，订货及确认订货，实现支付过程及票据的签发、传送和接收，确定配送方案并监控配送过程，等等。

（4）法律的调整对象即立法目的，是立法的_____。

（5）_____是平等主体之间的财产关系和人身关系在法律上的表现。

2. 简答题

（1）电子商务的特点有哪些？
（2）电子商务可以分为哪些类型？
（3）电子商务法的基本原则包括哪些？
（4）电子商务法律关系的特点是什么？
（5）电子商务法律关系的组成要素包括哪几个？

第 2 章
电子合同法律法规

随着电子技术的发展,电子合同以传输方便、节约等特点得以出现,其虽然也通过电子脉冲来传递信息,却不再以一张纸为原始的凭据,而是一组电子信息。EDI和E-mail是电子合同的基本形式,两者以各自具有的特点和优势在电子商务活动中占据了一席之地。

【学习目标】

(1)了解电子合同的概念,熟悉其分类,并能够明确电子合同的特征。
(2)掌握电子合同订立的构成要件,知道电子合同的要约和承诺,明白电子合同成立的时间和地点。
(3)掌握电子合同的条款与生效。
(4)掌握电子合同的履行及违约救济。

> 【思政讨论】
>
> 2020年8月,钱先生看到某国内大型购物网站上有卖家以售价1800元出售帕萨特家用轿车一辆。钱先生觉得很划算,于是用自己的账户登录了该购物网站,将这辆车拍下。随后,他就收到了该网站发出的商品成交确认函,证实交易成功。
>
> 此后,他要求卖家履行合同,却遭到拒绝。卖家表示,当时输入价格有误才造成钱先生"误拍"。更何况以1800元出售一辆价值十多万元的轿车,不符合常理,而且钱先生出价太低,交易即使成功,也"显失公平"。无奈之下,钱先生只得向当地法院起诉,要求对方按约履行合同。最后,该案以调解方式结案。
>
> 讨论:
>
> (1)你觉得钱先生此次的拍卖行为的电子合同是否成立?为什么?
>
> (2)《论语·为政》中说道"人而无信,不知其可也"。请写出你对这句话的理解,并引申思考一下,在订立电子合同时,诚信有着怎样的作用。

2.1 电子合同基本知识

【知识目标】

(1)了解电子合同的概念和分类。
(2)掌握电子合同的特征。

【技能目标】

(1)能够说出电子合同与纸质合同的不同点。
(2)能够说出电子合同的特征。

2.1.1 电子合同的概念和分类

1. 电子合同的概念

电子合同,又称电子商务合同,是指平等主体的自然人、法人、其他组织之间以数据电文为载体,并利用电子通信手段设立、变更、终止民事权利义务关系的协议。依据《中华人民共和国民法典》(以下简称《民法典》)第四百六十九条规定:"当事人订立合同,可以采用书面形式、口头形式或者其他形式。书面形式是合同书、信件、电报、电传、传真等可以有形地表现所载内容的形式。以电子数据交换、电子邮件等方式能够有形地表现所载内容,并可以随时调取查用的数据电文,视为书面形式。"电子合同的载体以数据电文为主,鉴于其能有形地表现所载内容且可以随时调取查阅的特点,能在不同平等的民事主体之间利用电子通信手段进行信息交互并形成民事权利义务关系。

> **知识拓展**
>
> 电子合同与传统合同的区别
>
> 1. 电子合同与传统合同订立的环境不同
>
> 传统合同的订立发生在现实世界，交易双方可以面对面进行协商，主体清晰识别；而电子合同的订立发生在虚拟空间，交易双方身份仅依靠密码的辨认或认证机构的认证，即通过技术手段保证主体的真实性。电子合同的成立地点为收件人的主营业地，没有主营业地的，其经常居住地为合同成立的地点；而传统合同的成立地点一般为承诺生效的地点。
>
> 2. 电子合同与传统合同订立的各环节均不同
>
> 传统合同的签订，一般是由合同双方在同一地点完成的，也可以通过邮寄的方式完成。电子合同无须双方人员到场或者合同邮寄，节省了人力、物力。但是在网络环境下，要约与承诺的发出和收到的时间较传统合同复杂，合同成立和生效的构成条件也有所不同。
>
> 3. 电子合同的形式与传统合同不同
>
> 电子合同所载信息是数据电文，不存在原件与复印件的区别，无法用传统的方式进行签名和盖章，可通过电子签名实现对合同的签署。纸质合同的管理较为烦琐，需要归档存储，而且需要占用空间，调取查询不方便。电子合同的存储与管理方便快捷，不占用空间，省时高效。
>
> 4. 电子合同与传统合同当事人的权利和义务不同
>
> 在电子合同中，既存在由合同内容所决定的实体权利和义务关系，又存在由特殊合同形式产生的形式上的权利和义务关系，如数字签名法律关系。在实体权利义务法律关系中，某些在传统合同中不是很重视的权利和义务，在电子合同中却显得十分重要，如信息披露义务、保护隐私权义务等。
>
> 5. 电子合同与传统合同的支付方式不同
>
> 传统合同一般采用传递盖章文件的方式完成履约和支付，电子合同则主要采用电子支付方式，履约和支付相比于传统合同较为复杂。在信息产品交易中，订约、交付和支付都可以在网上完成，这也会对合同履行产生重大影响。

2. 电子合同的分类

电子合同作为合同的一种，可以按照传统的合同分类方式进行划分，但是由于其自身的特点，也可从其他角度分类，电子合同常见的分类方式有如下 4 种。

（1）从电子合同订立的具体方式的角度，可分为利用电子数据交换订立的合同和利用电子邮件订立的合同。

（2）从电子合同标的物的属性的角度，可分为网络服务合同、软件授权合同、需要物流配送的合同等。

（3）从电子合同当事人的性质的角度，可分为电子代理人订立的合同和合同当事人亲自订立的合同。

（4）从电子合同当事人之间的关系的角度，可分为 B2C 合同、B2B 合同和 B2G 合同，即企业与个人在电子商务活动中所形成的合同、企业之间从事电子商务活动所形成的合同和企业与政府进行电子商务活动所形成的合同。

2.1.2 电子合同的特征

电子合同具有以下 5 个特征。

（1）电子合同是通过计算机网络，以数据电文的方式订立的。在传统合同的订立过程中，当事人一般通过面对面的谈判或通过信件、电话、电传和传真等方式进行协商，并最终缔结合同。在电子合同的订立过程中，合同当事人可以通过电子方式来表达自己的意愿，电子合同的要约与承诺不需要传统意义上的协商过程和手段，其文件的往来也可通过互联网进行。这是电子合同有别于传统书面合同的关键。

（2）电子合同交易的主体具有虚拟性和广泛性的特点。订立合同的各方当事人通过在网络上的运作，可以互不谋面。电子合同的交易主体可以是世界上的任何自然人、法人和其他组织，合同当事人的身份依靠密码辨认或者认证机构的认证。这就必然需要提供一系列的配套措施，如建立信用制度，让交易的相对人在交易前知道对方的资信状况等。

（3）电子合同生效的方式、时间和地点与传统合同有所不同。传统合同一般以当事人签字或者盖章的方式表示合同生效，而在电子合同中，表示合同生效的传统的签字、盖章方式被电子签名所代替。一般认为，电子合同采取到达生效的原则更为合理，联合国《电子商务示范法》也采取此种做法。传统合同的生效地点一般为合同成立的地点，而采用数据电文等形式所订立的合同，一般以收件人的主营业地为合同成立的地点；没有主营业地的，其经常居住地为合同成立的地点。

（4）电子合同订立成本低廉。电子合同的订立利用网络实现，而目前的国际互联网提供了广泛的客户市场和交易空间，尤其是电子商务不受时空限制，交易速度快，商户与客户处理交易的手续简单。因此，采用电子合同方式，运营成本低廉，交易费用也得到降低。

（5）电子合同的载体与传统合同不同。传统合同一般以纸张等有形材料为载体，对于大宗交易一般要求采用书面形式，而电子合同的信息记录在计算机或磁盘等载体中，其修改、流转、存储等过程均通过计算机进行。因此，电子合同也被称为"无纸合同"。如果不对合同的信息采用一定的加密、保全措施，其作为证据时就具有很大的局限性。

2.2 电子合同的订立

【知识目标】

（1）掌握电子合同订立的构成要件。
（2）掌握电子合同的要约和承诺。
（3）了解电子合同成立的时间和地点规定。

【技能目标】

（1）能够说出电子合同订立的构成要件。

（2）能够明确电子合同要约的概念和内容。
（3）能够说出电子合同成立的时间和地点的相关规定。

2.2.1　电子合同订立的构成要件

电子合同的订立是缔约人做出意思表示并达成合意的过程。电子合同订立的构成要件如图2-1所示。

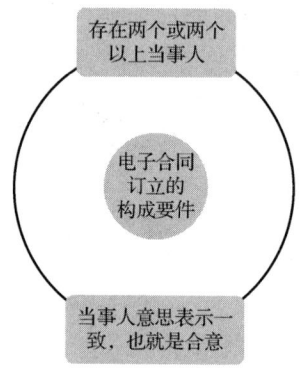

图 2-1　电子合同订立的构成要件

合同订立的过程，就是当事人意思表示达成一致的过程。任何一份电子合同的签订都需要双方当事人进行协商，并达成一致的意见，电子合同方可成立。也就是说，电子合同的订立离不开要约和承诺两个必备阶段。电子合同的缔结过程就是要约、新要约、再新要约，直至承诺，最终达成一致意思表示的过程。

2.2.2　电子合同的要约和承诺

1. 电子合同的要约

1）要约的含义

电子合同的要约是指一方当事人向另一方当事人以电子形式做出的希望以一定条件订立电子合同的意思表示。根据《民法典》第四百七十二条中关于要约成立符合条件的规定，线上交易缔结的电子合同与线下交易缔结的普通合同在要约成立的条件上并无二致。

2）要约的内容

具体来说，电子合同的要约包括如下4个方面。
（1）要约人应当是具有缔约能力的特定人。
（2）要约的内容应当具体、确定。
（3）要约具有缔结合同的目的，并表示要约人受其约束。
（4）要约应当送达受要约人。

3）要约的撤回

要约的撤回是指要约人做出要约后，在要约生效之前，做出特定意思表示而使发出的要约不发生法律效力的行为。《民法典》第一百四十一条规定："行为人可以撤回意思表示。撤回意思表示的通知应当在意思表示到达相对人前或者与意思表示同时到达相对人。"因为要约一旦达到受要约人后就发生效力，要约人便不能撤回要约。如果要约人以邮寄信件的方式发出要约，在要约到达受要约人之前可以用电话将其撤回。但是，基于在线交易信息传输的高速性，要约一旦发出，信息几乎同时到达受要约人，受要约人即刻就可收到，几乎不存在撤回的可能。因此，电子要约的撤回从法理上是可行的，但从交易时间来看则没有实现的机会。

4）要约的撤销

要约的撤销是指在要约到达受要约人系统并生效后，且在受要约人做出承诺之前，要约人发出新的撤销通知，要求撤销原要约的行为。要约的撤销是具有一定限制条件的，具体如下：

（1）有严格的时间限制，需要满足上述期间的规定。

（2）要约人确定了承诺期限或者以其他形式明示要约不可撤销的，则要约人不得撤销要约。

（3）受要约人对要约人的信任并基于正常、合理考量有理由认为要约是不可撤销的，并已经为履行合同做了准备工作，此时要约人不得撤销要约。

2. 电子合同的承诺

1）承诺的含义与方式

《民法典》第四百七十九条规定："承诺是受要约人同意要约的意思表示。"承诺应当以通知的方式做出；但是，根据交易习惯或者要约表明可以通过行为做出承诺的除外。

2）承诺的期限

承诺应当在要约确定的期限内到达要约人。要约没有确定承诺期限的，承诺应当依照下列规定到达：

（1）要约以对话方式做出的，应当即时做出承诺。

（2）要约以非对话方式做出的，承诺应当在合理期限内到达。

要约以电话、传真、电子邮件等快速通信方式做出的，承诺期限自要约到达受要约人时开始计算。

若受要约人在承诺期限截止后发出承诺，或者虽在期限内发出但依常规无法及时抵达要约人，此承诺视为新要约，除非要约人迅速告知受要约人确认其有效性。反之，若受要约人在承诺期限内发出且按常理应能及时到达要约人的承诺，因非双方可控因素延迟至期限外到达，除非要约人即刻通知受要约人因超期而不接受，否则该承诺依然有效。

3）承诺的必要条件

使合同得以成立、生效的承诺，其必要条件具体如下：

（1）承诺必须由受要约人做出。

（2）承诺必须向要约人做出。

（3）承诺应当与要约内容一致，否则应当视为新要约。

（4）承诺必须在要约规定的有效期内做出。

4）承诺的撤回和撤销

承诺可以撤回，撤回承诺的通知应当在承诺通知到达要约人之前或者与承诺通知同时到达要约人。在网络交易中,受要约人承诺的方式一般表现为以下两种:第一种是在网站上单击"我同意"按钮或按 Enter 键;第二种是受要约人利用电子邮件进行承诺。无论采用何种承诺方式,因为电子数据在网络中传递的速度非常快,意思表示即时完成,所以,撤回承诺的可能性也极小;但是只要技术上撤回是可行的,就应对撤回承诺予以肯定。上述关于电子合同要约撤回的规则适用于电子合同承诺的撤回。

通过网络通信订立合同不存在撤销问题。因为承诺一经到达要约人,合同就已经成立。

2.2.3 电子合同成立的时间和地点

1. 电子合同成立的时间

电子合同成立的时间,是指电子合同开始对当事人产生法律约束力的时间。在一般情况下,电子合同的成立时间就是电子合同的生效时间,合同成立的时间是对双方当事人产生法律效力的时间。一般认为收件人收到数据电文的时间即为到达生效的时间。

《民法典》第四百九十一条规定:"当事人采用信件、数据电文等形式订立合同要求签订确认书的,签订确认书时合同成立。当事人一方通过互联网等信息网络发布的商品或者服务信息符合要约条件的,对方选择该商品或者服务并提交订单成功时合同成立,但是当事人另有约定的除外。"

2. 电子合同成立的地点

电子合同成立的地点,是指电子合同成立的地方。确定电子合同成立的地点涉及发生合同纠纷后由哪地、哪级法院管辖及其适用法律问题。

《民法典》第四百九十二条规定:"承诺生效的地点为合同成立的地点。采用数据电文形式订立合同的,收件人的主营业地为合同成立的地点;没有主营业地的,其住所地为合同成立的地点。当事人另有约定的,按照其约定。"

知识拓展

制定《中华人民共和国民法典》的意义

第一,《民法典》是对中国改革开放以来所有民事立法的全面总结,是对我国立法经验的系统梳理,同时也是对我国民事司法工作的全面检验。可以这样说,《民法典》的颁布实施,标志着中国在民事立法方面已经走出了探索阶段,正准备形成具有可操作性、系统性法律规范。过去最高人民法院、最高人民检察院及国务院颁布的许多涉及民事方面的司法解释和民事政策有可能会成为历史。最高人民法院、最高人民检察院、公安部、司法部、各地方政府颁布的有关规章制度都必须比照《民法典》进行彻底的清理,凡是与《民法典》不一致的地方,都必须立即废除。中国民事法律规范第一次实现了法典化。

第二,《民法典》的颁布标志着中国的立法背景和立法导向发生了重大变化。中国即将进入小康社会,绝对贫困不复存在,现代化的康庄大道就在眼前。总结过去民事立法成果,通过民事立法开辟新的未来,这是《民法典》肩负的神圣使命。《民法典》

是一个象征,它象征着中国已经实现了第一阶段的奋斗目标,中华民族正大踏步地向现代化阔步前进。《民法典》是中国的分水岭,它标志着中国从此告别贫困,走向现代化的美好时代。《民法典》的最大特点就在于保留了传统社会的组织结构和法律体系框架,同时又根据时代发展的要求,建立了新的法律制度体系,突出了人格保护的内容,形成了独具中国特色的民事法律制度。

第三,《民法典》的颁布解决了中国社会发展中许多悬而未决的问题。众所周知,中国特色社会主义市场经济是建立在社会主义公有制基础之上的,在社会主义公有制条件下,如何建立和谐社会,是一个需要认真思考的问题。

第四,《民法典》的颁布实施解决了我国民事审判统一化的问题。如何把解决具体现实问题的法律规范编纂成现代化的法典,形成完整统一的法律制度体系,解决我国司法统一化的问题,是现代法治社会需要考虑的核心问题。不少学者反映,由于我国民事立法零打碎敲,以至于司法机关在处理案件的过程中不得不通过各种途径寻找法律依据,充分听取各方面的意见,并在此基础之上,考察各个法律规范之间的关系,做出司法判断。我国《民法典》颁布之后,这一切都将成为历史。《民法典》就是法官审理民事案件的行为指南,法官再也不需要从最高人民法院的有关会议纪要中寻章摘句,司法机关在处理案件的过程中,必须依照《民法典》所确立的基本法律规范做出判决,如果《民法典》中没有具体的行为规范,那么,所有判决都必须符合《民法典》所确立的基本原则。《民法典》的颁布实施在一定程度上解决了社会主义核心价值观与现代法律规范之间的关系问题。社会主义核心价值观体现的是中国主流价值观,也是国家价值观。如何把社会主义核心价值观贯彻落实到我国《民法典》中,是一个需要认真研究的问题。

2.3 电子合同的条款与生效

【知识目标】

(1)了解电子合同的主要条款。
(2)了解电子合同的生效条件。
(3)掌握无民事行为能力人和限制民事行为能力人订立的电子合同。
(4)了解自动信息系统订立的电子合同的相关知识。

【技能目标】

(1)能够说出电子合同的主要条款有哪些。
(2)能够明确电子合同的生效条件。
(3)能够清楚知道无民事行为能力人和限制民事行为能力人订立的电子合同。

2.3.1 电子合同的主要条款

根据契约自由原则,合同条款通常都是由当事人通过协商约定的。电子合同的主要条款与传统合同的主要条款是相同的。根据《民法典》的规定，合同的主要条款如下所示。

1. 当事人的姓名或者名称和住所

当事人的名称或者姓名和住所，表达的是合同主体的内容。合同是双方或多方当事人之间的协议，当事人是谁、住在何处或营业场所在何处应予以明确。当事人包括自然人、法人和其他组织。当合同当事人是自然人时，应写明当事人的姓名、住所；当合同当事人是法人和非法人组织时，应写明其名称和住所。如果是涉外合同，还应写明当事人的国籍。

2. 标的

标的是合同的权利和义务所指向的对象，需要明确写明物品或服务的名称，使合同的标的特定化。没有标的即没有客体，没有客体的合同关系是不存在的。合同的标的可以是货物，也可以是劳务或工程项目等。但法律禁止的行为或禁止转让的物品不得作为合同的标的。

> **小常识**
>
> **涉外合同**
>
> 所谓涉外合同，是指具有涉外因素的合同，即合同的当事人、合同的客体或者产生、变更、终止合同关系的法律事实中任何一个具有涉外因素的合同。在涉外合同中，最主要的是具有对外贸易性质的涉外合同（或称为对外贸易合同），它是指我国法人或者其他组织同外国的法人、其他组织或者个人之间为实现一定的经济目的而订立的合同。

3. 数量

数量是度量标的的基本条件，应当确切，确认双方认可的计量方法。数量是确定标的的主要条件，如果没有数量，权利与义务的大小就很难确定。因此，数量条款应作为合同的主要条款予以明确。在大宗交易的合同中，除规定具体的数量条款外，还应规定损耗的幅度和正负误差。

4. 质量

质量也是度量标的的条件，重要性低于数量。质量是标的内在素质和外观形态的综合，包括标的名称、品种、规格、等级、标准、技术要求等。在合同实务中，质量条款能够按国家质量标准进行约定的，按国家质量标准进行约定；没有质量标准的标的，也可按"凭样品"来规定质量条款。

5. 价款或报酬

价款或报酬统称为价金，是取得标的物或接受劳务的一方当事人所支付的代价。价款一般针对取得物而言，报酬一般针对取得服务而言，无偿合同不存在价款和报酬条款。

6. 履行期限、地点和方式

履行期限是合同履行的时间规定，履行地点是确定合同义务履行的区域概念，合同的履行方式是履行的具体方法。

合同的履行期限是指享有权利一方要求对方履行义务的时间范围。它既是享有权利一方要求对方履行合同的依据，也是检验负有履行义务一方是否按期履行或迟延履行的标准。履行地点是指合同当事人履行和接受履行规定合同义务的地点。履行方式是指当事人采取什么办法来履行合同规定的义务。合同应当明确合同的履行期限、地点和方式。

7. 违约责任

违约责任是当事人在违反合同约定的义务后所应当承担的合同法上的不利后果。违约责任条款的约定对于督促当事人自觉、适当地履行合同，保护非违约方的合法权益具有重要意义。但违约责任不以合同规定为条件，即使合同未规定违约条款，只要一方违约且造成损失，就要承担违约责任。

8. 解决争议的方法

解决争议的方法是指在将来合同发生纠纷时应当诉诸何种方式和方法予以解决。如当事人在合同中约定仲裁的，在纠纷发生时，当事人就只能通过仲裁来解决纠纷，而不能通过诉讼解决纠纷。如果当事人在合同中约定以诉讼方式来解决纠纷，那么发生纠纷后就不能通过仲裁来解决纠纷。合同未约定这一条款的，不影响合同的效力。

2.3.2 电子合同的生效条件

根据《民法典》第一百四十三条的规定，电子合同的生效条件包括 3 个方面，如图 2-2 所示。

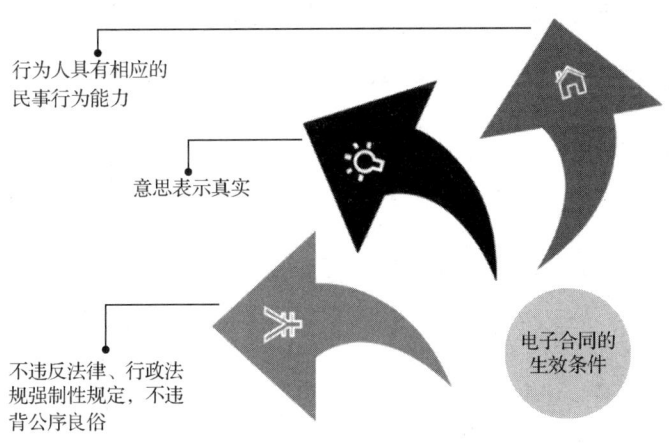

图 2-2 电子合同的生效条件

1. 行为人具有相应的民事行为能力

民事行为能力包括合同行为能力和相应的缔约行为能力，这是行为人了解和把握合同的发展状况及法律效果的基本条件。自然人签订合同，原则上必须有完全行为能力，

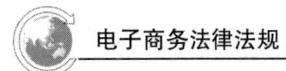

限制行为能力人和无行为能力人不得亲自签订合同，而应由其法定代理人代为签订。

合同相关法规中规定，限制行为能力人可以独立签订纯利益的合同或者与其年龄、智力、精神健康状况相适应的合同。对于非自然人，必须依法定程序成立后才具有合同行为能力。同时还要具有相应的缔约能力，即必须在法律、行政法规及有关部门授予的权限范围内签订合同。

2. 意思表示真实

缔约人的表示行为应真实地反映其内心的效果意思，即其效果意思与表示行为相一致。意思表示不真实，对合同效力的影响不一样，应视具体情况而定，具体如下。

（1）在一般误解等情况下，合同仍为有效。

（2）在重大误解时，合同则可被变更或者撤销。

（3）在乘人之危致使合同显失公平的情况下，合同可被变更或者撤销。

（4）在因欺诈、胁迫而成立合同场合，若损害国家利益，则合同无效；若未损害国家利益，则合同可被变更或撤销。

3. 不违反法律、行政法规强制性规定，不违背公序良俗

电子合同以当事人意思自治为基本原则，但合同的内容不仅要符合法律法规的规定，而且不得违反社会公共利益，否则，电子合同会因欠缺合法性要件而无效。有的电子合同还需要具备特殊要件，如有些特殊的电子合同需要到有关主管部门办理批准登记手续后才能生效。

此外，合同标的必须确定和可能。合同标的决定着合同权利义务的质和量，没有它，合同就失去目的，失去积极的意义，应归于无效。合同标的可能是指合同给付可能实现。合同标的确定是指合同标的自始确定或可得确定。

2.3.3 无民事行为能力人和限制民事行为能力人订立的电子合同

1. 无民事行为能力人订立的电子合同

《民法典》第一百四十四条规定："无民事行为能力人实施的民事法律行为无效。"

订立合同双方当事人应当具有相应的民事权利能力和民事行为能力，无民事行为能力，则不具有以自己的行为取得民事权利和承担民事义务的资格，不能产生法律关系发生、变更、消灭的效果，因此，无民事行为人实施的民事行为是无效的，其订立的合同无效，无民事行为能力人无法理解其行为，无法预见其行为后果，其活动应当由法定代理人或监护人代为活动。

无民事行为能力人所进行的民事行为被视为无效，但存在例外情况，尤其是那些纯粹为受益性质的行为，如接收奖励、赠予及报酬等，这些行为是有效的。类似地，对于合同而言，若合同内容纯粹使无民事行为能力人获益，则该合同被认定为有效且被允许。他人不得仅凭行为人缺乏或限制民事行为能力就质疑上述受益行为的法律效力。

2. 限制民事行为能力人订立的电子合同

《民法典》第一百四十五条规定："限制民事行为能力人实施的纯获利益的民事法律

行为或者与其年龄、智力、精神健康状况相适应的民事法律行为有效;实施的其他民事法律行为经法定代理人同意或者追认后有效。相对人可以催告法定代理人自收到通知之日起一个月内予以追认。法定代理人未作表示的,视为拒绝追认。民事法律行为被追认前,善意相对人有撤销的权利。撤销应当以通知的方式作出。"

也就是说,如果订立的合同与其年龄智力相适应,且也是为了限制民事行为能力自身利益的,其所订立的合同是否有效,要看其法定监护人是否予以追认。这就是效力待定。追认的,合同有效;不追认的,则合同无效。

如果是纯获利益的合同或者与其年龄、智力、精神健康状况相适应而订立的合同,则不需要经法定代理人追认。

2.3.4 自动信息系统订立的电子合同

1. 自动信息系统的含义

自动信息系统,顾名思义,具有自动性,故使用该系统的电子商务当事人,不再对该系统正常运行所生成、发送与接收的数据电文进行人工干预、审核或者确认。虽然某些自动信息系统可能并非全程自动,其中某些环节仍保留人工复查或干预的程序,但是不影响其在法律上的认定。

2. 电子合同的自动信息系统的内涵

电子合同的自动信息系统是指按照事先设定的算法、程序指令、运行参数与条件,在无自然人确认或者干预的情况下,为交易双方订立或者履行合同进行信息互动的计算机系统。

自动信息系统的应用虽然并不局限于销售商品或者提供服务的电子商务领域,但是为电子商务的发展提供了前所未有的广阔空间。电子商务合同,除非特殊情况(如缔约当事人特别约定采用传统纸面方式签订)或者特殊领域(如法律、行政法规强制性要求合同采用传统纸面方式签订),都是采用自动信息系统订立的。应用自动信息系统是电子商务合同最突出的特点。如要规范电子商务合同,保障其依法成立、生效与履行,就必须承认自动信息系统的法律地位,明确有关各方的权利与义务并确定相应的法律后果。

> **小常识**
>
> **电子签名**
>
> 电子签名并非书面签名的数字图像化。电子签名其实是一种电子代码,利用电子签名,收件人便能在网上轻松验证发件人的身份和签名。电子签名还能验证出文件的原文在传输过程中有无变动。如果有人想通过网络把一份重要文件发送给外地的人,收件人和发件人都需要首先向一个证书授权(Certificate Authority,CA)中心申请一份电子许可证。这份加密的证书包括申请者在网上的公共钥匙,即"公共电脑密码",用于文件验证。

自动信息系统发送、接收信息与对方互动,可以导致当事人之间合同关系的发生、变更与终止。基于技术中立性的原则,自动信息系统设计与运行所采用的技术手段及方式不受限制。例如,已经广泛应用的投币式自动售货机、游戏机等都可以视为简化的自动信息系统。在电子商务中,基于区块链技术开发出的分布式记账的自动信息系统(所谓智能合同)具有保障交易安全、防止信息篡改、反欺诈等突出的优势。

《电子签名法》实质上已经提及自动信息系统,即数据电文由发件人的信息系统自动发送的视为发件人发送。在《电子签名法》原有规定的基础上,《电子商务法》第四十八条第一款明确规定:"电子商务当事人使用自动信息系统订立或者履行合同的行为对使用该系统的当事人具有法律效力。"上述规定确立了自动信息系统的法律效力,清除对其不必要的法律限制与障碍。

3. 使用自动信息系统订立电子合同的法律效力

《电子商务法》第四十八条第一款从以下几方面明确了自动信息系统在电子商务合同的订立与履行中的效力。

(1)电子商务法消除了法律障碍,承认自动信息系统自动性的法律效力,因此,通过自动信息系统发送或者接收数据电文与对方当事人进行信息交互,不得仅仅因其自动性(无自然人确认或者干预系统发出与接收的每条信息)而否定订立或者履行合同的法律效力。

(2)自动信息系统未经人工直接干预而自动生成、发送、接收的数据电文,属于使用该系统的法律主体(包括自然人、法人或者其他组织)实施的行为,并由该法律主体承担相应的法律后果。在电子交易中,虽然自动信息系统俗称"电子代理人",但是并不同于法律上的代理人及代理关系,也不适用《中华人民共和国民法总则》关于代理的法律规定。自动信息系统仅是一种工具,并非法律上的权利和义务的主体,其使用者应当对其生成、发送、接收的所有数据电文承担责任。

(3)自动信息系统的使用者不得以人工智能超出预期等理由,否定其行为的法律效力。在现有技术发展阶段,自动信息系统是基于电子商务当事人预先设定的算法、程序指令、参数条件运行的,一般情况下,属于电子商务当事人订立与履行合同的工具,与具有独立学习、判断、决策与执行能力的人工智能(如 AlphaGo Zero)仍然有本质的区别。《电子商务法》应当立足现实并适度前瞻,并未付之于商业性应用的科学实验、理论、假说及有科学依据的幻想尚且不足以纳入立法范围之中。《联合国国际合同使用电子通信公约》在其释义中也表明,电子商务合同中的自动信息系统不涉及人工智能问题。但是,人工智能的发展应用非常迅猛,用于缔约或者履约的自动信息系统在大数据分析的基础上具有深度学习、自我优化能力,已经在一定程度与范围内实现。如果完全将人工智能排除于电子商务合同的范畴之外,可能产生不公平、不合理的后果,因此,自动信息系统的使用者不得以人工智能产生超出预期的后果为由,否定自动信息系统的法律归属与效力。自动信息系统运行的结果不论是意外之喜,抑或无妄之灾,使用者都必须承受。

(4)在缔结或者履行电子商务合同的过程中,如因自动信息系统所采用的软硬件存在问题、程序指令设计存在漏洞与缺陷或操作不当导致系统发生技术故障,未按照预先设定程序指令、参数与条件运行,控制与设置自动信息系统的一方当事人应承担相应的风险与不利后果。例如,经营者的自动信息系统错误运行,将出售商品价格设置为零的情况下,消费者提交订单导致合同成立的,经营者不得否定自动信息系统的运行结果。网络零售中免费促销、零元抢购等层出不穷,消费者难以合理地识别"零元购"究竟是经营者系统故障还是促销手段。因此,经营者将自动信息系统故障运行的风险转嫁于消费者是非常不合理的。另外,如因经营者自动信息系统故障的原因导致提交的数据电文未按时传递、传递不完整或不真实的,消费者应有权采取相应的救济措施。

2.4 电子合同的履行及违约救济

【知识目标】

(1) 理解合同履行的基本原则和方式。
(2) 掌握电子合同的违约归责原则与违约救济政策。
(3) 掌握电子信息合同的履行。

【技能目标】

(1) 能够运用合同履行的方式。
(2) 能够了解电子合同的违约救济内容与方法。
(3) 能够了解电子信息合同的履行。

2.4.1 电子合同的履行

合同的履行是指债务人全面、适当地完成合同义务,使债权人的合同债权得以完全实现。合同履行是合同法律效力最集中的体现。

1. 合同履行的基本原则

《民法典》第五百零九条规定:"当事人应当按照约定全面履行自己的义务。当事人应当遵循诚信原则,根据合同的性质、目的和交易习惯履行通知、协助、保密等义务。当事人在履行合同过程中,应当避免浪费资源、污染环境和破坏生态。"

由以上规定可以总结出合同履行的基本原则包括如下4个方面。

1)全面履行原则

"当事人应当按照约定全面履行自己的义务。"这一规定确立了全面履行原则。全面履行原则又称适当履行原则或正确履行原则。它要求当事人按合同约定的标的及其质量、数量,合同约定的履行期限、履行地点、适当的履行方式、全面完成合同义务的履行原则。依法成立的合同在订立合同的当事人间具有相当于法律的效力,因此,合同当事人受合同的约束,履行合同约定的义务应是自明之理。

2)诚实守信原则

当事人应当遵循诚实守信原则,根据合同的性质、目的和交易习惯履行通知、协助、保密等义务。此规定可以理解为在合同履行问题上将诚实守信作为基本原则的确认。从字面上看,诚实守信原则就是要求人们在市场活动中讲究信用,恪守诺言,诚实不欺,在不损害他人利益和社会利益的前提下追求自己的利益,以"诚实商人"的形象参加市场活动。从内容上看,诚实守信原则并没有确定的内涵,因而有无限的适用范围。

3）协助履行原则

协助履行原则是指当事人不仅适当履行自己的合同债务，而且应基于诚实守信原则的要求协助对方当事人履行其债务的履行原则。合同的履行，如果只有债务人的给付行为，没有债权人的受领给付，那么合同的内容仍难实现。不仅如此，在建筑工程合同、技术开发合同、技术转让合同、提供服务合同等场合，债务人实施给付行为也需要债权人的积极配合，否则，合同的内容也难以实现。

4）情势变更原则

情势变更是指在合同有效成立后和履行前，因不可归责于双方当事人的原因而使合同成立的基础发生变化，如继续履行合同将会造成显失公平的后果。在这种情况下，法律允许当事人变更合同的内容或者解除合同，以消除不公平的后果。情势变更的实质是诚实守信原则的具体运用。

2. 合同履行的方式

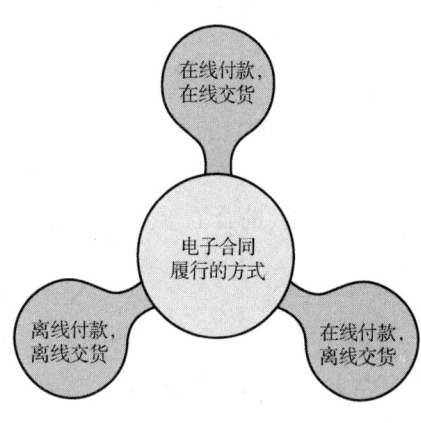

图 2-3　电子合同履行的方式

电子合同履行的方式如图 2-3 所示。

"在线付款，离线交货"和"离线付款，离线交货"合同的标的既可以是信息产品，也可以是非信息产品。对信息产品而言，既可以选择在线下载的方式，也可以选择离线交货的方式。

电子合同中非信息产品的交付完全适用传统合同的履行规则，信息产品可以附着于有形载体离线交货，也可以以数据信息的方式在线交付。在线交付情形下，因数据信息传输的特殊性，信息产品履行的时间、地点、产品验收、风险转移等问题都具有其特殊性。与离线交货相比，采用在线付款和在线交货方式完成电子合同履行的环节比较简单，风险较小，不易产生履行方面的争议。

《民法典》第五百一十二条规定："通过互联网等信息网络订立的电子合同的标的为交付商品并采用快递物流方式交付的，收货人的签收时间为交付时间。电子合同的标的为提供服务的，生成的电子凭证或者实物凭证中载明的时间为提供服务时间；前述凭证没有载明时间或者载明时间与实际提供服务时间不一致的，以实际提供服务的时间为准。电子合同的标的物为采用在线传输方式交付的，合同标的物进入对方当事人指定的特定系统且能够检索识别的时间为交付时间。电子合同当事人对交付商品或者提供服务的方式、时间另有约定的，按照其约定。"

2.4.2　电子合同的违约归责原则与违约救济

电子合同的违约归责原则与违约救济是维护电子商务当事人合法权益的法律保障。违约归责原则与违约救济使电子合同得不到实际履行或完全履行，权利方的权利受到侵害或得不到保障时，权利方能够寻求法律保护，依法请求仲裁或司法等有关机关采取法律措施，以保护其合法权益。

1. 电子合同的违约归责原则

电子合同的违约归责原则是指基于合法的归责事由进而确定责任成立的法律原则。

违约行为违反的是合同当事人间的约定义务。违约责任与侵权责任的归责原则不同。侵权责任常遵循过错责任为主，辅以过错推定、公平及无过错责任；而违约责任则严格责任为主，过错责任为辅。这种归责原则的不同直接导致了举证责任的分配差异。在过错责任下，遵循"谁主张，谁举证"的原则，受害人需证明加害人的责任，但特殊侵权情况除外。相反，在严格责任下，特别是在电子合同履行等场景中，举证责任被倒置，要求违约方证明其违约行为存在合法免责的理由。

> **知识拓展**
>
> **"谁主张谁举证"的内涵理解**
>
> （1）"谁主张、谁举证"的法律渊源是《中华人民共和国民事诉讼法》（以下简称《诉讼法》）第六十七条第一款的规定："当事人对自己提出的主张，有责任提供证据。"这是审判实务中进行举证分配的最重要的原则。但不少人对作为举证前提的"主张"的理解有偏差，将它机械地等同于原告的起诉请求，在被告不反诉的情况下，举证责任就应由原告全部承担，这样明显不合理。正确的理解应是，双方当事人应对自己的事实主张承担举证责任，而不是法律主张即诉讼请求。
>
> （2）一般情况下，由做出肯定性主张的一方负举证责任，否定性主张一方不负举证责任。如李某要求刘某偿还借款1万元，李某应当对刘某借其1万元的主张举证，刘某不必对其没有向李某借款1万元的主张负举证责任，若刘某主张已还款3000元，刘某应对此负举证责任，而李某不必对刘某没有还款负举证责任。
>
> （3）举证责任的转移。在审判实践中，单一的举证责任分配几乎不存在，从理论上讲，民事诉讼中的举证是对立双方为支持己方主张的事实而进行的交替举证的辩证的矛盾运动过程。原告对自己的事实主张举证证明，经法庭认可，如对方反驳或提出新的主张，也应举证证明，该举证经法庭确认，若原告反驳，则要再举证，以此类推。

2. 电子合同违约的免责事由

电子合同违约的免责事由包括不可抗力、约定免责等。在电子商务环境中不可避免地存在网络故障、病毒感染和黑客攻击等问题，这些因素是否构成不可抗力要依具体情况来考察。

不可抗力是指不能预见、不能避免并且不能克服的客观情况。《民法典》第五百九十条规定："当事人一方因不可抗力不能履行合同的，根据不可抗力的影响，部分或者全部免除责任，但是法律另有规定的除外。因不可抗力不能履行合同的，应当及时通知对方，以减轻可能给对方造成的损失，并应当在合理期限内提供证明。当事人迟延履行后发生不可抗力的，不免除其违约责任。"通常认为，在电子商务环境中，下述3种情形可认定为不可抗力。

1）文件感染病毒

当许可方已采取合理且必需的安全措施，如部署达标或行业公认的防火墙及安全设施于信息系统中，且员工勤勉尽责，却仍遭病毒侵扰，导致合同执行受阻，此情应视为不可抗力。在此情境下，许可方因不可抗力而未能履行合同义务，应获免责。然而，此免责并不包括许可方需向对方返还已付价款的法定或约定责任。

2）非自己原因造成的网络中断

例如，由传输线路的物理损害引起，以及由病毒、人为或黑客攻击造成的网络传输中断，当事人对此无法预见和控制，应属于不可抗力。

3）非自己原因造成的电子错误

例如，消费者通过网络支付平台向商家付款，但由于信息系统的错误未能将价款转移到商家的账户。

约定免责是指合同当事人在合同中预先约定的，旨在限制或免除其将来可能发生的违约责任的条款。在法律已经对网络中断、病毒感染、电子错误等问题做出明确规定的背景下，免责条款成为当今电子商家和互联网服务商用以降低法律风险的一种有效手段。当然，免责条款的约定不得违反法律和社会公共利益，不得排除当事人的基本义务或排除故意或重大过失责任。

3. 电子合同的违约救济

电子合同的违约救济是在合同未能全面履行或者履行有瑕疵后，对违约方相对人依法进行的法律救济。因此，违约救济具有事后性、权利性和合法性等特征。

1）事后性

事后性指权利方只能在义务方不履行义务，致使其权益受到侵害或必然受到侵害时才能行使，而不能超前行使这一权利。当事人一方明确表示或者以自己的行为表明不履行合同义务的，对方可以在履行期限届满之前要求其承担违约责任。

2）权利性

权利性指法律救济是权利方所享有的一种"通知权"或"请求权"，即当义务方不履行其法律义务之行为侵害了权利方的合法权益时，所享有的通知对方解除合同或者请求有关机关采取补救、保护和惩罚措施的权利。当事人可以要求违约方承担继续履行、采取补救措施、支付违约金或赔偿损失等违约责任。

当事人一方未支付价款或者报酬的，对方可以要求其支付价款或报酬。当事人一方不履行非金钱债务或履行非金钱债务不符合约定的，对方可以要求履行，但有下列3种情形之一的除外。

（1）法律上或者事实上不能履行。

（2）债务的标的不适于强制履行或履行费用过高。

（3）债权人在合理期限内未要求履行。

3）合法性

合法性指权利方对于法律救济程序的启动，必须符合法定的构成要件和法定的程序。

违约救济途径包括由双方协商解决、向人民法院起诉或者根据仲裁协议申请仲裁等。其都是为了追究违约方的法律责任。

2.4.3 电子信息合同的履行

电子信息作为一种新型的交易对象，其具有一定的独特性，这些特点也使得信息产品交易合同的履行与传统的有形货物买卖的履行过程有着许多实质性不同。

1. 电子信息合同履行的方式与地点

1）有形介质信息的交付方式与地点

从交易标的的性质来看，信息可以作为动产加以对待。当信息因此被固定在有形介质中时，其与传统的动产买卖在交付地点上并无实质区别，只需要继续适用传统交易规则便可完成交付。

2）在线交付的交付方式与地点

相较于其他交易模式，电子信息交易独树一帜，其核心在于借助电子传输媒介实现信息的直接交付，无须依赖传统的物流渠道来完成交易对象的占有权转移。这一交易形式的特性，显著削弱了传统合同法中广泛遵循的"义务履行方所在地"原则的应用效能。

3）电子信息交付的附随义务

为了保证所交付的信息复本达到"商业上的可适用性"，确保所交付的电子信息能够有效实施，达到其商业目的，在电子信息交付过程中还伴有相应的强制义务防止恶意利用交易规划的缺漏，实施损害另一方合法权益的行为。如有形货物在交付时，往往会根据交易标的物理特性而附带专门说明书一样，电子信息的交付也应当将有关信息如何运作、控制、访问的相关资料交付用户，使其能够有效控制和运作其接收到的相关信息。这些义务对于确保实现电子信息的交易目的来说，是不可或缺的。

附随义务的履行，适用于以下履行规则。

（1）如果合同要求交付由第三方持有的复本而不需要转移，履行方应当提交协议规定的访问资料或其他文件。

（2）如果合同没有要求履行方将复本交付到特定目的地，而是要求或授权履行方将复本发送给另一方，则使用下列规则。

① 在履行有形介质上的复本的交付时，履行方应当将复本放置在传送人处，并根据信息的性质和其他的环境，与之签订运送合同，运送费用将由接收人承担。

② 在以电子方式交付复本的情况下，履行方应当根据信息的特点和其他环境，合理地启动传输或指示传输装置启动，传输费用将由接收人承担。

③ 如果要求履行方将复本交付到特定的目的地，履行方应当使复本在目的地能够得到有效使用，并承担传输或传送的费用。

2. 电子信息合同履行中的验收

1）信息产品的检验

对买受人来说，检验业已接收的交易标的，既是其权利也是其义务，是合同履行的重要环节。

对于广泛面向公众的信息产品，由于其是市场上批量流通的标准版本，其合同履行方式灵活多样，既可以是提供实体拷贝，也能实现在线即时传送。鉴于此类产品质量的标准化特点，当事人的权益往往依据行业惯例或通用标准来界定。对于实体拷贝交付，消费者可通过检查包装、标识等确认是否为正品；对于在线交付，则应核验其许可证条款、规格参数及版本信息。一旦验证无误，即可确认收货或依约完成支付流程。对于非大众化的定制软件产品，若依据合同条款或法律规定赋予接收方检验权，则该产品的接收应待接收方在合理时机内完成检验后方可进行。《美国统一计算机信息交易法》具体指出，接收方有权在付款或接收前，于合理时段及地点，采用合理方式检验信息产品，以确认其是否与合同描述一致。该法还推定，双方约定的检验细节（如地点、方法及标准）具有优先适用性。但需强调的是，此检验权行使不得违背既存的保密责任。

2）信息产品的接收

信息产品的接收是合同履行的重要阶段，它标志着买方认可了合同标的，同时也解除了对方当事人交付信息产品的义务。接收实际上是当事人对电子合同标的质量、数量的一种同意的表示，既可以由当事人以明示方式做出，也可以从其行为推定。

信息产品的接收有整体接收和部分接收之分。整体接收是指买受方表示认可标的物符合合同，完全接收合同标的。部分接收一般发生在由多个文件构成的一套信息产品的接收情形之中。由于整套电子文件必须协同使用，虽然形式上多个文件分离，但实质上应将其视为一个整体。这些电子文件在法律上属于不可分物。美国相关立法就做出了较为详细的规定，明确要求如果合同约定分段交付，而各部分结合起来才能够构成信息的整体，则每一阶段的交付都必须全部信息已经分别接收之后才生效。

如果信息产品是有形载体的交付，则买受方应在合同约定或法律规定的交付地点接收该标的物。如果信息产品是在线交付，则买受方有义务使其信息系统处于可接收交付的状态，并给卖方适当的通知。如果电子合同的一方当事人拒绝受领信息产品，但又处于占有该信息产品的状态时，则必须承担以下义务。

（1）妥善保管义务。拒绝受领人不得使用该信息产品或者使他人使用该信息产品或者复制该信息产品。

（2）及时通知义务。拒绝受领人应当将信息产品与约定不符的消息，在合理时间内告知对方。

（3）交回义务。拒绝受领人应当在合理期间内或遵照对方当事人的指示，将所有信息产品、复检、相关资料退还给对方当事人。

拒绝受领人因履行上述义务而发生的费用，由对方当事人承担。

3. 电子信息合同履行中的风险承担

1）风险转移的时间

在电子信息合同中，对于依附于有形载体的信息产品，其交付时间的确定相对直观明确。而当涉及在线交付时，为确保合同双方权利义务的清晰界定及风险转移的合理性与有效性，需对交付时间进行特别规范，以减少不必要的风险损失。若许可方选择通过电子邮件渠道向被许可方发送信息产品，则风险责任的转移节点设定为被许可方成功接收该电子邮件之时。若信息产品的交付采用许可下载的方式，则风险责任的转移需等被许可方完成整个下载过程方可生效。此处的"完成下载"是指信息产品的整体交付,若下载过程中因任何原因发生中断,许可方有责任提供重新下载的机会,以保障交易的顺利进行。若该信息产品由第三方持有,且其交付方式允许在不发生物理移动的情况下进行复制或传递,或通过授权被许可方访问第三方资源的形式实现,则风险责任的转移时机为被许可方成功获取访问该资源的授权凭证或权限之时。

2)风险责任的承担原则

信息产品的风险有灭失的风险和遭受破坏的风险,灭失的风险较易区分是发生在交付之前还是交付之后;而遭到破坏的风险,如信息产品感染病毒,则很难确定感染病毒的时间,为了防止信息产品因为遭到破坏而使得风险承担不明,在一般情况下,当事人双方应当按照下述原则来承担相应的风险责任。

(1)当灭失或破坏的时间确定时,根据信息产品的交付时间确定。灭失或破坏发生在交付之前的,由许可方承担;灭失或破坏发生在交付之后的,由被许可方承担。

(2)如果灭失或破坏发生的时间难以确定,则满足以下条件时,推定灭失或破坏发生在交付之前。

① 被许可方能证明其信息系统具有符合标准的安全防护措施的。

② 信息产品存在明显的安全漏洞或未采用安全的传输方式的。这里的安全标准指的是相关法律法规的规定,没有法律法规规定的,根据行业的一般标准或商业惯例来确定。

复习思考题

1. 填空题

(1)当事人订立合同,可以采用_____、口头形式或者其他形式。

(2)合同订立的过程,就是当事人_____的过程。

(3)当事人采用信件、数据电文等形式订立合同要求签订确认书的,_____时合同成立。

(4)民事行为能力包括合同行为能力和相应的缔约行为能力,这是当事人了解和把握合同的发展状况及法律效果的_____。

(5)_____是指在合同有效成立后和履行前,因不可归责于双方当事人的原因而使合同成立的基础发生变化,如继续履行合同将会造成显失公平的后果。

2. 简答题

(1)什么是电子合同?

(2)电子合同具有哪些特征?

(3)电子合同订立的构成要件是什么?

(4)电子合同的生效条件是什么?

(5)电子合同的违约归责原则是什么?

第 3 章
电子签名与电子认证法律法规

在签订电子合同时会使用电子签名。电子签名就是通过密码技术对电子文档进行电子形式的签名。为了保障开放性网络环境中交易人的真实与可靠,一般会对个人身份信息进行电子认证。

【学习目标】

(1)了解电子签名和电子认证的概念,熟悉电子签名的功能,掌握电子认证的相关作用。

(2)熟悉电子签名与手写签名的区别。

(3)掌握电子签名的法律效力。

(4)熟悉电子认证服务机构的概念和特点,掌握其设立的形式和条件。

(5)掌握电子认证服务机构的申请和许可,并能够明确电子认证服务机构的法律责任。

【思政讨论】

2022年9月19日，甲工具制造有限公司（以下简称甲公司）与乙电子商务有限公司（以下简称乙公司）签订电子商务服务合同1份，合同约定：乙公司为甲公司安装其拥有自主版权的国际电子商务系统软件1套，在安装后1年之内最少为甲公司提供5个有效的国际商务渠道。乙公司对甲公司利用其软件与商情获得的成交业务，按不同情形收取费用，最高不超过50万元。如果在1年之内乙公司未能完成提供有效的国际商务渠道的义务，则无条件退还甲公司首期付款5万元并支付违约金。

合同签订后，乙公司在甲公司处安装了软件平台，并代甲公司操作该系统。2023年10月，甲公司以乙公司违约，未能提供有效的国际商务渠道为由起诉至法院，要求解除合同，返还已付款项并支付违约金。乙公司在举证期限内提供了海外客户对甲公司产品询盘的4份电子邮件（打印文件），以此证明乙公司为甲公司建立的交易平台已取得业务进展，至于最终没有能够成交，是由于甲公司提供给外商的样品不符合要求。

讨论：

（1）乙公司举证的电子邮件能否作为有效证据？为什么？

（2）请解释社会主义核心价值观中"诚信、友善"的具体含义，并思考电子签名与认证的意义，以及为什么要用到电子签名和需要电子认证。

3.1 电子签名法律法规

【知识目标】

（1）了解电子签名的含义。

（2）熟悉电子签名的功能。

（3）掌握电子签名与手写签名的区别。

（4）熟悉电子签名的法律效力。

【技能目标】

（1）能够说出电子签名的功能都有哪些。

（2）能够说出电子签名与手写签名有哪些区别。

（3）能够说出电子签名的法律效力是什么。

3.1.1 电子签名的含义

《电子签名法》第二条规定，电子签名是指数据电文中以电子形式所含、所附用于识别签名人身份并表明签名人认可其中内容的数据。数据电文是指以电子、光学、磁或类似手段生成、发送、接收或者存储的信息。

通俗来讲，电子签名就是通过密码技术对电子文档进行电子形式的签名，并非书面签名的数字图像化。电子签名类似于手写签名或印章，也可以说是电子印章。

3.1.2 电子签名的功能

电子签名是签名的一种形式,其具有签名的证据功能、提示功能、保存功能等。

1. 证据功能

(1)签名属于有形的可见证据,用以表明签名者批准、赞成或同意所签文件的内容。

(2)签名者在签署文件后,意图表明受到文件内容的制约,并意图使文件内容产生法律效力。

(3)签名表明签名者明确了该文件内容所隐含或明示的法律行为,签署者承认该法律行为的产生。

(4)签名可以证实、验证签名者的身份,同时表明打印姓名与手写签名之间的因果联系。文件中如果出现打印姓名,而手写签名紧随其后,表明两者之间有因果关系,即出现的打印姓名,需要手写签名予以确认。

(5)签名证明了签字者被赋予的特殊身份或者签字者的特殊地位。

(6)签名有时完全是"署名"的含义,只表明阅读并理解文件的内容,并没有使签名产生其他效力的意图。

(7)签名有时完全是"落款"的含义,只表明该文件的物权所有权。

(8)如果是证人签名,该签名具有证实某一法律行为产生或成立的作用。

(9)如果是在落款处签名,则表明签字处为文末,可以证实签名处之后出现的内容是未经签名所证实的内容,即签名处之前的内容已被签名者所阅读、理解、同意或被证实。

2. 提示功能

签名可以提示谁是签名者,因此,签名者对签署自己的姓名应当保持谨慎的态度,应询问签名缘由,确认签名后果。签名者看到其他人的签名,也会因签名知晓他人身份以及他人对文件内容的态度。如果文件需要签名、落款或署名,那么这就意味着该文件是正式的文件,此时则需要签名实现其作用,区别于普通文件,强调了文件的正式性或法律性。电子签名的提示功能与我国法律规定的电子签名应当具有识别签名人和确认签署内容的功能基本一致。

3. 保存功能

签名一般以纸张或其他有形物体作为载体,具有可保存性。被签署的文件能够被保存一定时间并保持其法律效力。例如,未经兑换的支票、未经征税的单据等。这一作用与签名所使用载体的可保存性相关,因此也要求其使用的载体具有保存功能。电子签名所使用的载体数据电文同样具有可保存的功能,例如,电子汇票中的电子签名,同纸质汇票具有同等的法律效力。

4. 其他功能

电子签名的其他功能主要是指现代网络社交媒体中的签名,如 QQ 签名和微信个性签名。网络社交媒体中的签名也属于电子签名的一种。这种签名方式以电子的形式记录了发表者所发表的文字记录。为了突出其"签名功能"的特性,网络媒体往往对个性签名予以字数和图片发布的限制。该类型的签名并非通常意义上的签名，与手写签名和法律上的电子签名有着重要区别。该类型的签名一般不具有法律意义，仅作为网络娱乐和彰显个性的一种新型网络社交语言方式存在。

3.1.3 电子签名与手写签名的区别

1. 使用环境和范围的差异

《电子签名法》第三条规定："民事活动中的合同或者其他文件、单证等文书，当事人可以约定使用或者不使用电子签名、数据电文。"电子签名文件可视为数据电文的一种形式。手写签名文件的使用是约定俗成的，不需要当事人双方事先约定。

另外，电子签名文件的适用范围不如手写签名文件范围广，目前，电子签名不适用的范围主要包括以下几种情形：涉及婚姻、收养、继承等人身关系的文书；涉及停止供水、供热、供气等公用事业服务的文书，以及法律、行政法规规定的不适用电子文书的其他情形。

2. 签署方式的差异

手写签名是最为常见和普遍接受的签署方式之一。手写签名直接通过纸质合同实现，签署人使用自己的笔迹在合同上完成签名。手写签名可以体现签署人的真实意愿，并具有充分的证据效力。电子签名是通过密码技术在电子文档上加载的电子形式的签名。电子签名利用私钥对电子文件及与其一起存储的电子文件消息摘要数据进行加密，实现签署。电子签名的签署方式包括自动签署、点击签署、短信签署、视频签署等多种方式。

3. 外观的差异化

电子签名的外观形式可分为隐含式（电子签名外观无任何文字、图形等可见标记，即电子签名是不可见的）、文本式（电子签名外观是一组无个体特征的通用字体文字，如楷体、宋体等）、图形/图像式（电子签名外观是由个体特征的手写签名文字构成的图形或印章图像）。从外观形式上看，图形/图像式数字签名更接近人的手写签名或印章，因此更容易被人们所接受。手写签名的外观则是有个性特征的手写体文字。

4. 法律有效性的差异

使用电子签名之前，用户必须获得代表个人或企业的数字证书。数字证书是有使用期限的，当数字证书到期时，必须再申请一个新的数字证书。如果电子签名文件的时间戳在数字证书的有效期内，且电子签名为真，则该文件具有法律效力；否则，该文件不具有法律效力。手写签名文件的法律有效期是由有关法律规定的。

3.1.4 电子签名的法律效力

1. 电子签名的法律效力立法原则

我国电子签名法采用的立法原则是为了规范电子签名行为，确立电子签名的法律效力，维护有关各方的合法权益，其法律效力立法原则有以下 3 个。

1）功能平等原则

《联合国国际贸易委员会电子商务示范法》率先确立了电子签名与手写签名在法律上的等效地位。为维护法律体系的连贯性，在立法时通过拓宽"书面"与"签名"定义的边界，前瞻性地适应了未来变革。我国《电子签名法》亦遵循此道，不仅设定了电子签名等同于手写签名的法律效力标准，还正式赋予了电子签名法律约束力。然而，要使电子数据全面等同于传统书面内容，仅将数据电文视为书面形式尚显不足，法律还需构建更为详尽的规则体系。功能平等原则的核心并非追求电子数据与纸质文件的一一对应，而是确保两者在法律效力上的实质等同。

所以，对书面形式、签字、原件，《电子商务示范法》仅采用功能平等的方法确定其标准，其立法目的是明确电子签名法律效力条件的同时，使电子签名在电子环境下获得与传统书面形式下同等的法律地位。

2）中立原则与技术特定原则

对于电子签名的法律效力的认定，应从客观角度考量，不能因为没有使用可靠的电子签名而否定其合法性。也就是说，在实践中不能预先限制某种签名技术的应用或强制应用某种签名技术。根据《电子签名法》第十四条的规定："可靠的电子签名与手写签名或者盖章具有同等的法律效力。"从另一方面看，除非是在特定的情况下，否则法律法规不能强制规定"可靠的电子签名"的使用。在没有相应的手写签名的规则下就制定"可靠的电子签名"的相关法规，不利于建立稳定、统一的电子签名规范。施行《电子签名法》时不应该超出与手写签名相当的法律效果的限度。

3）意思自治原则

因为电子签名主要运用到电子商务中，而电子商务是存在于网络世界之中的，所以，电子商务仍应适用意思自治的原则，为了促进电子商务的发展，法律只对其做最低限度的干预。

意思自治原则主要体现在以下两个方面。

（1）当事人对是否使用电子签名可以约定。

（2）当事人对采用何种技术、程序及在何种条件下做成电子签名可以约定。

电子形式的确立并不排斥当事人对纸面形式的选择，当当事人对电子签名不能确保安全和可靠性时，可以选择最有利于自身的方式，法律不可强行干涉。技术、程序与条件这些因素相对于不同的当事人与不同的交易都是不同的，法律不可能确定可以普遍适用的规定，只能由当事人自主选择，由双方共同约定、共同遵守。

2. 电子签名的效力范围

《电子签名法》是规范我国电子签名与电子合同法律实务的基本法。作为典型的移植型立法，其效力范围主要体现在以下两个方面。

1）电子签名法确立的适用范围

电子签名的效力范围，也就是电子签名在哪些范围内使用，进而产生法律效力，受法律保护。总体上，电子签名的适用范围可分为以下3种情形。

（1）仅适用于私法交易行为。这是为了降低立法难度，避免造成商业行为和公法行为的混淆,但是,适用范围相对狭小,不能适应社会经济的发展。

(2)适用所有交易类。此种情况下,电子签名可以适用于所有的私人交易和公共交易。

(3)仅适用于政府机构之间的资讯往来。

2)法律的排除适用

世界各国对电子签名规定的适用范围并不一致,但无一例外均规定了电子签名交易类型不能适用的情形。现阶段法律对电子签名的规定不是很完备,如果让新兴的电子签名完全取代传统的手写签名,在实际应用过程中会出现问题,甚至会出现权力没有办法救济的情形。所以,可以先将一些不能或者不适宜通过网络传输的事物排除在适用范围之外,随着电子商务的发展,等时机成熟时,再顺势扩大电子签名的适用范围。我国《电子签名法》第三条规定,电子签名不适用下列文书。

(1)涉及婚姻、收养、继承等人身关系的。

(2)涉及停止供水、供热、供气等公用事业服务的。

(3)法律、行政法规规定的不适用电子文书的其他情形。

3. 可靠的电子签名的法律效力

我国《电子签名法》第十四条规定:"可靠的电子签名与手写签名或者盖章具有同等的法律效力。"如果签名人按照法律要求合法使用了电子签名,则该电子签名将依法产生法律效力,具体如下。

(1)对签名人的效力。电子签名具有与手写签名相同的功能:一是能表明文件的来源,即签名人承认其为文件的签署者,在签名人与文件之间建立联系;二是表明签名人对文件内容的确认;三是表明签名人对文件内容正确性和完整性负责的认可。

(2)对数据电文内容的效力。电子签名和数据电文紧密联系,经过电子签名的数据电文即表明其得到了签名人的认可,在符合证据客观性、关联性、合法性等要求的条件下可以作为证据使用。

(3)对法律行为的效力。当法律规定某种法律行为必须以书面签名形式体现时,电子签名对数据电文的签署充分满足了这一要求。当然,某一电子签名签署的具体的法律行为是否成立或生效,最终要以调整该法律行为的特别法律衡量。譬如,要以合同法规范对电子签名签署的要约、承诺的生效与否进行判断,而其合同法上的效力不是强化电子签名本身所能决定的。但是,电子签名对法律行为的成立与生效起着极其重要的作用。当以电子签名签署的要约、承诺本身符合合同法的基本规范时,那么对该要约或承诺的电子签名就决定着合同成立与生效的时间、地点等重要的法律行为因素。

3.2 电子认证法律法规

【知识目标】

(1)了解电子认证的概念和作用。

(2)掌握电子认证服务机构的含义和特点。

(3)掌握电子认证服务机构设立的形式和条件。

（4）熟悉电子认证服务机构的申请和许可。
（5）熟悉电子认证服务机构的法律责任。

【技能目标】

（1）能够说出电子认证的作用。
（2）能够说出电子认证服务机构设立的形式和条件。
（3）能够根据相关要求进行电子认证服务机构的申请和许可。
（4）能够明确说出电子认证服务机构的法律责任。

3.2.1 电子认证的概念和作用

1. 电子认证的概念

电子认证是指由指定的可充分信任的第三方机构出具电子商务参与者的身份、资格、产品、服务等符合特定标准或规范性文件的证明活动。

在电子认证的过程中，认证机构会利用先进的技术手段，如公钥基础设施、数字证书等来验证电子商务参与者的身份和资格。一旦参与者通过了认证，他们就可以获得一个由认证机构颁发的数字证书，这个证书包含参与者的身份信息和公钥等关键信息，用于在后续的电子交易中验证其身份和确保交易的安全性。

电子认证不仅验证了参与者的身份和资格，还验证了其所提供的产品、服务是否符合特定的标准或规范性文件。这种验证过程确保了交易双方之间的信任，降低了交易风险，促进了电子商务和电子政务的健康发展。

2. 电子认证的作用

电子认证是针对电子商务进行的认证，其主要作用是围绕电子商务交易活动，确认交易主体的合规性、预防欺诈与解决纠纷、推动信用体系的建设和保障当事人的权益。

1）确认交易主体的合规性

电子认证的首要作用是确认电子商务交易中涉及的各方身份、商品和服务是否满足特定的标准或规范性文件。其中，对参与者的身份认证是核心环节，通过一系列技术手段，如审核营业执照、身份证件等，确保交易主体的真实性和合法性。同时，对商品和服务的认证也至关重要，确保它们符合国家的相关规定和标准，如质量、安全等方面的要求。这种认证机制为电子商务交易提供了坚实的基础，有助于保障交易的合规性和安全性。

2）预防欺诈与解决纠纷

电子认证通过对参与者身份的甄别和证明，有效预防了欺诈行为的发生。在电子商务平台（网站）上，只有通过认证的会员才能参与交易，从而降低了欺诈风险。此外，一旦发生纠纷，电子认证提供的真实身份和交易记录可以作为解决纠纷的重要依据，有助于维护交易的公平性和公正性。

3）推动信用体系的建设

在电子商务交易中，由于交易双方通常无法面对面交流，信用体系的建设尤为重要。

电子认证通过确认交易主体的身份和资质，提高了信息的可靠性，有助于消除交易双方的疑虑，促进交易的顺利进行。同时，电子认证也为电子商务信用体系的建设提供了有力支持，有助于形成诚信、公正的交易环境。

4）保障当事人的权益

电子认证的最终目的是保护电子商务交易中各方当事人的权益。通过认证机制，确保交易主体的身份、商品和服务的质量和安全等方面得到保障，有效预防了虚假信息的出现。在交易过程中，电子认证能够防止欺诈行为的发生，解决纠纷，维护交易秩序，从而保障了电子商务参与者的合法权益。近年来，随着我国电子商务的快速发展，国家对电子认证给予了高度重视和支持，推动了电子认证的快速健康发展。

3.2.2 电子认证服务机构的含义和特点

1. 电子认证服务机构的含义

电子认证服务机构是指为需要第三方认证的电子签名提供认证服务的机构。在电子商务中所有实体证书都是由电子认证服务机构签发的。电子认证服务机构的主要任务是受理数字证书的申请、签发数字证书及对数字证书进行管理，主要解决电子商务活动中交易参与各方身份、资信的认定，并提供一些对交易有参考作用的信用信息，维护交易活动的安全，是电子认证的实施主体。

2. 电子认证服务机构的特点

作为对电子商务交易当事人提供信用服务的第三方，电子认证服务机构应具备以下4个特点。

1）中立性与可靠性

电子认证服务机构独立于交易双方，在交易过程中，不代表任何一方的利益，其仅以中立机构的身份提供信用服务。中立性与可靠性是电子认证服务机构参与并促成电子商务交易的重要保证。

小常识

资信

资信是民事主体从事民事活动的能力和社会对其所作的综合评价，属于名誉权范畴。资信由民事主体的经济实力、经济效益、履约能力和商业信誉等要素决定，并具有专属性、时间性、非财产性、客观性、差异性和绝对性的特征。在市场经济中各个经济主体在社会活动中都离不开信用，借、贷、购、销等一切经济交往均与信用有直接的关联。

2）权威性

权威性是电子认证服务机构必须具有的特点，否则其签发的电子认证证书就无公信力，该电子认证服务机构就失去了存在的意义。权威性主要来自如下两个方面：一方面，来自电子认证服务机构本身的服务，依靠给用户提供值得信赖的信息，逐步提高自己的权威性;另一方面,来自电子认证服务机构的地位,政府机关或主管机关核准设立的电子认证机构,其权威性更易于实现。

3)真实性

电子认证服务机构提供的认证服务是进行电子交易必备的前提条件,其提供的各种信息必须真实、完整、准确,严禁给用户提供虚假信息。

4)安全性和机密性

电子认证服务机构的安全性是人们信赖它的主要原因之一。为保证其安全性,电子认证服务机构必须采用相当程度的安全技术及配套设备,有效地防范黑客对认证系统及资料的非法存取或入侵。

同时,电子认证服务机构掌握了大量的电子签名人的个人信息和隐私资料,其工作人员应当具备良好的职业道德,保证信息不会泄露给任何非授权的个人或实体。

3.2.3 电子认证服务机构设立的形式和条件

1. 电子认证服务机构设立的形式

电子认证服务机构设立的形式有以下3种类型。

(1)由国家有关职能部门下属单位直接设立,从事电子认证服务工作。

(2)由政府相关部门进行授权,严格规定审批条件和程序签发认证证书,同时行使监督权,以确保电子商务交易的安全性。

(3)通过市场认可的方式,在市场竞争中建立信用。

电子认证服务机构申请从事电子认证服务许可时,需要满足一定的审批条件。政府主管机构在审核及签发许可证时,要对电子认证机构的资信情况和主体资格进行审核。

2. 电子认证服务机构设立的条件

依照《电子认证服务管理办法》第五条规定,电子认证服务机构应当具备下列条件。

(1)具有独立的企业法人资格。

(2)具有与提供电子认证服务相适应的人员。从事电子认证服务的专业技术人员、运营管理人员、安全管理人员和客户服务人员不少于三十名,并且应当符合相应岗位技能要求。

(3)注册资本不低于人民币三千万元。

(4)具有固定的经营场所和满足电子认证服务要求的物理环境。

(5)具有符合国家有关安全标准的技术和设备。

(6)具有国家密码管理机构同意使用密码的证明文件。

(7)法律、行政法规规定的其他条件。

电子认证服务机构从事电子认证服务应具备实质要件和形式要件两方面的条件。

1)实质要件

电子认证服务机构申请从事电子认证服务时,需要满足一定的审批条件,政府主管部门需要从主体资格、从业人员、设备、场所、资金5个方面进行审查。

(1)主体资格。电子认证服务机构需要具有从事信用服务的素质和资格,又要承担因认证业务而产生的财产责任，因此，对其发起人有一定的要求。各国和各地区根据自身情况进行相关规定，大部分国家的法律只允许法人机构作为电子认证服务机构的发起人，而有些国家和地区的法律则规定，无论法人或个人，均可成为电子认证服务机构的发起人。

从我国目前情况看，自然人不适宜作为电子认证服务机构的发起人，这是因为自然人承担财产责任的能力一般不如法人机构，另外，自然人的生老病死都会影响业务的稳定。虽然《电子签名法》中对此项未作明确规定，但《电子认证服务管理办法》第五条规定"电子认证服务机构应当具有独立的企业法人资格"，可见我国目前设立的电子认证服务机构都是独立的法人机构，不允许自然人作为电子认证服务机构的发起人。

（2）从业人员。电子认证服务机构所从事的业务是一项具有高技术含量的工作，要求从业的技术人员应当具备认证工作所必需的技术水平和素质。同时，因为认证工作涉及审查用户资料，并签发证书，关系贸易活动的安全，所以，要求从业人员应具有良好的品质。对从业人员的要求是认证机构安全运作的必要条件，法律一般对从业人员有严格的技术条件和素质条件规定，有些国家还设立了从业禁止条件，防止因内部从业人员的行为危害电子商务活动的安全。

我国《电子签名法》第十七条第二款规定："提供电子认证服务，应当具有与提供电子认证服务相适应的专业技术人员和管理人员。"

（3）设备。电子认证服务机构所需设备包括硬件和软件两个方面。电子认证工作对专业技术的要求很高，为了满足需要，电子认证服务机构所使用的设备必须质量合格并合法使用。信息产业发展迅速，技术与产品都在不断更新升级，因此不宜以法律形式对其作具体规定，其标准应由主管部门根据技术发展现状做出要求。认证系统的软件必须经相应的政府安全机构检验。

我国《电子签名法》第十七条第四款及第五款规定："提供电子认证服务，应当具有符合国家安全标准的技术和设备；具有国家密码管理机构同意使用密码的证明文件。"

（4）场所。电子认证服务机构的营业场所，通常与其业务进行地是一致的。电子认证服务机构是一种在线信息服务，其场所可不在业务开展地，但政府部门为了便于对其行使管辖权，一般会要求营业场所固定存在。我国目前所设立的电子认证服务机构都拥有固定的营业场所。

（5）资金。电子认证服务机构可能会由于认证活动的失误等给当事人造成损失，而这种损失的数额如果相当大，那么需要电子认证服务机构有雄厚的资金，能够承担相应的责任。

我国《电子签名法》第十七条第三款规定："提供电子认证服务，具有与提供电子认证服务相适应的资金和经营场所。"在资金方面，《电子认证服务管理办法》第五条第三款规定："注册资本不低于人民币三千万元。"

2）形式要件

形式要件是提供电子认证服务前必须履行的有关程序，我国《电子签名法》规定：首先，申请人向国务院信息产业主管部门提交申请，提交符合第十七条规定的有关文件，国务院信息产业主管部门依法审查并做出许可后，向申请人颁发电子认证许可证书；其次，申请人持许可证向工商行政管理部门办理企业登记手续；最后，获得认证资格的机构在互联网公布其名称、许可证号等信息。

3.2.4　电子认证服务机构的申请和许可

1. 电子认证服务机构的申请

《电子认证服务管理办法》第六条规定，申请电子认证服务许可的，应当向工业和信息化部提交下列材料。

（1）书面申请。
（2）人员证明。
（3）企业法人营业执照副本及复印件。
（4）经营场所证明。
（5）国家有关认证检测机构出具的技术、设备、物理环境符合国家有关安全标准的凭证。
（6）国家密码管理机构同意使用密码的证明文件。

2. 电子认证服务机构的许可

《电子认证服务管理办法》第九条规定：工业和信息化部对与申请人有关事项书面征求中华人民共和国商务部等有关部门的意见。第十条规定：工业和信息化部应当自接到申请之日起四十五日内作出准予许可或者不予许可的书面决定。不予许可的，应当书面通知申请人并说明理由；准予许可的，颁发《电子认证服务许可证》，并公布下列信息：

（1）《电子认证服务许可证》编号。
（2）电子认证服务机构名称。
（3）发证机关和发证日期。

电子认证服务许可相关信息发生变更的，工业和信息化部应当及时公布。

《电子认证服务许可证》的有效期为 5 年。

申请人应当持电子认证服务许可证书依法向工商行政管理部门办理企业登记手续。取得认证资格的电子认证服务提供者，应当按照工业和信息化部的规定在互联网上公布其名称、《电子认证服务许可证》编号等信息。

电子认证服务提供者应当制定、公布符合国家有关规定的电子认证服务机构业务规则，并向工业和信息化部备案。电子认证服务业务规则应当包括责任范围、作业操作规范、信息安全保障措施等事项。

3.2.5　电子认证服务机构的法律责任

1. 民事责任

我国《电子签名法》第二十八条规定："电子签名人或者电子签名依赖方因依据电子认证服务提供者提供的电子签名认证服务从事民事活动遭受损失，电子认证服务提供者不能证明自己无过错的，承担赔偿责任。"《电子签名法》规定了较为严格的过错推定责任认定制度，要求认证人"证明自己无过错"方可解脱责任，如果认证不能证明自己无过错，就必须承担赔偿责任。电子认证服务提供者作为保障电子商务交易安全的专业服务提供商，因其行为直接影响交易双方的利益，且就技术和过程掌控能力而言，在电子签名人、电子签名依赖方、电子认证服务提供者中处于优势地位，故法律规定了过错推定责任，要求电子认证服务提供者能尽最大的注意义务，否则将面临承担责任的危险。这对于保护电子签名人和电子签名依赖方的利益具有重大意义，有利于建立电子认证信用制度。民事活动损失包括直接损失和间接损失、可预见损失和不可预见损失等，有时数额相当巨大。同时，由于电子认证服务的特殊性质及业务风险，必须对电子认证服务机构的风险责任加以限制，以促进电子认证服务市场的发展，在我国立法中需要进一步明确。

2. 行政责任

（1）电子认证服务提供者未在暂停或者终止服务前向国务院信息产业主管部门报告的责任。《电子签名法》第三十条规定："电子认证服务提供者暂停或者终止电子认证服务，未在暂停或者终止服务六十日前向国务院信息产业主管部门报告的，由国务院信息产业主管部门对其直接负责的主管人员处一万元以上五万元以下的罚款。"

（2）未经许可提供电子认证服务的责任。《电子签名法》第二十九条规定："未经许可提供电子认证服务的，由国务院信息产业主管部门责令停止违法行为；有违法所得的，没收违法所得；违法所得三十万元以上的，处违法所得一倍以上三倍以下的罚款；没有违法所得或者违法所得不足三十万元的，处十万元以上三十万元以下的罚款。"此条法规使我国电子认证服务市场的准入制度更加严密，旨在保证市场的有序活动，防止其因未经许可的电子认证服务提供者的非法经营活动而受到影响。

3. 刑事责任

《电子签名法》第三十一条规定："电子认证服务提供者不遵守认证业务规则、未妥善保存与认证相关的信息，或者有其他违法行为的，由国务院信息产业主管部门责令限期改正；逾期未改正的，吊销电子认证服务许可证书，其直接负责的主管人员和其他直接责任人员十年内不得从事电子认证服务。吊销电子认证服务许可证书的，应当予以公告并通知工商行政管理部门。"

《电子签名法》对负责电子认证服务业监督、管理工作的部门的工作人员的违法行为的处罚也作了规定，如第三十二条规定："伪造、冒用、盗用他人的电子签名，构成犯罪的，依法追究刑事责任；给他人造成损失的，依法承担民事责任。"

《电子签名法》第三十三条规定："依照本法负责电子认证服务业监督管理工作的部门的工作人员，不依法履行行政许可、监督管理职责的，依法给予行政处分；构成犯罪的，依法追究刑事责任。"

复习思考题

1. 填空题

（1）手写签名文件的使用是＿＿＿＿＿＿＿的，不需要当事人双方事先约定。

（2）电子签名的外观形式可分为＿＿＿＿、文本式、＿＿＿＿＿＿。

（3）对于电子签名的法律效力的认定应从＿＿＿＿＿＿＿考量，不能因为没有使用可靠的电子签名而否定其合法性。

（4）电子认证是由指定的可充分信任的第三方机构出具电子商务参与者的_____、_____、_____、_____等符合特定标准或规范性文件的证明活动。

（5）认证机构从事电子认证服务应具备_____和_____两方面的条件。

2. 简答题

（1）什么是电子签名？

（2）电子签名具有哪些功能？

（3）什么是电子认证？

（4）电子认证服务机构有哪些特点？

（5）电子认证服务机构的法律责任是什么？

第4章
电子支付法律法规

20世纪90年代,互联网迅速普及,逐步从大学、科研机构走向企业和家庭,其功能也从信息共享演变为一种大众化的信息传播手段,商业贸易活动逐步进入这个王国。通过使用互联网,既降低了成本,也造就了更多的商业机会,电子商务技术从而得以发展,使其逐步成为互联网应用的最大热点。为适应电子商务这一市场潮流,电子支付随之发展起来。

【学习目标】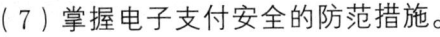

(1)了解电子支付的概念、电子支付的特征及其分类。
(2)熟悉常用的电子支付工具。
(3)了解电子支付当事人的法律关系。
(4)掌握电子支付的法律关系。
(5)了解电子支付的风险。
(6)掌握电子支付风险的法律防范对策。
(7)掌握电子支付安全的防范措施。

【思政讨论】

从2014年着手研发工作到目前形成多个地区试点格局，数字人民币渐成蔚然之势，逐步"飞入寻常百姓家"。截至2024年6月末，数字人民币已在17个省（区、市）开展试点，累计交易金额达7万亿元。目前数字人民币已经同时支持线下线上场景，覆盖生活缴费、餐饮服务、交通出行、购物消费、政务服务等多个领域，"支付即清算"，不向用户收费，数字人民币为老百姓提供了安全、便捷的支付选择。借助北京冬季奥运会、中国（北京）国际服务贸易交易会，数字人民币从国内场景走向国际场合，试点应用地区进一步扩大，在服务实体经济和便利百姓民生等方面发挥了更加积极的作用，成为我国数字金融和数字经济发展的重要基础设施。

讨论：

（1）中国发行数字人民币的背景是怎样的？

（2）数字人民币的发行对我国社会和经济发展有着怎样的意义和作用？它对普通百姓的生活有着怎样的影响？

4.1 电子支付及其法律问题

【知识目标】

（1）了解电子支付的概念和特征。

（2）掌握电子支付工具。

（3）熟悉电子支付当事人的法律关系。

（4）掌握电子支付的法律关系。

【技能目标】

（1）能够运用电子支付工具进行电子支付。

（2）能够画出电子支付当事人的法律关系图。

（3）能够画出电子支付的法律关系图。

4.1.1 电子支付概述

1. 电子支付的概念

电子支付是指消费者、商家和金融机构之间使用安全电子支付手段把支付信息通过信息网络安全地传送到银行或相应的处理机构，用来实现货币支付或资金流转的行为。

2. 电子支付的特征

与传统的支付方式相比较，电子支付具有以下4个特征。

（1）电子支付采用先进的技术通过数字流转来完成信息传输，其各种支付方式均通过数字化的方式进行款项支付；而传统的支付方式则通过现金的流转、票据的转让及银行的汇兑等实物的流转来完成款项支付。

（2）电子支付的工作环境基于开放的系统平台（互联网）；而传统的支付方式则是在较为封闭的银行系统中进行运作的。

（3）电子支付具有方便、快捷、高效、经济的优势。

（4）电子支付采用的是最先进的通信手段，如互联网、外联网，而传统的支付方式使用的则是传统的通信媒介。

3. 电子支付的分类

电子支付根据不同的分类标准可分为不同的类型。

（1）根据电子支付指令发起方式的不同，可将电子支付分为网上支付、电话支付、移动支付、销售点终端交易、自动柜员机交易和其他电子支付。

（2）根据服务对象和支付金额大小的不同，可将电子支付分为大额电子支付和小额电子支付。大额电子支付是 B2B 电子商务的重要手段，服务对象主要包括货币、黄金、外汇、商品等市场的经纪商和交易商，在金融市场进行交易活动的商业银行，以及从事国际贸易的工商企业。小额电子支付主要应用于 B2C 电子商务，服务对象主要是广大消费者，以及从事商品和劳务交换的工商企业。

（3）根据支付系统处理划拨类型的不同，可将电子支付分为借记划拨和贷记划拨。借记划拨是指债权人向银行发出支付指令，以向债务人收款的划拨。贷记划拨是指债务人向银行发出指令向债权人付款的划拨。

4.1.2 电子支付工具

1. 电子现金

1）电子现金的概念

电子现金又称电子货币或数字现金。简单来说，电子现金就是一种以数据形式流通的货币，它把现金数值转换成为一系列加密序列数，通过这些序列数来表示现实中各种金额的币值。

通俗一点来理解，电子现金就是纸质现金的电子化，因此，电子现金同时具有现金和电子化两个方面的优点。

2）电子现金的特点

电子现金在经济领域与普通现金有同样的作用，对经济运行至关重要。电子现金具有如下 6 个特点。

（1）独立性。电子现金的安全性不能只靠物理上的安全来保证，必须通过电子现金自身使用的各项密码技术来保证电子现金的安全。

（2）可重复花费。电子现金只能使用一次，重复花费会被检查出来。

（3）匿名性。银行和商家互通也不能跟踪电子现金的使用，无法将电子现金的用户的购买行为联系到一起，从而隐蔽电子现金用户的购买记录。

（4）可伪造性。用户不能造假币，包括两种情况：一种情况是用户不能凭空制造有效的电子现金；另一种情况是用户从银行提取 N 个有效的电子现金后，也不能根据提取和支付的 N 个电子现金的信息制造出有效的电子现金。

（5）可传递性。电子现金能够像普通现金一样，在用户之间任意转让，且不能被跟踪。

（6）可分性。电子现金不仅能作为整体使用，还能被分为更小的部分多次使用，只要各部分的面额之和与原电子现金面额相等，就可以进行任意金额的支付。

3）电子现金的支付流程

电子现金的支付流程如下。

第一步：消费者在电子现金发布银行开立电子现金账号，用现金服务器账号中预先存入的现金来购买电子现金证书，这样，这些电子现金就有了价值，并被分成若干包"硬币"，可以在商业领域中进行流通。

第二步：消费者使用计算机电子现金终端软件，从电子现金发布银行取出一定数量的电子现金，存在自己计算机的硬盘上，消费者与同意接收电子现金的商家洽谈并签订订货合同，使用电子现金支付所购商品的费用。

第三步：接收电子现金的商家与电子现金发布银行之间进行清算，电子现金发布银行将用户购买商品的款项支付给商家。

2. 电子支票

1）电子支票的概念

电子支票是用户向收款人签发的、无条件的数字化支付指令。电子支票可以通过互联网或无线接入设备来完成传统支票的所有功能。

2）电子支票的特点

电子支票具有如下 5 个特点。

（1）电子支票以传统支票为雏形，用户容易接受且容易上手。

（2）电子支票较好地支持了 B2B、B2G 的电子商务市场。

（3）电子支票采用先进技术提供了比传统支票更为可靠的安全防欺诈手段。

（4）电子支票打破境域的限制，最大限度地提高了支票运转周期，减少在途资金。

（5）电子支票业务流程的自动化和网络化节省了大量的人力物力，极大地降低了处理成本。

3）电子支票的支付流程

电子支票的支付流程如下。

第一步：消费者和商家达成购销协议并选择用电子支票支付。

第二步：消费者通过网络向商家发出电子支票，同时向银行发出付款通知单。

第三步：商家通过验证中心对消费者提供的电子支票进行验证，验证无误后将电子支票送交银行索付。

第四步：银行在商家索付时，通过验证中心对消费者提供的电子支票进行验证，验证无误后即可向商家兑付或进行转账。

3. 电子信用卡

1）电子信用卡的概念

电子信用卡是一种支付方式，电子商务活动中使用的信用卡是电子信用卡。电子信用卡通过网络直接支付。

2）电子信用卡的特点

电子信用卡具有如下 3 个特点。

（1）每张电子信用卡都与一个信用卡账号相对应，资金的支付最终通过转账实现。

（2）电子信用卡支付采用在线操作方式。

（3）因为在消费中消费者采用的是"先消费，后付款"的方式，所以，对信用卡账户的处理将会滞后于货款的支付。

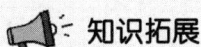 **知识拓展**

电子信用卡与实体卡的区别

1. 发卡形式不同

电子信用卡是一张虚拟信用卡，没有实体卡片。电子信用卡由一组虚拟卡号、CVV2码（信用卡安全码）、有效期等信息组成。

实体卡是有真实的卡片，是银行邮寄给消费者的，是可以用手触碰到的。

2. 刷卡形式不同

电子信用卡虽然不发行实体卡，但仍可用于消费，需要消费者使用移动支付工具，如支付宝、微信、云闪付等App。消费者在这些平台输入信用卡信息进行银行卡绑定，即可享有手机支付或扫码支付权限，也可以在线消费。

实体卡，信用卡格式不限，可以用信用卡直接在POS机上刷卡，也可以绑定微信、支付宝等App在线支付；如果银行卡绑定了手机移动支付工具，也可以使用机器支付和扫码支付。

3. 还款方式不同

电子信用卡只能通过网上支付方式还款，如支付宝、微信、手机银行等App。

实体卡除了可以在网上转账还款，还可以插入ATM存钱进行还款操作。

4. 网上银行

1）网上银行的概念

网上银行又称网络银行、在线银行，是指利用网络技术，如互联网或局域网，为客户提供综合、统一、安全、实时的银行服务，主要包括提供对私和对公的个人或团体的全方位的银行业务，还可以为客户提供跨国支付和结算等其他贸易、非贸易的银行服务。

2）网上银行的特点

网上银行是电子商务迅速发展、银行业竞争加剧、人们生活需求提高、金融不断创新的结果。网上银行源自传统银行并逐步得到了扩展与延伸。相比传统银行，网上银行具有如下 4 个特点。

（1）服务方便、快捷、高效。通过网上银行，客户可以享受方便、快捷、高效和可靠的全方位服务。任何时候都可以使用网上银行的服务，不受时间、地域的限制，即实现 3A（Anywhere/Anyhow/Anytime）服务。

（2）成本低廉。相较于传统银行，网上银行展现出显著的成本优势。首要优势在于其设立成本低廉，无须设立实体分支机构，免去了高额的场地租赁与装修开销；其次，日常运营成本也大幅缩减，诸如水电能耗、办公耗材及员工薪酬等费用得到有效控制；最终，借助互联网的无限疆域，网上银行打破了地域壁垒，实现了业务处理的自动化与高效化，极大地削减了单笔交易的成本负担。

（3）服务更标准、更规范。网上银行具有标准规范的业务处理流程，与营业网点相比，避免了因工作人员业务素质高低及情绪的好坏所带来的客户满意度的差异，并且网上银行还能够利用其低成本的优势为客户提供一对一的专业服务，客户可以根据自身的需求，自行挑选网上银行所提供的多样化金融服务，形成对客户的差异化服务，从而提高客户的满意度与忠诚度。

（4）私密性强。网上银行通过对称与非对称两种加密系统对客户信息进行加密保护，具有很强的私密性。客户可以足不出户办理大部分银行业务，避免了传统银行柜台办理业务时与柜员交流、密码输入、回执单丢失等环节隐私被泄露的可能性。

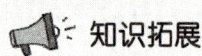

网上银行的缺点

1. 安全隐患

资金被盗用风险是阻碍人们使用网上银行最根本的障碍，黑客、木马、假网银等都盯着网上银行客户的口袋。如果缺乏基本的防范意识和防范技能，网上银行的确可能让客户资金受损。

2. 技术门槛略高

网上银行以计算机技术为基础，要求客户至少会操作计算机、会上网。因为目前大多数网上银行在安全防范方面都采用了证书，所以，客户还必须能够理解证书的作用，并能对证书进行简单的安装、备份与恢复操作。这些技术门槛把一部分客户隔在了门外。

3. 部分网上银行操作复杂

有些网上银行在操作上非常复杂，即使是笔者（1999年开始使用网上银行）这样比较有经验的客户也感到头痛。例如，在使用某银行的网上银行时需要安装两个证书，一个是认证中心的根证书，还有一个是私匙证书，这让很多人茫然无措，并且最开始还找不到下载证书的地方，整个操作过程比较复杂。

3）网上银行的类型

按照不同的分类标准，网上银行可以分为不同的类型，常见的分类标准有以下两种。

（1）按服务对象不同，网上银行可以分为企业网上银行和个人网上银行。

① 企业网上银行。企业网上银行聚焦于服务企事业组织及政府部门客户，助力其实现财务透明化管理。客户可及时掌握企业财务动态，灵活调配内部资金流，高效执行批量网上支付、薪资发放等任务，并便捷处理信用证等金融业务。以中国工商银行为例，其企业网上银行作为专为企业客户打造的线上自助金融服务平台，广受业界瞩目与好评。

② 个人网上银行。个人网上银行主要适用于个人与家庭的日常消费支付与转账。客

户可以通过个人网上银行服务，完成实时查询、转账、网络支付和汇款功能。例如，中国工商银行个人网上银行是中国工商银行为个人客户提供的网上自助金融服务，近年来在广大的个人客户群体中影响日益加大，越来越多的个人成为中国工商银行个人网上银行的注册客户。

（2）按经营组织形式的不同，网上银行可以分为分支型网上银行和纯网上银行。

① 分支型网上银行。分支型网上银行是指现有的传统银行将互联网作为新的服务手段，建立银行站点、提供在线服务而设立的网上银行。分支型网上银行类似于该银行的其他分支机构或柜台，是原有银行业务与网络信息技术相结合的结果，相当于银行的一个特殊分支机构或营业点，因而又被称为"网上分行""网上柜台""网上分理处"等。

分支型网上银行一般既单独开展业务，又为其他非网上分支机构提供辅助服务。早期的单独业务主要集中在账务查询、转账、在线支付等领域。随着网络技术和电子商务的发展，以及客户对网上银行和电子支付工具的日渐熟悉，现在的分支型网上银行已经能够独立开展各类银行业务，包括网上开户、网上贷款、电子支票或账单提交、资产或证券交易等。

对分支型网上银行，大部分银行沿用其现有银行的名称和品牌，也有部分银行从战略的角度考虑，使用了新的名称。

分支型网上银行的优点如下：可以利用现有银行已有的技术、人员和客户资源，有效地帮助主体银行改善银行形象和客户服务方式，迅速开发新的银行服务产品，扩展市场空间和渠道，满足客户需求，降低成本，提高效率。

分支型网上银行的缺点如下：首先，这种模式会受到母体银行原有的体制框架、技术框架的束缚；其次，母体银行能否对网上银行保持一定的投入成为发展分支型网上银行的关键，究竟是发展更多的传统业务还是发展电子业务成了决策的难题。

② 纯网上银行。纯网上银行又称虚拟银行，起源于1995年美国开业的安全第一网上银行。纯网上银行是为专门提供在线银行服务而成立的独立银行，因而，也被称为"只有一个站点的银行"。纯网上银行一般只设有一个办公地址，既无分支机构，又无营业网点，几乎所有业务都通过网络进行。

处于不同发展阶段的纯网上银行，其主要业务也不相同。在初始阶段，纯网上银行一般不提供信用评定和贷款业务；在成熟阶段，纯网上银行几乎具有传统银行所有的产品和服务。但在现金的收付上，仍依赖现有的ATM系统网络或邮政系统。

纯网上银行有如下两个优点。

第一，可以树立自己的品牌，以极低廉的交易费用实时处理各种交易，提供一系列的投资、抵押和保险综合业务。

第二，由于客户服务成本很低，银行还可以向客户提供更优惠的存贷款利率。

纯网上银行有如下4个缺点。

第一，纯网上银行无法收付现金，加重了对第三方机构的依赖性。

第二，纯网上银行改变了以往银行保存交易记录的方式，需要法律和客户方面的不断确认。

第三，纯网上银行缺乏客户基础，需要培养新客户的信任度和忠诚度。

第四，纯网上银行前期技术的投入非常大。

5. 数字货币

1）数字货币的概念

数字货币是"一种仅以电子形式存在且无形的支付方式"。在我国，数字货币是指数字化人民币，是法定的数字货币。数字货币本身就是货币而不仅是支付工具，支付宝、微信支付与数字货币有本质的区别。支付宝、微信支付其实都是电子货币，并非数字货币，这些都是基于电子账户实现的支付方式，本质上只是法定货币的信息化表现形式，还不是严格意义上的数字货币。

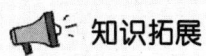

央行数字货币与比特币的区别

第一，比特币是电子现金，是匿名性货币。首先，比特币具有现金的一切属性，其中最主要的属性就是匿名性；其次，比特币是电子形式的现金，不具有纸钞和硬币的物理结构，方便交易流通。我们熟悉的现金和中本聪设想的数字货币相比，在匿名性上是一致的。不同的是物理结构的现金完全不能被追踪，而区块链上的数字货币（电子现金）则是可以被追踪的，这对于央行及对合规性负有很高责任的金融机构来说，无疑具有极大的吸引力。因此，可以说匿名性是数字货币的第一要义。虽然人们可能会愿意为了便利性而在一定程度上牺牲隐私，但一定不希望其金融活动被那些无关的人（尤其是心怀恶意的人）随随便便就偷窥了。

第二，比特币是可编程货币。区块链的四大元素是共享账本、加密算法、智能合约和共识机制。数字货币运行于区块链或分布式账本系统上，与运行于金融机构账户系统上的电子货币的显著区别是可编程性。电子货币在金融机构账户上表现为数据库字段中的数字，交易是账户之间数字的增减。而数字货币表现为分布式账本上的不同参与方之间共同验证的计算机代码，交易是账户或地址间的价值转移。通过智能合约，区块链能够自动执行双方或多方之间的约定，任何一方都难以反悔。可编程性让央行拥有了追踪货币流向的能力，从而有望建立之前不可能拥有的精准执行货币政策和精准预测市场流动性的机制。同时，可编程性也能让金融交易变得自动化，省去了金融机构庞大的中后台部门，甚至让很多金融交易可以实时清算。这无疑极大地提升了金融交易的效率，提高了资金周转速度，降低了运营成本。

第三，比特币是密码学货币。比特币的账户体系和交易验证机制等元素都高度依赖于各种密码学算法。目前互联网是完全公开透明的，我们享受互联网带来便利的同时，也把各种行为数据无偿提供给了中心化的互联网机构，而这些互联网机构却利用这些数据来从事营利性商业活动。此外，比特币可以使用零知识证明、同态加密等密码学技术来实现交易的隐私保护。

第四，比特币是算法货币。比特币的发行机制依靠的是数学算法来建立自己的信用，而数学运算的结果是高一致性的，因此最容易取得全球的共识。比特币的核心就是一套高可信度、高一致性、高透明度、规则严密、公平、公开、公正的数学算法。

第五，比特币是自治货币。共识、共治、共享的自组织是区块链带来的崭新的商业架构和组织架构。通过观察比特币、以太坊等几个比较成功的数字货币的实践案例，我们发现基于区块链的计算机程序正在成为新型的数字货币发行主体。这些项目都是以社区自治的开源软件的方式在运行，既不被中心化机构拥有，也不设中心化服务器，甚至没有运维人员来管理。这种基于数学算法的背书方式，在原来的主权政府做信用背书的法定货币和私人机构做信用背书的私人货币之外，增加了一类全新的数字货币发行方法——以数字货币为表现形式的无主货币，即发行方只是数学算法模型，没有法律主体资格。

第六，比特币的运行基础是分布式网络。分布式网络技术在某种程度上决定了比特币的特性与效用。随着5G通信技术的部署，未来我们每个人的生活、学习、工作都难以离开分布式网络。分布式网络是区块链或分布式账本的技术基础，也决定了比特币的运行效用。

2）数字货币的特点

数字货币具有以下3个特点。

（1）没有发行主体。因为来自开放的算法，数字货币没有发行主体，所以，没有任何人或机构能够控制数字货币的发行。

（2）能够抵御通货膨胀。因为算法解的数量确定，所以，数字货币的总量固定，这从根本上消除了虚拟货币滥发导致通货膨胀的可能。

（3）安全保密。因为交易过程需要网络中的各个节点的认可，所以，数字货币的交易过程足够安全。

小常识

数字人民币

数字人民币（按照国际使用惯例，数字人民币的缩写暂定为"e-CNY"）是由中国人民银行发行的数字形式的法定货币，由指定运营机构参与运营并向公众兑换，以广义账户体系为基础，支持银行账户松耦合功能，与纸钞硬币等价，具有价值特征和法偿性，支持可控匿名。

数字人民币的概念有两个重点：一是数字人民币是数字形式的法定货币；二是与纸钞和硬币等价。

3）数字货币的类型

数字货币的类型主要有如下4种。

（1）央行法定数字货币。我国正在研发的DCEP（Digital Currency Electronic Payment，数字货币电子支付），显然是数字化加上狭义的法定货币范畴，也是央行直接发行的"数字债务"，用于替代部分M0。如英格兰银行在研究中表述，其探讨的CBDC（Central Bank Digital Currencies，中央银行数字货币）不排除影响M1，即数字化带给广义法定货币的影响。而"数字"二字背后的技术，或者是分布式账本技术，或者与之根本没有关系，甚至可能不是去中心化的技术。在此方面，由于央行与各方的重视，我国的研究进展在全球都处于前沿位置。

> **小常识**
>
> **M0**
>
> M0是指现金支付凭证，即根据现金付出业务的原始凭证编制的付款凭证。

（2）超主权数字货币。超主权数字货币通常是跨央行的、由IMF（International Monetary Fund，国际货币基金组织）等国际货币金融组织推动的相关研究探索。国内学界曾经做了一些相关研究，如用分布式技术改造SDR（Special Drawing Right，特别提款权）等。现有的研究探索更多是由国际组织在推动，但由于美国等国家的积极性有限，实际上也并没有太大进展。

> **小常识**
>
> **国际货币基金组织**
>
> 国际货币基金组织是根据1944年7月在布雷顿森林会议签订的《国际货币基金组织协定》，于1945年12月27日在华盛顿成立的。与世界银行同时成立，并列为世界两大金融机构，其职责是监察货币汇率和各国贸易情况，提供技术和资金协助，确保全球金融制度运作正常。

（3）民间稳定币。顾名思义，民间稳定币的特点是价格相对稳定、试图为混乱的数字货币体系创造"中间锚"，通常有基于法定货币、加密货币或无抵押的稳定币。虽然民间稳定币属于私人数字货币的范畴，但具有了一定的"准公共性"。由于法律限制，国内在此领域并未有太大的发展。

（4）一般加密数字货币。从比特币开始已经逐渐市场化运作，政府关注的只是投资者保护、交易合规性、反洗钱等。在此领域，我国近年来则体现出"准地下经济"模式，但中国人及其资本在全球数字货币算力中占有了较重要的地位。

> **知识拓展**
>
> **洗钱的危害**
>
> 第一，洗钱为犯罪分子隐藏和转移违法犯罪所得提供便利，为犯罪活动提供进一步的资金支持，助长更严重和更大规模的犯罪活动。洗钱活动与恐怖活动相结合，还会对社会稳定、国家安全和人民生命、财产安全造成巨大损失。
>
> 第二，洗钱活动削弱了国家的宏观经济调控效果，严重危害经济的健康发展。洗钱的主要目的是掩饰和隐瞒违法所得，使违法所得表面合法化。
>
> 第三，洗钱助长和滋生腐败，败坏社会风气，腐蚀国家肌体，导致社会不公平，败坏国家声誉。

第四,洗钱活动损害合法经济体的正当权益,破坏市场微观竞争环境,损害市场机制的有效运作和公平竞争。

第五,洗钱活动造成资金流动的无规律性,影响金融市场的不稳定。

第六,洗钱活动破坏金融机构稳健经营的基础,加大了金融机构的法律风险和运营风险。

6. 第三方支付

1)第三方支付的概念

第三方支付是信誉与实力兼备的机构与各大银行签约,再通过银行支付结算系统接口进行对接,是为了促成交易双方交易的一种网络支付模式,主要包括互联网支付、移动支付和银行卡收单。其中,第三方机构是买卖双方在信用与保障不足的情况下产生的,是交易发展的产物,是买卖双方的信誉保障。

2)第三方支付的优缺点

(1)第三方支付的优点如下。

① 安全系数大。相关的账户信息仅需告知第三方支付,而无须告诉每个交易人,这就大大减少了账户信息泄露的风险。

② 降低成本。大量的电子小额交易都集中在支付中介,使得支付中介形成规模支付模式,支付过程中的成本较低。

③ 方便快捷。对支付者来说,他所面对的仅仅是界面,无须考虑背后复杂的技术操作过程。

④ 支付担保业务在一定意义上保障了付款人的利益。

(2)第三方支付的缺点如下。

① 存在一定的支付风险。在第三方支付过程中,资金首先在第三方支付服务商处中转,但是如果资金没有很好的流动性管理,就可能会出现支付的风险。此外,因为第三方支付机构先代收买家的钱款,之后付款给卖家,已突破了现有的经营的限制,可能为非法转移资金和套现提供了便捷之路,所以会有潜在的金融风险。

② 电子支付经营资格的认证。第三方支付属于非银行类金融服务,银行会以"营业执照"的形式提高认证门槛。因此,对于那些从事第三方支付的企业来说,它们面临的挑战除了要考虑如何盈利,还要考虑能否拿到第三方支付业务牌照。

③ 不良竞争。国内专业的第三方支付公司数量众多,而且多数支付公司与银行之间采用纯技术网关接入服务,这种支付网关模式容易形成市场严重同质化,也促使支付公司之间产生激烈的价格战。直接导致这一行业"利润削减快过市场增长"。在我国,惯用的价格营销策略让电子支付行业不得不吞下利润被摊薄的苦果。

④ 相关法律法规不健全。我国需要建立相关规章制度,为工商、税收管理和政府的行业管理做技术和政策上的支持。在保护电子商务交易的同时,规范电子支付业务、降低支付风险、保证资金安全、维护广大商家和消费者在电子支付过程中的合法权益。

3)第三方支付的类型

(1)根据支付工具,第三方支付可分为线上支付和线下支付。相比线上支付,线下支付普及的时间更早，但是随着线上支付凭借其方便快捷及更加安全的优势逐渐普及与广泛应用以后，线下支付也逐渐被线上支付代替。

（2）根据主要功能与运作模式，第三方支付可划分为支付网关模式与信用中介模式两大类别。支付网关模式，即将多种银行卡的支付功能整合至统一界面，构建便捷接口，加速企业与银行的商务对接流程，用户能依托独立的第三方平台轻松完成转账至指定账户，典型代表如网银在线与贝宝。信用中介模式则侧重于通过可信赖的第三方机构进行资金的代收代付，具体流程为：买卖双方在达成交易意向后，买方将款项存入支付平台，卖方随即发货；待买方收货并确认满意后，支付平台再将款项释放给卖方，此模式以支付宝与财付通为代表。

（3）最后的分类依据是第三方所依托的基础。根据这个标准，可以把第三方支付平台分为客户黏性型平台和开放式平台。客户黏性型平台指的是客户在第三方支付平台进行注册，从而对该平台产生黏性。支付宝和微信支付便是采用客户黏性型平台模式，这两者都是有平台作为背景的。而开放式平台则没有黏性型平台作为背景，例如，汇付天下、快钱等是在一个开放平台上，没有黏性客户，只能自己开放一些特殊的应用领域，份额远远与黏性型平台无法相比。

4.1.3　电子支付当事人的法律关系

传统支付法律关系中的主体是银行与客户，他们之间是单一的关系，但电子支付对银行与客户的法律关系提出了许多新的问题，如电子支付所涉及的当事人复杂，可能为3个或3个以上，即使划拨一项小额电子资金，也需要由持卡人、零售商、发卡银行（发卡人）、零售商收款银行、零售商开户银行、数据处理者和登记公司等参加者共同完成。他们之间的法律关系是由相应的合同来进行调整的。

具体来说，资金电子支付涉及持卡人与发卡人之间的电子资金划拨合同、特约商户与持卡人之间的货物买卖合同或服务消费合同、特约商户与其收款银行之间的委托代理合同、消费者付款银行与零售商收款银行之间的资金转账合同、银行与网络服务商之间的数据处理合同。由此可见，电子支付法律关系是由一个合同群构成的，以共同完成一项资金电子支付活动，当事人之间的基础法律关系仍是合同法律关系，应受合同法的调整。电子支付当事人如表4-1所示。

表4-1　电子支付当事人

当事人	含　义
发起行	发起电子支付指令的客户的开户银行
接收行	电子支付指令接收人的开户银行。接收人未在银行开立账户的，指电子支付指令确定的资金汇入银行
转发人	除发起行和接收行外，有资格从事接收、传送电子支付指令或有关电子支付数据交换的机构
付款人	电子支付中付出款项的一方，通常为消费者或买方
收款人	电子支付中接收款项的一方，通常为商家或卖方
认证机构	即CA（Certificate Authority），通过为付款人、收款人和银行提供证书服务，以确认支付各方的真实身份，通常为认证中心或鉴定机构

4.1.4 电子支付的法律关系

电子支付的法律关系根据其性质可分为 3 类：民事法律关系、行政法律关系和刑事法律关系。其中，电子支付服务提供者与客户之间的关系为民事法律关系；电子支付服务提供者与监管部门之间的关系为行政法律关系。

1. 电子支付中的民事法律关系

1）电子支付民事法律关系中的当事人

从表面上看，电子支付与传统的以银行为中介的支付没有太大的区别，实际上，由于电子支付使用了技术手段和技术系统，导致电子支付的当事人不同于传统支付的当事人。电子支付的当事人可以分为 6 方主体：付款人、收款人、银行、第三方网上支付平台、认证机构、网络服务提供者。

电子支付民事法律关系中涉及的当事人众多，当事人之间的法律关系复杂。目前我国现有的和电子支付相关的法律规范主要是行政管制性的规范，很少有关于当事人之间民事权利义务的规范，因此，目前主要是靠规范各当事人之间的民事权利义务，由一系列合同构成电子支付各当事人之间的法律关系。

（1）付款人。在电子支付中，银行和发出支付指令的客户之间是一种委托合同关系，客户通过互联网将支付指令和个人身份信息以加密的方式发送至受托银行，受托银行在对委托人的身份进行核实后，按照委托人的指示将委托人银行账户上指定金额划至另一个账户，同时收取一定的委托金。但是此时不同于传统支付方式的是支付指令通过网络传输方能到达银行，因此，在客户和银行之外出现第三方当事人，即网络系统的服务提供者。付款人对银行及第三方支付平台的主要义务是按照合同约定的方式使用电子支付的服务。付款人和收款人之间还存在基础性的引发其支付义务的法律关系。一般在款项到达收款人账户之前，付款人对收款人的债务未得清偿。

（2）收款人。电子支付中的收款人按照其与接收银行的服务协议，要求其妥善地接收所划转过来的资金。收款人与付款人之间存在基础性的法律关系，或者是因为买卖合同，或者是因为其他的对付款人的债权而引发的收取支付的权利。

（3）银行。银行是电子支付的信用中介、支付中介和结算中介，其支付依据的是银行与付款人或收款人所签订的电子支付服务合同。银行的基本义务为按照客户的指示，准确、及时地完成电子资金划转。银行在电子支付的法律关系中同时扮演发送银行和接收银行的角色。作为发送银行，在整个资金划转的过程中，承担着如约执行资金划转指示的责任，一旦资金划转失误或失败，应向客户进行赔付，免责的情形除外。作为接收银行，应按接收银行与其客户的协议妥善地接收划转过来的款项，如有失误或延误，应按其与客户之间的协议来办理。发送银行和接收银行一般都是某一大额电子支付系统的成员，互负义务。

（4）第三方网上支付平台。新兴的第三方网上支付平台因其业务模式的不同，在电子支付法律关系中的法律地位也有所不同。目前从事网上支付业务的企业有几十家，业务模式有如下 3 种：银行网关代理、银联支付网关、第三方网上支付平台。

（5）认证机构。认证机构即在网络上建立一种权威的、可信赖的、公正的第三方信任机构，为参与电子支付的各方当事人的各种认证要求提供证书服务，建立彼此的信任机制,使交易及支付各方能够确认其他各方的身份。

(6)网络服务提供者。网络服务提供者主要为银行或其他中介机构提供硬件及软件服务。软、硬件服务提供商与其他主体之间的法律关系也主要由合同约束。因网络系统的问题使电子支付使用者的权益受损时,其直接的追索对象应该是银行或其他中介机构等电子支付服务的提供者,银行或其他中介机构再根据他们和软、硬件服务商之间的合同确定双方的责任。

2)电子支付民事法律关系的主要内容

(1)银行与客户的法律关系。在电子支付中,银行和发出支付指令的客户之间是一种委托合同关系,在这个以银行和委托支付客户为主体的委托关系中,银行由于在技术和操作环节上处于优势地位,因此,当双方出现纠纷时常常是处于易于逃避责任的强者地位,而相对来说客户处于弱者地位。银行在电子支付中的基本义务是按照客户的指示,准确、及时地完成电子支付的指令。

(2)银行之间的法律关系。电子支付银行之间的权利和义务受到一系列相互关联的合同的约束。当支付指令发出行通过网络依照客户的要求发出资金划转信息时,作为客户的代理人的发出银行按时足量地将资金划转到接收银行,构成了客户对接收银行的一个要约,当接收银行收到这个要求并确认后,就视同该接收银行做出了对该要约的承诺,于是信息发出银行和信息接收银行之间就构成了合同关系。

(3)银行与网络服务提供商之间的法律关系。开展电子支付业务的银行与网络服务提供者之间是合同关系。网络传输服务提供商的义务主要有如下几个:按正确的模式,依据银行之间的协议传递信息;采取各种安全措施防止信息传递的失误及信息的丢失;确保传递信息的准确性,使其准确地被接收人收到;保证信息的机密性和安全性。

(4)客户之间的法律关系。资金的转移是因为客户之间存在的债权债务关系。一般是合同的买方向银行发出支付指令,银行向卖方划转资金,但是,如果资金并未到达卖方账户,那么买方的付款义务并不因其发出支付指令而完成,而应该以资金到达并被卖方确认方可认定买方支付义务的解除。

2. 电子支付中的行政法律关系

电子支付中的行政法律关系主要是因银行业监管机构对电子银行业务和主体进行监管所形成的,主要可以分为行政许可法律关系和行政处罚法律关系。在中国目前的法律框架下,行政许可法律关系主要针对银行业金融机构,依据《网上银行业务管理暂行办法》和《电子银行业务管理办法》,申请开办网上银行业务和电子银行业务会形成相应的行政许可法律关系。行政处罚法律关系则是由于银行业金融机构在办理网上银行业务和电子银行业务时违反相应的法律法规,被行政处罚时所形成的法律关系。

3. 电子支付中的刑事法律关系

相关行为人由于在电子支付中或利用电子支付实施了破坏金融管理秩序盗窃财产、破坏计算机信息系统或实施网上赌博行为而形成相应的刑事法律关系。具体可见《中华人民共和国刑法》(以下简称《刑法》)第一百七十条至第一百九十一条的关于破坏金融秩序罪、金融罪的有关规定,以及第二百六十四条关于盗窃罪,第二百六十六条关于诈骗罪,第二百八十六条关于破坏计算机信息系统罪,第三百零三条关于赌博罪的有关规定。

4.2 电子支付风险防范

【知识目标】

（1）了解电子支付风险。
（2）掌握电子支付风险的法律预防对策。
（3）掌握电子支付安全的防范措施。

【技能目标】

（1）能够说出电子支付的常见风险。
（2）能够运用相关手段预防电子支付风险。
（3）能够运用电子支付安全的防范措施进行电子支付安全保护。

4.2.1 电子支付风险

电子支付风险是指在支付过程中，由于伪造支付指令，付款银行清算资金头寸不足或支付系统环境失误等原因，致使支付交易耽误和失败。支付风险的存在，给资金安全带来了很大的威胁。电子支付是随着当今网络信息技术发展而逐渐诞生的一种全新的网上支付、结算方式。无论是人们网络购物常用到的支付宝还是银行转账等，都属于电子支付的一种，它与微信、直播等网络新生事物一样，逐渐改变着人们的生活方式。但因为电子支付在我国发展的时间尚短，所以，无论是电子支付使用者还是设计者，都缺乏丰富的使用、设计经验作为支持，使得电子支付安全问题时有发生。就当前电子支付在我国的发展情况来看，较为流行的是通过信用卡、借记卡、支付卡等各类银行卡进行支付，其支付过程简单来讲就是通过在浏览器中输入与银行卡相关的支付认证信息，在经过银行对所输入银行卡信息进行认证授权后，再进行扣款支付。其风险多发于信息泄露、数据篡改等，具体而言主要包括以下5种风险类型：信用风险、流动性风险、网络技术风险、信誉风险、法律风险。

1. 信用风险

信用风险是指交易中一方当事人无法在约定时间内履行其应负债务，其他当事人因而无法得到应有金额而带来损失的可能性。电子支付过程中交易双方可能素未谋面、远隔重洋，也并非传统一对一交易模式，而是通过网上银行或第三方支付平台来实现资金划转。因此，网上银行的信用风险远高于传统银行的信用风险。

信用风险产生的原因有如下两个。

（1）付款人支付指令的发出与资金的实际转移存在时间间隔，在这个过程中付款人或者付款银行都会因某种原因产生支付困难，而导致收款人利益受损。

（2）电子支付过程中可能会出现第三方假冒支付的网站或者支付插件，窃取付款人的账号和密码。

> **小常识**
>
> **信用风险的类型**
>
> 1. 违约风险
>
> 违约风险是指债务人由于种种原因不能按期还本付息,不履行债务契约的风险。如授信企业可能因经营管理不善而亏损,也可能因市场变化出现产品滞销、资金周转不灵导致到期不能偿还债务。一般说来,借款人经营中风险越大,信用风险就越大,风险的高低与收益或损失的高低呈正相关关系。
>
> 2. 市场风险
>
> 市场风险是指资金价格的市场波动造成证券价格下跌的风险。例如,市场利率上涨导致债券价格下跌,债券投资者就会受损。期限越长的证券,对利率波动就越敏感,市场风险也就越大。
>
> 3. 收入风险
>
> 收入风险是指人们运用长期资金做多次短期投资时实际收入低于预期收入的风险。
>
> 4. 购买力风险
>
> 购买力风险是指未预期的高通货膨胀率所带来的风险。当实际通货膨胀率高于人们预期水平时,无论是获得利息还是收回本金时所具有的购买力都会低于最初投资时预期的购买力。

2. 流动性风险

流动性风险指交易一方未能如期履行债务清偿义务的风险。电子支付依赖电子数据与信息的虚拟资金流转,加剧了支付过程的不确定性。当电子支付机构资金储备不足以应对客户电子货币兑现或结算请求时,无论是银行还是第三方支付平台,均可能因庞大的支付业务量而陷入流动性困境。电子货币的流动性风险紧密关联于其发行规模与结算余额:规模扩张意味着结算所需余额增加,若发行方无法全额赎回其电子货币或清算资金不足,电子支付机构将面临较传统金融机构更为严峻的流动性挑战。

3. 网络技术风险

因为电子支付是建立在计算机和网络技术上的支付手段,所以,无法摆脱计算机和网络技术带来的缺陷和风险。

电子支付系统的风险包括以下两种常见的风险。

(1) 软硬件系统风险。全球电子信息系统的技术和管理缺陷成为电子支付运行的最重要的系统风险,在与客户信息传输中,如果该系统与客户终端的软件互不兼容或出现故障,就存在传输中断或速度降低的可能,甚至造成系统停机、磁盘列阵破坏等严重情况。

(2) 外部支持风险。由于网络技术的高度知识化和专业性,金融机构通常要依赖外部市场的服务支持来解决内部的技术或管理难题,这样虽适应电子支付发展的要求,但外部技术支持者可能并不能满足金融机构的全部要求,凸显技术的操作风险,也可能因为技术提供方自身的财务困难而终止提供服务,对金融机构造成技术中断风险。

4. 信誉风险

电子支付机构的信誉风险问题异常严峻,以网上银行为例,其面临信誉风险的诱因既与传统业务存在共通之处，也独具特色。技术设备的突发故障、系统内部潜藏的缺陷，皆可能动摇客户对网上银行的信任基石。加之重大安全事件的冲击，电子支付机构的信誉更是岌岌可危。尤其是在业务初期，公众对网上银行安全性的普遍不信任，无疑构筑了信誉风险的温床，直接阻碍了网上银行业务的顺畅推进。

5. 法律风险

法律风险是指违反或不遵守相关法律、法规、规则、行业做法和伦理标准等带来的风险。电子支付业务涉及《中华人民共和国中国人民银行法》《中华人民共和国商业银行法》《中华人民共和国证券法》《中华人民共和国消费者权益保护法》《中华人民共和国个人信息保护法》《中华人民共和国知识产权法》等，但相关立法相对滞后，致使电子支付面临的法律风险尤为突出。电子支付业务中出现了许多新的问题，如发行电子货币的主体资格、电子货币发行量的控制、电子支付业务资格的确定、电子支付活动的监管、客户应负的义务与银行应承担的责任等，立法的空白导致电子支付法律风险较大。

4.2.2 电子支付风险的法律防范对策

由于电子支付交易当事人众多，支付手段和支付工具复杂多样，想通过一部法律去全面规范电子支付的法律关系难度较大。宏观上，考虑电子支付的发展要求，应该以《电子商务法》为母法，制定单行的电子支付法来对电子支付中法律关系进行规制，并且修改《中华人民共和国合同法》（以下简称《合同法》）、《中华人民共和国票据法》（以下简称《票据法》）、《刑法》等相关法律来辅助规范电子支付法律关系。微观上，完善电子支付交易中的具体规则，防范电子支付风险。

（1）在电子支付交易中实施实名制，应对电子支付信用风险。网络是一个虚拟的环境，行为主体可以通过虚拟的方式来表达行为，在互联网中无论是组织还是个人，无法通过统一标准来辨别行为主体的真实身份和权限。由于行为主体真实身份的不确定，从而滋生大量"虚假网站""山寨网站""虚假信息"等假冒行为人的身份或者行为的欺诈事件。行为主体的虚拟身份引发的个人信誉与诚信缺失，不仅损害消费者自身的利益，也危害网络交易的安全性，阻碍了网络交易监管主体实施有效的监管措施。网络交易身份虚拟化已经是发展电子支付最为棘手的问题。2005年实施的《电子签名法》对电子支付的实名制起到了一定的促进作用。

2007年实施的《中华人民共和国反洗钱法》（以下简称《反洗钱法》）对网络实名制提出了更高的要求。电子支付的立法应该顺应当前社会需求和立法需要，确立和推广网络实名制，提升交易主体的信用度，保障电子支付的安全性。

（2）加强电子支付中消费者隐私权的保护。确立和推广网络实名制的同时，要注重消费者隐私权的保护，两者并不矛盾，目的都是对电子支付的安全性提供保障。从消费者隐私权性质来看，隐私权是公民的一项基本权利，在电子支付中也不应例外。在网络虚拟和开放的环境中，消费者的隐私权更容易被侵犯，应该加大网络环境下的消费者隐私权的保护力度。所以，在电子支付的立法中应该专门保护消费者的隐私权，防止在虚拟和开放的网络环境中消费者个人信息非法泄露问题的发生。

（3）明确第三方支付的法律地位，鼓励第三方支付服务发展。目前将第三方支付服务定位为提供支付辅助的中介机构，但第三方支付平台为交易双方开设的结算账户，为买卖双方提供资金结算和转账服务，这已涉及客户的资金划拨和资金代管等银行金融业务。因此，第三方支付平台的身份处于一种模糊和尴尬的地位。由于电子支付个人信用制度尚未建立，电子支付存在较大的风险，第三方支付平台为电子支付提供了一种支付模式和信用机制的解决路径。第三方支付平台的介入极大地降低了银行在电子支付中建立客户信用制度所需付出的成本，在保障支付的同时，也能提高交易的成功率。因此，立法应明确第三方支付平台在电子支付中介机构的法律地位，使第三方支付平台能够独立自主发展，为防范电子支付风险发挥应有的作用。

4.2.3 电子支付安全的防范措施

1. 电子支付的安全问题

首先，电子支付虽然有着较强的便利性，但是这种支付模式有着一定的虚拟性。支付行为在互联网层面上完成，消费者在掌握基本操作方式之后，可能没有了解技术层面的问题和隐患。如果在交易过程中，他们的信息被记录和监控，那么会让不法分子有机可乘。不法分子可能利用入侵系统或者网络攻击的方式窃取客户的信息，这样会影响客户的财产安全。在技术层面，当前需要通过实名认证或者安全验证等方式保障客户信息安全，但仍然存在系统终端方面的风险，如果发生意外，那么这些客户信息将会被冒用或者删除。

其次，因为电子支付行业和技术的发展和进步，当前还没有完善的法律保障体系，监管部门的监督也没有完全跟上电子商务的发展，特别是缺少关于平台运营的规则和规范，因为法律方面的缺口，容易产生一定的安全风险。

2. 电子支付安全防范措施

1）优化当前的支付环境

电子支付环境直接影响客户体验和安全性。

(1) 我国需要重视对于网络环境的监管。不仅需要考虑到内部安全隐患，还需要认识到外部环境的影响，针对电子支付平台系统，需要重视环境建设。例如，可以重视身份验证、签订安全协议并且安装杀毒软件。

(2) 需要提升客户的安全意识。对于客户来说，他们需要提升自己的安全意识，在使用电子支付的过程中，需要设置有效密码来保护自己的信息，不能随意使用非个人移动设备进行支付，也不能使用自己的常用设备浏览不安全的网站。同时，需要有效监管自己的电子支付账户，如果发现自己的账户出现了一定的问题，需要进行申诉。例如，如果丢失了自己的移动终端，可以进行挂失。

(3) 需要重视对于电子支付的安全防护宣传力度，这样可以通过有效措施，引导人们构建良好的环境。例如，银行可以深入社区实施电子支付安全教育。在支付环境建设方面，需要重视对于病毒的防护。因为客户需要利用多种网络设备进行支付，所以，需要针对这些设备的特点，发现并且清除可能存在的病毒和木马程序，解决个人账务登录和支付的安全问题。

2）构建完善信用机制

(1) 需要构建信用评估机制。利用有效的评估机制，能够在交易之前考量买卖双方。

在双方进行交易之后，如果交易的过程得到认可，可以进行针对性评分。如果没有准时发货或者付款，可以降低评分，这样的评分可以提供有效参考。双方的信用指数可以是参照的标准，进而能够在一定程度上降低安全隐患。政府当前还需要完善信用评估机制，如果发现信用不达标的问题，需要进行正面指导或者处罚。

（2）构建合理投诉第三方交易平台机制。在电子支付交易的过程中，如果发现一个第三方交易平台没有符合规定，可以进行投诉。对于投诉比较多的平台，可以采用降低信用或者罚款的措施进行处罚。买家和卖家可以到第三方交易平台查询相关的信用等级，这样可以有效维护卖家和买家的权益。

3）采用有效的法律保护措施

针对第三方交易平台的运营挑战，我国已出台一系列法律法规与制度框架，但在实践操作中，客户个人权益的保障仍显不足。当信任危机浮现，客户资金安全与利益的有效维护面临挑战。第三方平台在监管庞大客户资金时，资金利息的合理计算及资金挪用的风险防控成为难题，这些领域往往缺乏足够的法律支撑，可能侵蚀客户的资金安全信心。以支付宝为例，其核心业务涵盖网络交易资金的代收、代付及代管，客户在使用代管功能时需与平台订立协议，涉及资金交付与委托管理。代付功能则允许客户指令平台动用其账户资金完成交易，此类交易可能具备不可撤销性。然而，这些协议在法律层面上存在漏洞，特别是交易额度控制、安全验证机制等方面，亟须法律规范的完善，以强化对第三方交易平台的监管力度，确保客户权益得到有效保障。

复习思考题

1. 填空题

（1）根据电子支付指令发起方式的不同，可以将电子支付分为＿＿＿＿＿＿、电话支付、＿＿＿＿＿＿＿、销售点终端交易、自动柜员机交易和其他电子支付。

（2）＿＿＿＿＿＿＿是客户向收款人签发的、无条件的数字化支付指令。

（3）＿＿＿＿＿＿＿是电子商务迅速发展、银行业竞争加剧、人们生活需求提高、金融不断创新的结果。

（4）＿＿＿＿＿＿＿是随着当今网络信息技术发展而逐渐诞生的一种全新的网上支付、结算方式。

（5）对于客户来说，他们需要提升自己的安全意识，在使用电子支付的过程中，需要设置有效＿＿＿＿＿＿来保护自己的信息，不能随意使用移动设备来进行支付，也不能使用自己的常用设备浏览不安全的网站。

2. 简答题

（1）什么是电子支付？
（2）电子支付的工具包括哪些？
（3）什么是电子支付的风险？
（4）电子支付风险有哪几种类型？
（5）电子支付存在哪些安全问题？

第 5 章
知识产权保护法律法规

20世纪80年代以来,随着世界经济的发展和新技术革命的到来,世界知识产权制度发生了引人注目的变化,特别是近些年来,科学技术日新月异,经济全球化趋势增强,产业结构调整步伐加快,国际竞争日趋激烈。知识或智力资源的占有、配置、生产和运用已成为经济发展的重要依托,专利的重要性日益凸显。

【学习目标】

(1) 了解知识产权和电子商务知识产权的相关知识。
(2) 熟悉电子商务经营主体的知识产权保护义务。
(3) 掌握网络著作权法律保护的相关知识。
(4) 掌握电子商务专利权法律保护的相关知识。
(5) 掌握电子商标权法律法规的相关知识。

【思政讨论】

2008年6月，《国家知识产权战略纲要》（以下简称《纲要》）发布，标志着我国将知识产权纳入国家战略层面。《纲要》提出，完善知识产权制度、促进知识产权创造和运用、加强知识产权保护、防止知识产权滥用以及培育知识产权文化；确定到2020年，把我国建设成为知识产权创造、运用、保护和管理水平较高的国家。2021年9月，中共中央、国务院印发了《知识产权强国建设纲要（2021—2035年）》，提出实施知识产权强国战略，回应新技术、新经济、新形势对知识产权制度变革提出的挑战，加快推进知识产权改革发展，全面提升我国知识产权综合实力，以提升国家核心竞争力、提高对外开放水平。知识产权领域这两个纲领性文件的出台，标志着在创新驱动发展战略的引领下，我国主动寻求通过知识产权来促进经济社会的发展。对此，习近平总书记有深刻的论述："知识产权保护工作关系国家治理体系和治理能力的现代化，关系高质量发展，关系人民生活幸福，关系国家对外开放大局，关系国家安全。"此外，我国还积极主动地参与知识产权的全球治理，提高知识产权国际合作的水平，提升我国在国际知识产权领域的话语权。

讨论：

（1）国家为什么越来越重视知识产权保护？知识产权保护对于一个国家的发展有着怎样的重大意义？

（2）为什么要维护知识产权？这与社会主义核心价值观中的哪些内容相吻合？在现实工作和生活中，我们应该如何做才能维护好知识产权？

5.1 电子商务知识产权概述

【知识目标】

（1）了解知识产权和电子商务知识产权的相关知识。

（2）掌握电子商务经营主体的知识产权保护义务。

【技能目标】

（1）能够说出知识产权的法律特征。

（2）能够说出电子商务活动中知识产权侵权的常见形式。

（3）能够说出电子商务经营主体的知识产权保护义务。

5.1.1 知识产权与电子商务知识产权

1. 知识产权

1）知识产权的概念

知识产权是指人们就其智力劳动成果所依法享有的专有权利，通常是国家赋予创造者对其智力成果在一定时期内享有的专有权或独占权。

知识产权从本质上说是一种无形财产权，它的客体是智力成果或知识产品，是一种无形财产或者一种没有形体的精神财富，是创造性的智力劳动所创造的劳动成果。知识产权与房屋、汽车等有形财产一样，受到国家法律的保护，都具有价值和使用价值。有些重大专利、驰名商标或作品的价值远远高于房屋、汽车等有形财产。

2）知识产权的分类

知识产权分为以下两类。

（1）著作权。著作权是指自然人、法人或者其他组织对文学、艺术和科学作品依法享有的财产权利和精神权利的总称，主要包括著作权及与著作权有关的邻接权。通常我们说的知识产权主要是指计算机软件著作权和作品登记。

（2）工业产权。工业产权又称产业产权，是指工业、商业、农业、林业和其他产业中具有实用经济意义的一种无形财产权。工业产权包括专利、商标、服务标志、厂商名称、原产地名称，以及植物新品种权和集成电路布图设计专有权等。

小常识

知识产权的法律特征

1. 客体具有非物质性

知识产权的客体是具有非物质性的作品、创造发明和商誉等。知识产权具有无体性，必须依赖于一定的物质载体而存在。首先，知识产权的客体只是物质载体所承载或体现的非物质成果。这就意味着获得了物质载体并不等于享有其所承载的知识产权；其次，转让物质载体的所有权不等于同时转让了其所承载的知识产权；最后，侵犯物质载体的所有权不等于同时侵犯其所承载的知识产权。

2. 特定的专有性

知识产权特定的专有性又称排他性，是指非经知识产权人许可或法律特别规定，他人不得实施受知识产权专有权利控制的行为，否则构成侵权。

知识产权特定的专有性与物权的专有性存在诸多差异，主要表现在以下3个方面。

（1）专有性的来源不同。因为作品、发明创造等非物质性的客体无法像物那样被占有，所以，人们难以自然形成对知识产权利用应当由创作者或创造者排他性控制的观念。相反，知识产权的专有性来自法律的强制性规定。

（2）侵犯专有性的表现形式不同，保护专有性的方法也不同。对物权专有性的侵犯一般表现为对物的偷窃、抢夺、损毁或以其他方式进行侵占，而对知识产权专有性的侵犯一般与承载智力成果的物质载体无关，而是表现为在未经知识产权人许可或缺乏法律特别规定时，擅自实施受知识产权专有权利控制的行为。

（3）专有性受到的限制不同。知识产权受到的限制远多于物权，如《中华人民共和国著作权法》（以下简称《著作权法》）就规定了"合理使用""法定许可"，均构成对著作权专有性的限制。此外，还有时间性、地域性的限制等。

3. 时间性

知识产权的时间性是指多数知识产权的保护期是有限的，一旦超过法律规定的保护期限就不再受保护了。创造成果将进入公有领域，成为人人都可以利用的公共资源；商标的注册也有法定的时间效力，期限届满权利人不续展注册的，也进入公有领域。

4. 地域性

除非有国际条约、双边或多边协定的特别规定，否则知识产权的效力只限于本国境内，其原因在于知识产权是法定权利，同时也是一国公共政策的产物，必须通过法律的强制规定才能存在，其权利的范围和内容也完全取决于本国法律的规定，而各国有关知识产权的获得和保护的规定不完全相同，所以，除著作权外，一国的知识产权在他国不能自动获得保护。

2. 电子商务知识产权

1）电子商务知识产权的概念

电子商务知识产权主要是指互联网环境下的知识产权，即由数字网络发展引起的或与其相关的各种知识产权。例如，在传统观念里，著作权范畴涵盖了版权及其邻近权利，工业产权则囊括了专利、商标、商号等要素；而网络环境下的知识产权，在继承传统知识产权精髓的基础上，其边界显著拓宽，新增了数据库、计算机软件、多媒体内容、网络域名、数字化作品以及电子版权等多样形态。

2）电子商务活动中知识产权侵权的常见形式

（1）对著作权的侵权。著作权侵权也称版权侵权，主要是指未经著作权人同意，且无法律上的依据，使用他人作品或行使著作权人专有权的行为，以及其他法律规定的损害著作权人合法权益的行为。

（2）对商标权的侵权。商标受法律的保护，注册者享有专有权。对商标权的侵权表现有以下两个方面。

① 任意篡改或使用他人商标名称和标识的行为。

② 搜索引擎引起的商标侵权行为。

（3）对域名的侵权。域名是由一串用点分隔的名字组成的互联网上某一台计算机或计算机组的名称，是用于在传输数据时对计算机定位的标识。域名也是代表企业形象的重要标志。对域名的侵权，最常见的情况就是恶意抢注域名。恶意抢注域名是指恶意注册并抢先使用他人的域名，用非法手段将他人的注册商标、商业机构名称等注册为自己域名的恶意行为。

（4）对专利权的侵权。专利权是发明创造人或其权利受让人对特定的发明创造在一定期限内依法享有的独占实施权，是知识产权的一种。专利权侵权是指未经专利权人许可，以生产经营为目的，实施了依法受保护的有效专利的违法行为。

5.1.2 电子商务经营主体的知识产权保护义务

我国《电子商务法》第四十一条规定："电子商务平台经营者应当建立知识产权保护规则，与知识产权权利人加强合作，依法保护知识产权。"

第四十二条规定："知识产权权利人认为其知识产权受到侵害的，有权通知电子商务平台经营者采取删除、屏蔽、断开链接、终止交易和服务等必要措施。通知应当包括构成侵权的初步证据。电子商务平台经营者接到通知后，应当及时采取必要措施，并将该通知转送平台内经营者；未及时采取必要措施的，对损害的扩大部分与平台内经营者承担连带责任。因通知错误造成平台内经营者损害的,依法承担民事责任。恶意发出错误通知,造成平台内经营者损失的,加倍承担赔偿责任。"

第四十三条规定:"平台内经营者接到转送的通知后,可以向电子商务平台经营者提交不存在侵权行为的声明。声明应当包括不存在侵权行为的初步证据。电子商务平台经营者接到声明后,应当将该声明转送发出通知的知识产权权利人,并告知其可以向有关主管部门投诉或者向人民法院起诉。电子商务平台经营者在转送声明到达知识产权权利人后十五日内,未收到权利人已经投诉或者起诉通知的,应当及时终止所采取的措施。"

第四十四条规定:"电子商务平台经营者应当及时公示收到的本法第四十二条、第四十三条规定的通知、声明及处理结果。"

第四十五条规定:"电子商务平台经营者知道或者应当知道平台内经营者侵犯知识产权的,应当采取删除、屏蔽、断开链接、终止交易和服务等必要措施;未采取必要措施的,与侵权人承担连带责任。"

5.2 网络著作权的法律保护

【知识目标】

（1）了解网络著作权的概念。
（2）熟悉网络著作权的主体和客体。
（3）掌握网络著作权受侵犯的类型。
（4）掌握我国网络著作权保护的法律规定。

【技能目标】

（1）能够准确地辨别网络著作权的主体和客体。
（2）能够列举网络著作权受侵犯的例子,并能够对其进行分类。
（3）能够说出我国网络著作权保护的相关法律规定。

5.2.1 网络著作权的定义和特点

1. 网络著作权的定义

网络著作权是指著作权人对其受著作权法保护的作品在网络环境下所享有的著作权权利。网络著作权包含如下两层含义。

（1）网络著作权是指传统著作权在网络环境下的延伸,即传统作品的著作权人将其作品数字化后,在网络环境中享有的著作权。这包括对作品的复制权、发行权、信息网络传播权等,使得作品可以在互联网上被公众访问、浏览、下载和使用。

（2）网络著作权也指在网络环境下创作的数字化作品的著作权。这些作品包括在网络上首次发表的文学、艺术和科学作品,如网络小说、网络音乐、网络视频等。对于这类作品,著作权人同样享有著作权法所规定的各项权利,如署名权、修改权、保护作品完整权、发表权、复制权、发行权、信息网络传播权等。

网络著作权是知识产权的重要组成部分,随着互联网的快速发展,网络著作权问题也日益受到重视。各国都制定了相应的法律法规来保护网络著作权，以维护著作权人的合法权益，促进网络文化的健康发展。同时，公众也应该尊重他人的网络著作权，未经许可不得擅自复制、传播或使用他人的作品。在2001年我国《著作权法》修订之后，著作权就更能为实践操作所应用，其中就承认了网络数字作品著作权的地位。网络范畴内的著作权和传统的著作权一样，著作权人可以依法享有复制权、发表权、署名权和发行权等。

2. 网络著作权的特点

1）法定性

法律对著作权的规定远远落后于时间，这是由于法律通常具有一定的滞后性。在信息网络产生以来，就给网络著作权领域带来了较大的影响，其中一个就是影响了知识产权的法定性。著作权人在将作品上传到网络之后，就被网络用户在网络上传播和分享，这其实对著作权人的信息网络传播权是一种侵犯。但是由于法律的滞后性，关于保障网络作品著作权的法律较晚才出现，导致在法律认可网络著作权的地位之前，在司法实践中不能以所谓的学术理论作为参考和评价的基础。

2）专有性

著作权的专有性主要是指他人没有通过权利人的认可，不能使用并享受著作权。因为著作权并不用来对抗一些和自己的作品相似的作品，所以，对于专利权和商标权来说，著作权的专有性相对不强，但是这并非否定专有性。作品一旦被上传到网络上，如果被使用，将会导致著作权的效益降低，当作品上传到网络上时，作品不仅从有形化为无形，使用起来更加方便高效，同时也相对普及，减小了著作权的专有性。在网络背景下，网络用户更注重的是怎样获得价格实惠的产品。但是网络用户并不关注作品的版权信息，对于版权的归属，以及对作品的使用条件也不是很明确。同时版权所有人也不能了解作品是否被使用，更谈不上对作品的管理和控制了。

3）地域性

著作权的地域性是指著作权在依某国法律获得保护的那个国家地域内有效。著作权多为自动产生，并非国家授权产生，所以，有人认为著作权没有地域性。传统的著作权有一定的地域性，在不同的地域使用作品要分别获得许可，传统的著作权也没有域外效力。但是网络的出现，打破了这一规律。由于国际互联网的跨国性特点，无法判断一个网络作品的著作权应当依据哪个国家的法律，在哪个国家领域内有效，因此，网络著作权的地域性几乎不复存在。网络上作品的传播不受地域的限制，电子商务的拓展也使人们可以打破地域进行图书订购，利用版权的地域性对抗"平行进口"等做法受到挑战，著作权的地域性被动摇。

5.2.2 网络著作权的主体和客体

1. 网络著作权的主体

网络作品的著作权主体与一般作品的著作权主体是一样的，即作品的作者是著作权主体。一般来说，如无相反证明，在作品上署名的即作者。与常规作品署名不同的是，网络作者往往不署真名,一旦发生网络著作权侵权现象,作者必须举证证明自己是作者,但做起来通常较为困难。网络作品作者的认定需要技术和立法的双重手段作为支持。

2. 网络著作权的客体

《著作权法》第三条规定:"本法所称的作品,是指文学、艺术和科学领域内具有独创性并能以一定形式表现的智力成果,包括文字作品,口述作品,音乐、戏剧、曲艺、舞蹈、杂技艺术作品,美术、建筑作品,摄影作品,视听作品,工程设计图、产品设计图、地图、示意图等图形作品和模型作品,计算机软件,符合作品特征的其他智力成果的数字化形式。"

《最高人民法院关于审理涉及计算机网络著作权纠纷案件适用法律若干问题的解释》(以下简称《关于网络著作权纠纷的解释》)第二条规定:"受著作权法保护的作品,包括著作权法第三条规定的各类作品的数字化形式。在网络环境下无法归于以上所列举的作品范围(如数字音乐),但在文学艺术和科学领域内具有独创性并能以某种有形形式复制的其他智力成果,人民法院应当予以保护。"

5.2.3 网络著作权受侵犯的类型

网络著作权受侵犯的类型主要有以下4种。

1)网页网站抄袭复制

互联网以网页为载体,而网页活动多是由文字、图像、音频、视频等元素构成。网页本身及其内在的所有构成元素均受到著作权法的庇护。对任何具备独创性和原创性的网页及其组成部分,未经著作权人明确许可或授权便擅自复制的行为,均构成侵权嫌疑。例如,随着网络文化产业的兴起,网络小说抄袭事件迭发,甚至因此影响到由网络小说改编的电视影像产业。

2)网络上传、下载和转载

网络运营商通过扫描或录入他人的作品,将其上传到自己的网站上,吸引网民注册或消费虚拟网络货币阅读、观看和使用。例如,我国很多网站都能让网民在其所在的服务器上下载免费的歌曲,这给网站带来了更多的收益,给网民带来了便利,但损害了唱片公司和原唱歌手的合法权益;盗版软件和盗版游戏在一些网站上也能够免费便捷地下载,使用者无须花费金钱购买正版软件和游戏,软件和游戏的开发者的合法权益因此受到侵害。

3)网络链接侵权

设置链接者的服务器只存储了指向网址,并没有复制链接指向的内容,所以不构成直接侵权,即使侵权也属于间接侵权。但当设置链接的网络服务商在知道其所提供的链接指向网址是侵权作品时,有义务及时关闭链接指向网址以"抑制侵权",否则将构成帮助侵权。

4)网络游戏侵权

随着网络游戏产业的发展,网络游戏侵权行为逐渐增多,侵权者一般通过破坏网络游戏源代码,加入恶意代码,或采用"内购版""破解版""外挂"等方法对网络游戏进行侵权和盗版,甚至抄袭原游戏内容,重新包装成新的游戏,然后冠以自己游戏公司的名称，非法运营游戏服务器。

> **小常识**
>
> **外挂**
>
> 外挂在网络游戏领域是指通过修改游戏软件的部分程序制作而成的作弊程序，用以篡改游戏原本正常的设定和规则，从而增强游戏角色的技能或能力，达到轻松获取胜利、奖励和快感的目的。外挂软件破坏了游戏环境的公平性，影响了玩家的游戏体验，同时也对游戏厂商的合法权益造成了严重侵害。

5.2.4 网络著作权的保护

网络作品的侵权形式很多，如网页抄袭和网络作品的转载、摘编网页。有的行为所使用的相当一部分内容虽然处于公有领域，但是网页的设置并不是排版的堆积和简单的组合。因此，为了防范网络侵权现象的出现，我国采取了法定的技术保护、著作权集体管理组织和著作权保护的司法救济等相关措施进行防范。

1. 法定的技术保护

网络时代的迅猛发展促使著作权保护面临新挑战，亟须技术措施的恰当融入。各类设备与技术的创新应用，成为加强著作权保护的关键。技术保护策略，如访问控制与使用限制，既能促进作品资源的共享访问，又严格限制了未经授权的复制粘贴行为，确保了内容的安全边界。特别地，计算机软件中的先进技术手段，能有效遏制侵权作品的非法使用，通过锁定机制强化保护。结合技术手段与法律规制，能够弥补法律体系的局限性，从而在保护著作权人权益的同时，也维护了社会公共利益的和谐平衡。

2. 著作权集体管理组织

著作权集体管理组织的构建是法律与时俱进的重要体现，它显著强化了被侵权方的维权实力，并有效减轻了诉讼的经济负担。此机制通过构建全面的组织架构，赋予了著作权人将部分民事与诉讼权利委托给专门组织的权利。这一组织模式可追溯至 20 世纪 90 年代初中国音乐协会的成立，其设立严格遵循法律框架，核心职能之一即在于捍卫著作权人的合法权益，确保其在数字时代下的应有地位。

3. 著作权保护的司法救济

1）法定的规制内容

将网页设计、版式设计等相关内容纳入著作权的保护范畴，我国《著作权法》对图书版式的设计进行了明确的保护，承认网络运行新媒体的法律地位，对网络上的各种行为进行一定范围的界定，对网络问题上的合理使用和法定许可进行一定的说明。

2）著作权的诉讼规范

在网络著作权法律保护的过程中，实体法提供明确的法律依据，程序法进行主体的确定，并明确一定的证据规则，通过角色分工、侵权行为的抑制、对立面的设置、法律程序氛围的感染,来实现实体公正和程序公正的统一,有利于促进社会整体福利的实现,提高著作权法律保护的效益。

(1)诉讼主体当事人的确立。相关的平台应当对诉讼主体当事人的基本信息进行适当的控制,以便在发生网络著作权侵权行为时,作为第三方参与到诉讼中来。公共场所(如网吧)中的侵权过程中可能会发生当事人无法确定的情形,当地公共场所网络应当实行严格的准入制度,以防止大范围地利用公共设施侵犯著作权的行为。

(2)管辖权的确立。我国民事诉讼法及最新的司法解释规定:侵权行为由侵权行为地的法院管辖,侵权行为地的范围是广泛的。网络服务的提供总是以物理形态存在的,将网络服务的提供地与侵权行为地进行一定的联系,有利于原告权利的行使,计算机终端所在地也可认为是侵权行为地,这个规定是具体的。随着互联网的发展,我国也可以比照世界其他国家对于网络保护的经验确立管辖原则。

(3)诉前保全措施。《著作权法》第五十六条规定:"著作权人或者与著作权有关的权利人有证据证明他人正在实施或者即将实施侵犯其权利、妨碍其实现权利的行为,如不及时制止将会使其合法权益受到难以弥补的损害的,可以在起诉前依法向人民法院申请采取财产保全、责令作出一定行为或者禁止作出一定行为等措施。"

5.3 电子商务专利权的法律保护

【知识目标】

(1)了解专利与电子商务专利权的相关知识。
(2)熟悉专利权的授权条件。
(3)掌握专利电子申请的相关知识。
(4)掌握电子商务专利侵权的类型。
(5)掌握电子商务专利权的保护。

【技能目标】

(1)能够说出专利权的授权条件有哪些。
(2)能够根据电子商务专利侵权的示例,说出其所属的类型。
(3)能够对电子商务专利权进行保护。

5.3.1 专利与电子商务专利

1. 专利

1)专利的概念

专利是指专利权人在法定期限内对其发明创造成果所享有的专有权利,是国家专利管理机关依照法律规定和法定程序,授予专利申请人对某项发明创造享有在法定期限内的独占实施权。

2)专利权的概念与性质

专利权是指专利权人在法律规定的范围内独占使用、收益、处分其发明创造,并排除他人干涉的权利。专利权的性质主要体现在以下3个方面。

（1）排他性。排他性也称独占性或专有性。专利权人对其拥有的专利权享有独占或排他的权利，未经其许可或者出现法律规定的特殊情况，任何人不得使用，否则即构成侵权。

（2）时间性。时间性是指法律对专利权所有人的保护不是无限期的，而是有限制的，超过时间限制则不再予以保护，专利权随即成为人类的共同财富，任何人都可以使用。

（3）地域性。地域性是指任何一项专利权只有依照一定的地域内的法律才得以产生并在该地域内受到法律保护。

3）专利法

专利法是调整因确认和保护发明创造的专有权及在利用专有的发明创造过程中而产生的社会关系的法律规范的总称。

4）专利权的主体和客体

（1）专利权的主体。专利权的主体是指有权提出专利申请并获得专利权的人或组织。当一项发明创造依法取得专利权后，专利申请人就称为专利所有人或持有人。专利权人可以是个人，也可以是单位。

（2）专利权的客体。专利权的客体又称专利权的保护对象，是指依法可以取得专利权的发明创造，包括发明、实用新型和外观设计。

2. 电子商务专利

电子商务专利又称商业方法专利，是指为了处理或解决商业经济活动或事务而通过人类心智创作的方法或规则，是电子商务活动者在电子商务活动中采用特定的经营方法或模式所拥有的排他性权利。电子商务的飞速发展给传统的专利法律制度带来了新的挑战，因为在电子商务活动过程中，经营者发明了一些独特、新颖和高效的商业方法。这些方法都要借助计算机软件、硬件和网络来运行，这一点不同于传统意义上的智力活动规则。如果这些商业方法具备了授予专利权的条件，发明人是否可以申请专利、如何保护，引出了新的电子商务法规建设问题。

5.3.2 专利权的授权条件

《中华人民共和国专利法》（以下简称《专利法》）第二十二条规定："授予专利权的发明和实用新型，应当具备新颖性、创造性和实用性。"

1. 新颖性

新颖性是指该发明或者实用新型不属于现有技术，也没有任何单位或者个人就同样的发明或者实用新型在申请日以前向国务院专利行政部门提出过申请，并记载在申请日以后公布的专利申请文件或者公告的专利文件中。

2. 创造性

创造性是指与现有技术相比，该发明具有突出的实质性特点和显著的进步，该实用新型具有实质性特点和进步。

3. 实用性

实用性是指该发明或者实用新型能够制造或者使用，并且能够产生积极效果。

5.3.3 专利电子申请

1. 专利电子申请的概念

专利电子申请是指以互联网为传输媒介，将专利申请文件以符合规定的电子文件形式向国家知识产权局提出的专利申请。申请人可以通过电子申请系统以离线或在线方式向国家知识产权局提交发明、实用新型、外观设计专利申请，进入中国国家阶段的专利国际申请，以及专利复审和无效宣告请求。

2. 专利电子申请接收文件范围

（1）发明、实用新型和外观设计专利申请。
（2）进入国家阶段的国际申请。
（3）复审和无效宣告请求。

注意：任何单位和个人认为其专利申请需要按照保密专利申请处理的，不得通过专利电子申请系统提交。

5.3.4 电子商务专利侵权的类型

电子商务专利侵权的常见类型主要有以下3种。

1）销售或者许诺销售未经许可的专利产品

销售或者许诺销售未经许可的专利产品的侵权行为常见于电子商务购物平台、自媒体、直播平台中。未经专利权人许可，销售其专利产品，属于侵权行为。

2）使用专利方法和按照专利方法直接取得的产品使用、销售或者许诺销售

根据《专利法》的规定，发明和实用新型专利权被授予之后，未经许可使用专利权人专利方法的都是侵犯其专利权的行为。

知识拓展

职务发明的归属

职务发明是指企业、事业单位、社会团体、国家机关等的工作人员执行本单位的任务或者主要利用本单位的物质条件所完成的职务发明创造。

职务发明人与其所在单位的关系是一种劳动合同关系，在西方国家表现为雇员和雇主的关系。在《专利法》中，这种关系集中体现为职工完成的发明创造的权利归属问题，即职工完成的发明创造是职务发明还是非职务发明创造的问题。原则上，这一问题的解决应当遵从"合同优于法律"的原则，即有关发明创造成果权归属问题首先应当按照劳动合同中的约定来解决。

3）假冒他人专利

假冒他人专利是指未经专利权人许可，擅自使用其专利标识的行为。在电子商务领域，假冒他人专利的行为主要有以下 4 个方面。

（1）在其制造或者销售的产品、产品的包装上标注他人的专利号。

（2）在广告或者其他宣传材料中使用他人的专利号，使人将所涉及的技术误认为是他人的专利技术。

（3）在合同中使用他人的专利号，使人将合同设计的技术误认为是他人的专利技术。

（4）伪造或者变造他人的专利证书、专利文件或者专利申请文件。

5.3.5　电子商务中专利权的保护

1. 明确电子商务第三方平台的法律地位和义务

电子商务第三方平台的法律地位被定义为独立的中介服务提供者，不参与双方或双方的交易活动。但是，对于第三方电子商务平台接收侵权通知的知识产权人应当给予合理的照顾义务。我国现行《中华人民共和国侵权责任法》（以下简称《侵权责任法》）、《专利法》，以及新制定的《电子商务法》中相关规定仍然过于宽泛，有待进一步细化。

2. 逐步规范行政执法行政程序

平台运营者首先根据权利人的投诉筛选专利侵权纠纷，因为在线投诉案件数量巨大，所以，许多专利投诉都是异常申请，一些明显构成或不构成侵权的争议可以由平台供应商直接处理，一些复杂的争议案件通过系统转移到相关部门；获取相关材料以后，相关部门应通过判断来分析是否接收案件，确定受案后需明确管辖，及时将处理信息反馈给平台。处理专利侵权纠纷的过程中，专利执法机构明确了受控产品属于侵权产品，先要通知卖方停止侵权行为并确定采取何种手段处理相关侵权产品，如同时通知平台提供商删除相关产品链接。当发现产品并不为侵权产品时，相关部门可以通知平台供应商在处理后做出决定，或者直接做出不构成侵权的决定，并通知平台运营商。

3. 专项行动常态化

在电子商务领域的知识产权保护初期开展专项行动具有重要意义，应当推动知识产权专项治理行动常态化，并根据案件处理大数据平台设定电子商务领域知识产权的长效保护机制。为达成此目标，首先，要保障知识产权行政执法队伍建设，逐步扩大执法机构与人员，增强执法人员专业水平与能力；其次，要加强电子商务领域知识产权保护政策、法规宣传和执法能力提升，明确其工作的重要性；最后，虚拟市场中的知识产权保护应纳入本部门行政执法绩效评估的范围，并逐步开展专项执法检查，促进电子商务领域知识产权保护的正常化。

4. 强化专利权刑事保护

通过刑事手段将侵犯专利权入罪是合理的并且有现实需求的。根据现代刑法理论，犯罪的本质是严重的社会危害性，即对法益造成严重侵害或实际危害结果。某一行为进入刑罚的范畴必须是行为人违反了行为准则，具有法益侵害性。在电子商务专利侵权逐渐日益恶化、保护不力的情况下，国家创新、强国等战略目标的实现可能会遭遇阻碍。因此，侵犯专利权属于一种侵犯法益的值得处罚的行为，专利侵权行为应当被定为刑事犯罪。从产业发展的角度来看，也可以适当地考虑将某些侵犯专利权的行为入刑，利用刑法来威慑、调整侵权人的行为。中国根据大陆法系国家的立法传统，将侵犯专利的行为定为刑事犯罪是合理的。

5.4 电子商务商标权法律法规

【知识目标】

（1）了解商标的含义和分类。
（2）了解商标法和商标权的相关知识。
（3）熟悉商标权侵权的行为及责任。
（4）掌握电子商务商标权的法律保护知识。

【技能目标】

（1）能够辨别商标权的侵权行为，并能够说出其对应的法律责任。
（2）能够运用相关法律知识保护电子商务商标权不被侵犯。

5.4.1 商标的含义和分类

1. 商标的含义

商标是指生产者、经营者为使自己的商品或服务与他人的商品或服务相区别，而使用在商品及其包装上或服务标记上的由文字、图形、字母、数字、三维标志和颜色组合，以及上述要素的组合所构成的一种可视性标志。

2. 商标的分类

1）按商标结构分类

按照结构不同，商标可以分为文字商标、图形商标、字母商标、数字商标、三维标志商标、颜色组合商标、音响商标、气味商标。

2）按商标使用者分类

按照使用者不同，商标可以分为商品商标、服务商标、集体商标、无主商标。

3）按商标用途分类

按照用途不同，商标可以分为营业商标、证明商标、等级商标、组集商标、亲族商标、备用商标、防御商标、联合商标、广告商标。

4）按商标享誉程度分类

按照享誉程度不同，商标可以分为普通商标、知名商标、著名商标、驰名商标。

5）按商标注册与否分类

按照注册与否不同，商标可以分为注册商标、未注册商标。

6）按商标的寓意分类

按照寓意不同，商标可以分为有含义商标和无含义商标。

5.4.2 商标法和商标权

1．商标法

商标法是确认商标专用权，规定商标注册、使用、转让、保护和管理的法律规范的总称。商标法的作用主要是加强商标管理，保护商标专用权，促进商品的生产者和经营者保证商品和服务的质量，维护商标的信誉，保证消费者的利益，促进社会主义市场经济的发展。

1982年8月23日，第五届全国人民代表大会常务委员会第二十四次会议通过了《中华人民共和国商标法》（以下简称《商标法》），并分别于1993年2月22日、2001年10月27日、2013年8月30日进行了修订。2002年8月3日，国务院公布了《中华人民共和国商标法实施条例》，并于2014年4月29日进行了修订。

此外，我国已加入了一系列有关保护商标专用权的国际条约，最主要的有《保护工业产权巴黎公约》《商标国际注册马德里协定》《商标注册条约》等。2001年12月，我国正式加入WTO，标志着我国对包括商标权在内的工业产权的保护更加全面。

2．商标权

1）商标权的概念

商标权是民事主体享有的在特定的商品或服务上以区分来源为目的排他性使用特定标志的权利。商标权的取得方式包括通过使用取得商标权和通过注册取得商标权两种方式。通过注册取得商标权又称注册商标专用权。在我国，商标注册是取得商标权的基本途径。《商标法》第三条规定："经商标局核准注册的商标为注册商标，包括商品商标、服务商标和集体商标、证明商标；商标注册人享有商标专用权，受法律保护。"

2）商标权的内容

商标权的内容是指商标权人享有的权利和应履行的义务，包括注册商标的专有使用权、禁止权、转让权、许可权和续展权。

（1）专有使用权。专有使用权是指注册商标所有人在核定使用的商品上使用核准注册的商标的权利。商标的使用方式主要是直接使用于商品、商品包装、商品容器，也可以是间接地将商标使用于商品交易文书、商品广告宣传、展览及其他业务活动中。

使用权的效力范围，以核准注册的商标和核定使用的商品为限。

（2）禁止权。禁止权是指商标所有人禁止任何第三方未经其许可在相同或类似商品上使用与其注册商标相同或近似的商标的权利。禁止权的效力范围大于使用权的效力范围，不仅包括核准注册的商标、核定使用的商品，还扩张到与注册商标相近似的商标和与核定商品相类似的商品。

（3）转让权。转让权是指注册商标所有人将其注册商标转移给他人所有的权利。转让注册商标，除了由双方当事人签订合同，转让人和受让人还应共同向商标局提出申请，经商标局核准，并予以公告。未经核准登记的，转让合同不具有法律效力。

（4）许可权。许可权是注册商标所有人许可他人使用其注册商标的权利。在商标使用许可关系中，许可人应当提供合法的被许可使用的注册商标，监督被许可人使用其注册商标的商品质量。被许可人应在合同约定的范围内使用被许可商标，保证被许可使用商标的商品质量，以及在生产的商品或包装上应标明自己的名称和商品产地。

> **小常识**
>
> 商标权的保护期限
>
> 《商标法》规定，商标权的保护期限为10年，有效期满，需要继续使用的，应当在期满前6个月内申请续展注册，每次续展注册的有效期为10年。具体条款如下。
>
> （1）第三十九条规定："注册商标的有效期为十年，自核准注册之日起计算。"
>
> （2）第四十条规定："注册商标有效期满，需要继续使用的，商标注册人应当在期满前十二个月内按照规定办理续展手续；在此期间未能办理的，可以给予六个月的宽展期。每次续展注册的有效期为十年，自该商标上一届有效期满次日起计算。期满未办理续展手续的，注销其注册商标。"

（5）续展权。注册商标的有效期为 10 年，但商标所有人需要继续使用该商标并维持专用权的，可以通过续展注册延长商标权的保护期限。续展注册应当在有效期满前 6 个月内办理；在此期间未能提出申请的，有 6 个月的宽展期。宽展期仍未提出申请的，注销其注册商标。每次续展注册的有效期为 10 年，自该商标上一届有效期满次日起计算。续展注册没有次数的限制。

5.4.3 商标权侵权行为及责任

1. 商标权侵权行为

《商标法》第五十七条规定，有下列行为之一的，均属侵犯注册商标专用权。

（1）未经商标注册人的许可，在同一种商品上使用与其注册商标相同的商标的。

（2）未经商标注册人的许可，在同一种商品上使用与其注册商标近似的商标，或者在类似商品上使用与其注册商标相同或者近似的商标，容易导致混淆的。

（3）销售侵犯注册商标专用权的商品的。

（4）伪造、擅自制造他人注册商标标识或销售伪造、擅自制造的注册商标标识的。

（5）未经商标注册人同意，更换其注册商标并将该更换商标的商品又投入市场的。

（6）故意为侵犯他人商标专用权行为提供便利条件，帮助他人实施侵犯商标专用权行为的。

（7）给他人的注册商标专用权造成其他损害的。

2. 商标权侵权责任

侵权人根据侵权程度的不同，可能承担民事责任、行政责任和刑事责任。

1）民事责任

《商标法》第六十三条规定，被侵权人可以要求侵权人立即停止侵权行为，赔偿损失。其中，侵犯商标专用权的赔偿数额，按照权利人因被侵权所受到的实际损失确定；实际损失难以确定的，可以按照侵权人因侵权所获得的利益确定；权利人的损失或者侵权人获得的利益难以确定的，参照该商标许可使用费的倍数合理确定。对恶意侵犯商标专用权，情节严重的，可以在按照上述方法确定数额的 1 倍以上 5 倍以下确定赔偿数额。赔偿数额应当包括权利人为制止侵权行为所支付的合理开支。

权利人因被侵权所受到的实际损失、侵权人因侵权所获得的利益、注册商标许可使用费难以确定的，由人民法院根据侵权行为的情节判决给予 500 万元以下赔偿。

2）行政责任

对于侵犯注册商标专用权的，《中华人民共和国商标法实施细则》第四十三条规定，对侵犯注册商标专用权的，由工商行政管理机关责令立即停止侵权行为，封存或者收缴其商标标识，消除现存商品和包装上的商标，责令依法赔偿被侵权人的经济损失，根据情节予以通报，并处以非法经营额 20%以下或者侵权所获利润两倍以下的罚款。

3）刑事责任

除了行政责任和民事责任，侵犯商标权还可能构成假冒注册商标罪、销售假冒注册商标的商品罪、非法制造注册商标标识罪、销售非法制造的注册商标标识罪。

根据《刑法》的规定，以侵犯商标为目的的犯罪有如下 3 种：假冒注册商标罪（第二百一十三条"未经注册商标所有人许可，在同一种商品、服务上使用与其注册商标相同的商标，情节严重的，处三年以下有期徒刑，并处或者单处罚金；情节特别严重的，处三年以上十年以下有期徒刑，并处罚金"），销售假冒注册商标的商品罪（第二百一十四条"销售明知是假冒注册商标的商品，违法所得数额较大或者有其他严重情节的，处三年以下有期徒刑，并处或者单处罚金；违法所得数额巨大或者有其他特别严重情节的，处三年以上十年以下有期徒刑，并处罚金"）和非法制造、销售非法制造的商标标识罪（第二百一十五条"伪造、擅自制造他人注册商标标识或者销售伪造、擅自制造的注册商标标识，情节严重的，处三年以下有期徒刑，并处或者单处罚金；情节特别严重的，处三年以上十年以下有期徒刑，并处罚金"）。

> **小常识**
>
> **商标侵权案件管辖的规定**
>
> 1. 侵犯商标专用权案件
>
> 根据《中华人民共和国民事诉讼法》（以下简称《民事诉讼法》）的规定，侵犯商标专用权案件由侵权行为地或者被告住所地人民法院管辖。因此，侵犯商标专用权案件一般由侵权行为地或者被告住所地的中级人民法院或者有商标案件管辖权的基层法院管辖。
>
> 2. 商标合同纠纷案件
>
> 根据《民事诉讼法》的规定，商标合同纠纷案件由被告住所地或者合同履行地人民法院管辖。合同的双方当事人可以在书面合同中协议选择被告住所地、合同履行地、合同签订地、原告住所地、标的物所在地人民法院管辖，但不得违反本法对级别管辖和专属管辖的规定。
>
> 3. 商标权属纠纷案件
>
> 商标权属纠纷案件由被告住所地的中级人民法院或者被告住所地有商标案件管辖权的基层人民法院管辖。

4. 诉前停止侵权与保全案件

根据《最高人民法院关于诉前停止侵犯注册商标专用权行为和保全证据适用法律问题的解释》的规定，诉前责令停止侵犯注册商标专用权行为或者保全证据的申请，应当向侵权行为地或者被申请人住所地对商标案件有管辖权的人民法院提出。

5.4.4 电子商务商标权的法律保护

1. 电子商务中商标权保护范围的界定

纵观我国电子商务商标权的发展历程，用法律法规明确规制电子商务商标权保护范围是非常有必要的，全世界电子商务不断发展，只有积极调整国内立法，建立与此相适应的商标权保护制度，紧随国际发展趋势，加快相关立法进程，才能进一步规范市场秩序，促进公平竞争。

以《商标法》为核心的法律体系在电子商务商标权保护方面仍有很多不足。首先，要对相关法律进行制定或修订，并严格规制商标侵权行为。例如，电子商务中假冒伪劣产品侵犯商标权的问题已经严重影响电子商务交易市场的健康发展。其次，在世界经济一体化的背景下，国际社会发挥着越来越重要的作用，各国间的立法合作及国际商标权保护规则的制定都将对商标权保护的完善起到积极作用。鉴于此，商标权保护范围的明确是一个极为重要的方面，要使电子商务的发展与经济的进步保持一致性，但是，同时不能破坏电子商务固有的开放性和及时性的特点，这对法律体系的完善提出了更高的要求。所以，推动电子商务的健康发展首先是对电子商务环境安全性的保障，这一点是无法与法律相分离的，同时要求建立使电子商务安全有效运行的保障机制。电子商务发展对经济进步是有促进作用的，因此，我国必须对现存的法律体系进行完善，为新时代下社会经济的发展提供法律保障。

在规范电子商务商标权保护范围的这一问题上涉及一个重要问题——商标侵权行为司法管辖问题。网络著作权侵权纠纷案件，管辖权在于侵权行为发生地或者侵权人所在地的人民法院。这一点在处理电子商务商标侵权案件的司法管辖中可以被借鉴。需要注意的是，侵权行为地具体指发生侵权行为所在地，其实施主体包括网络服务器等设备在内，除此之外，当侵权行为发生地和侵权人所在地无法确定时，有侵权行为的相关设备所在地可以确定为侵权行为地。因为涉嫌侵权行为的发生需要依托相关媒介，而这些设备是辅助侵权行为发生的载体，所以，可以做出这样的判断。针对案件独有特点选择管辖连接点，无论是从被侵权人角度出发还是对管辖主体而言，都更为便利高效。如果相关设备位置无法明确，被侵权人也可选择承载侵权内容的设备所在地，这种方式将提高处理商标侵权案件的效率，从电子商务商标权保护范围而言，将更加明晰有效。

> **小常识**
>
> **管辖权**
>
> 管辖权通常是指一个国家在规定和实施其权利和义务，以及在管理自然人和法人的行为等方面的法律权力。国际法的一个重要问题就是准确划分国家间对某些问题的管辖权，从而维护一个国家的独立和主权平等。

2. 电子商务中商标侵权的认定

1) 确立电子商务商标侵权认定的标准

传统的商务活动中商标与具体的商品及服务有着必然的联系。在电子商务中，商标使用方式的电子化，标识与商品或服务并没有直接的联系产生，这种标识的法律使用性质有待进一步商榷。所以，在电子商务中，就判断公开、商标性使用而言，因为互联网的特点而变得模糊不清。在电子商务中，商标公开内部使用的行为同时存在，前者能够被相关公众感知，但后者是不能被感知的，因此，其是否为法律意义上的商标性使用还有待进一步研究确定。在电子商务中限制公开性问题是不合理的，因为是侵权人减弱或阻断了权利人与特定商品或服务之间的联系从而使其逐渐失去商誉，这对于商标权利人是不公平的。

行为违法、损害事实、行为与事实间的因果关系、当事人过错是构成侵权理论的四要件。《商标法》及相关法律规定是传统商标侵权行为认定的标准来源，尽管电子商务使交易形式改变而有独有的特征，侵权表现形式也有所不同，但电子商务中商标侵权行为的认定仍要遵循这一理论。具体而言，包括以下4个方面。

（1）侵权行为方面。电子商务中对他人合法商标权造成侵害的行为就是侵权行为，涉及作为与不作为两种方式，前者包括未经允许使用他人商标做域名、在网络中使用他人商标进行宣传等在内的方式，而后者则涉及搜索引擎商对相关侵权行为的不理睬等。在电子商务中，商标侵权行为形式纷繁复杂，包括直接损害、间接损害、个体损害及群体损害行为等。

（2）损害结果方面。损害结果对民事侵权行为的认定及电子商务中商标侵权行为的构成都具有重要意义。商标权人的权益被破坏，商标信誉及知名度有折损，从而造成商标权人的商品或服务价值的损害的行为就是电子商务中损害结果的体现。

（3）相互关联方面。在侵权行为与商标权人受损结果间的连接点为相互关联。具体到电子商务中则是对商标权的侵犯行为，无论是直接还是间接，只要导致损害结果的发生，行为人承担法律责任是以侵权行为与损害结果间有必然联系为前提存在的。

（4）主观过错方面。过错责任原则是电子商务中商标侵权的核心部分，因此，过错要件在侵权责任认定中作为必备要件而存在，对于法律责任的追究，以行为人主观上故意或过失为条件，在明知或应知其行为对他人商标权造成侵犯或牟取非法利益，但没有停止其行为的。美国的《反域名抢注消费者保护法》中也提到主观恶意因素的重要性。因此这对于电子商务商标权合法权益的保护及规范各方合理使用行为的意义十分重要。

2) 确立电子商务商标侵权认定的必要措施是保护各方权益的关键

我国《民法典》详细规定了电子商务中商标侵权的认定规则。一旦受害人发现并提供侵权信息，他们有权要求相关责任方立即采取行动。若相关方未能及时响应，将承担相应的法律责任。

在电子商务商标侵权案件中，传统商标权保护机制对侵权商品销售商起到重要规制作用，同时，版权法中的"避风港规则"也为网络服务提供商的责任认定提供了有价值的参考。这一规则特别关注网络服务提供商是否采取了移除侵权信息的行动，这在一定程度上能够减少损失，保护商标权人的合法权益。

尽管"通知、移除"原则在应对单次侵权行为时有效,但对于反复发生的侵权行为,其规制力度显得不足。网络服务提供商,特别是电子商务平台,作为信息传输的媒介,即便不直接处理信息内容,也因其系统存储信息而需承担一定的责任。然而,过度要求网络服务提供商履行审查监控义务既不合理也不可取,因为这会牺牲其利益,且执行难度极大。

网络服务提供商的审查监控义务分为事前和事后两部分。事前审查要求网络服务提供商主动对其系统、网络中的信息进行合法性审查,而事后控制则是指在得知侵权信息后,迅速采取断开链接、移除内容等措施,防止侵权信息进一步扩散。

商标侵权行为的认定不仅可以通过官方渠道,还可以借助公众检举。商标所有人、电子商务平台商和消费者群体都是商标侵权行为的直接利益相关者。因此,提高公众参与度对于减少电子商务商标侵权行为至关重要。具体而言,可以通过以下方式实施。

(1)将检举制度纳入法律框架,建立严格的电子商务商标侵权行为检举平台,并在政府官方网站上设立举报渠道,确保举报信息的真实性和有效性。

(2)在电子商务平台内部设立举报中心,鼓励平台商和消费者积极检举发现的商标侵权行为,并设立奖励机制,以激励更多人参与商标权保护,形成良性循环。

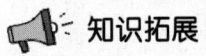知识拓展

如何认定商标侵权行为

(1)造成损害后果或即将发生损害后果,即侵权行为给商标权人已经造成损害或者即将造成损害,可表现为产品销量下降、利益的减少或者商标信誉降低等。

(2)行为违法性,即行为人未经许可,也没有其他法律依据而客观上行使商标权人依法所享有的权利。

(3)损害后果与违法行为有因果关系,即损害后果是由违法行为直接造成的。

(4)一般情况下,行为人非法使用与注册商标相同或者近似的商标的,伪造、擅自制造他人注册商标标识的,反向假冒注册商标的行为,在认定是否侵权时以行为人主观上有过错为要件;而对于销售假冒注册商标的商品的行为,认定是否侵权时不以行为人主观上有过错为要件。

3. 电子商务中商标权侵权的救济

1)加强行政保护

工商行政管理机关作为商标主管机关,肩负着保护商标权人合法权益的重要职责,要充分发挥注册和管理职能,积极介入电子商务商标争议的协调解决,进而为拓宽电子商务市场的监管打好基础。我国商标的行政执法主要是指工商行政管理机关各部门对商标权的保护,如商标的注册、管理部门对商标侵权案件的处理等事项,国家司法机关与行政机关共同作为执法者与经济管理者对商标权进行保护,而且修改后的《商标法》对于商标侵权行为赋予工商管理机关在对侵权行为进行查处、责令其停止侵权行为和罚款的同时,还赋予其具有没收、销毁侵权商品的权力。

在行政管理方面可以采取的救济措施有行政处罚。行政处罚是对于违反法律法规的行政相对方所给予的惩戒或制裁。在我国,对于侵犯商标权行为所适用的行政处罚种类

有警告、责令停止制作和发行侵权制品、没收非法所得、没收侵权复制品及制作设备、罚款等，延伸至网络中，可以对商标侵权人给予警告、停止侵权、注销域名等行政处罚措施。

另外，《商标法》应当对日益严重的商标侵权行为加大行政制裁力度，并对相关问题进行解决，首先，应当制定与司法程序相当的程序性规范，并在当事人不服时，给予他们复议的机会，以尽量避免在诉讼过程中对人力、财力造成浪费，当然，如果当事人有提起诉讼的要求，这在法律上也是允许的。工商行政管理机关在严格执法的同时也应当完善举报、投诉等有效措施，将商标执法向网络延伸，加强电子商务商标权特别是驰名商标专用权的保护。其次，商标中应增加罚款的最低限额，同时根据侵权人的主观恶性、侵权产品的数量、非法所得及对商标权人的声誉的损害程度等因素的不同，对其违法主体和情形加以具体规定，以保证行政执法的权威性及公正性。

建立专门的行政机构及完善争议解决处理机制，有利于保障电子商务的高效运行，而且随着电子商务的发展，工商行政管理机关在互联网经济中对商标权保护的完善将发挥重要作用。

2）加强司法保护

程序规范化及责任的彻底追究是司法保护的特点之一，其方式多为被动的，也就是所谓的"不告不理"。电子商务中商标权的司法保护，涉及的主要是责任的承担。从刑事保护方面来看，《商标法》和《刑法》中都有相关的内容对责任承担加以规制，包括假冒注册商标罪、销售假冒注册商标商品罪等一系列的商标犯罪。电子商务中因商标侵权行为的发生而触犯刑法的情况，在司法实践中较少出现，因此，本书主要讨论的是商标权的民事保护。

在民事责任中，要求侵权行为人依法对其行为承担民事法律后果。应用在商标侵权的民事责任中，具体指违反商标法律法规及合同约定的行为，对相关责任的承担方式主要表现为民事赔偿，而侵权法的核心在于对受害人所受侵害的弥补。作为民事权利的商标权属于私权，多与财产利益方面有关联。鉴于此，民事责任在电子商务商标侵权责任中的核心地位也就十分明显了。商标侵权问题涉及的方式包括以下两个方面。

（1）停止侵害。停止侵害是对商标权的状态及合法权益进行完整保护的重要方式之一，核心内容在于对侵权人立即停止侵权行为的硬性要求。《商标法》对此做出了明确规定，商标权人向法院申请，对侵权人进行责令停止有关行为及保全财产的措施，可以在起诉之前进行。在停止侵害责任方面，并没有对主观过错作强制要求，其适用状态是正在进行的侵权行为，对完成并不再持续的侵权行为作要求是没有意义的。当然，商标权人为避免情况的再次发生，而提出诸如断开侵权链接等要求也是合理的，这将从制度上对商标权人的利益进行全面保护。

（2）赔偿损失。赔偿损失是民事责任方式，来源于知识产权法律体系中的损害赔偿制度，具体而言，就是全面赔偿原则，也就是我们所知的填平原则，通过对权利人所受损害进行赔偿，而对权利人因被侵权这一行为造成的实际损失进行一定程度的弥补。应用到实践中，难点在于对商标侵权赔偿数额的确定，赔偿损失的数额确定非常关键，这也是商标权人关注的重点。损害数额的正确确定，一方面保护了权利人的合法权益，另一方面也是对侵权人的有力处罚。

电子商务商标侵权损害与传统商标侵权一样，以无形财产及有形财产的损害为限，具体包括直接损害、间接损害及被侵权人的合理支出。鉴于此，应以对被侵权人全面补偿为基础，结合补偿性原则与惩罚性原则，共同作为电子商务商标侵权的赔偿原则。具体到实践中，可以通过涉及侵权的商品数量来明确合理的利润率的方式，尽可能保护权利人的合法权益。因为电子商务的虚拟性特征，使涉及侵权的商品及服务的数量难以确定，所以，与电子商务相适应的计算方法非常重要，要以商品及服务提供的具体方式进行确定，例如，通过用户数量、下载量、费用及持续时间等一系列因素，最终明确侵权人的侵权所得。

3）加强社会监督作用

随着商品贸易在世界范围内的不断发展，商标不仅仅是企业形象、声誉、商品质量及其他特点的体现，商标国际化的趋势，使之与国家、民族的利益相关联。对电子商务商标权进行全方位保护时，要将商标执法与提高社会商标意识结合在一起，大力宣传商标法律知识及其实际执行的情况，以引起企业与社会公众的重视，集思广益，来制定完善的法律。我国目前出台的有关行政法规仍有很多不完善的地方，需要立法和社会公众的共同努力，才能使电子商务的商标侵权的救济体系更为完善。树立公平竞争的社会环境，对商标侵权行为应当严厉惩罚，当然，电子商务平台商的责任制只是解决问题的方式之一，更重要的是从法律层面对相关权益进行保障。商标作为企业价值的核心而存在，但现存商标侵权问题的普遍化是与其自身对商标的忽视有很大关联的，对商标权益的忽视间接导致了侵权行为发生的增多。鉴于此，从商标权利人角度引起对商标侵权问题的重视，从而有效降低侵权行为发生的概率是解决这一问题的根本，就域名这一问题而言，将产品服务尽早申请注册纳入法律保护范围，域名抢注现象就会进一步减少，域名抢注违法性认定目前尚存在缺陷，只有商标权所有人树立商标依法注册的法律意识，有关商标侵权问题才会进一步减少。

互联网的出现改变了世界的信息传播方式，传统的交易模式也在被改变，电子商务的出现为企业带来了发展机遇的同时，知识产权的管理也面临着严峻的挑战。在利用电子商务平台推广自身品牌和服务的过程中，为了更有效地维护自身的合法权益，避免遭遇商标被侵权的困境，企业应提升知识产权素质和商业道德素质，维持竞争秩序，从而促进整个电子商务市场及商标权体系的完善。

 复习思考题

1. 填空题

（1）知识产权从本质上说是一种_____，它的客体是智力成果或知识产品，是一种无形财产或者一种没有形体的精神财富，是创造性的智力劳动所创造的劳动成果。

（2）著作权的_____主要是指他人没有通过权利人的认可，不能够使用并享受著作权。

（3）网络范畴内的著作权和传统的著作品一样，著作权人可以依法享有_____、发表权、署名权、发行权等。

（4）_____是指任何一项专利权只有依照一定的地域内的法律才得以产生并在该地域内受到法律保护。

（5）_____是确认商标专用权，规定商标注册、使用、转让、保护和管理的法律规范的总称。

2．简答题

（1）什么是电子商务知识产权？

（2）什么是网络著作权？

（3）专利权的授权条件是什么？

（4）什么是商标权？

（5）商标权的侵权行为有哪些？

第6章
电子商务中的消费者权益保护

随着电子商务的发展和网上交易的日益普遍,电子商务交易中心对消费者权益的保护问题也不可避免地凸显出来。加强消费者合法权益保护,对于维护社会经济秩序、促进市场经济健康发展,具有十分重要的意义。

【学习目标】

(1)了解消费者权益保护法的概念、法律特征及其适用范围。
(2)熟悉电子商务中对消费者权益的保护。
(3)掌握电子商务中的个人信息的保护。

【思政讨论】

2020年5月29日,杜某在张某经营的某网络店铺购买了一台iPhone XR 128GB黑色手机(官方标配款),该商品详情界面显示官方标配款为全新单机,且广告语中明确载明"拒绝假货,拒绝翻新机"等。杜某收到手机后,因NFC功能无法正常使用,于2020年8月11日至9月12日和客服人员交涉手机质量事宜。因维修进程迟缓,杜某向张某主张退款,张某以超过退款时限为由不予同意。杜某通过淘宝平台介入申请退款但未果。之后,杜某向苹果官方客服电话询问该手机序列号对应的手机参数,客服回复称该序列号对应的手机为iPhone XR 64GB红色手机。杜某还通过网上验机、微信号验机,结论均为该序列号对应的手机为iPhone XR 64G红色手机。杜某起诉要求张某退还其货款3288元,并主张张某按照货款的3倍向其赔偿9864元。

讨论:

(1)上述案例中,杜某的主张能否得到法院的认可?为什么?

(2)上述案例中,杜某的哪些做法值得消费者借鉴?作为消费者,在遇到权益被侵犯时,我们应该如何做?

6.1　电子商务与消费者权益保护法

【知识目标】

(1)了解消费者权益保护法的相关知识。

(2)了解电子商务中对消费者权益保护的相关知识。

(3)掌握消费过程中发生争议的解决方法。

(4)掌握侵害消费者权益的法律责任。

【技能目标】

(1)能够运用相关法律知识对电子商务中的消费者权益进行保护。

(2)能够运用相关法律知识解决消费过程中发生的争议。

(3)能够明确说出侵害消费者权益的法律责任有哪些。

6.1.1　消费者权益保护法

1. 消费者权益保护法的概念

消费者权益是指作为消费者在参与生产、生活消费过程中所享有的必要合法权益。保护消费者的合法权益是当代市场经济体制下较为重要的一环,不仅有利于消费者自身的权益保护,还会以此惩戒不良经营者的不法行为,推动社会主义市场经济的平稳运行。

消费者权益保护法是指消费者依法享有的权利,以及该权利受到保护时给消费者带来的应得的利益。

小常识

消费者权益的内容

在现代市场经济中,国家依照社会经济运行的需要和市场上消费者的主体地位,制定明确的立法,这就使消费者权益不仅是一种公认约定和公认的规范,还得到了国家法律的确认和保护。早在20世纪60年代初,国际消费者联盟就已确定了消费者有下列基本权利。

(1) 安全保障权:是指消费者在购买、使用商品或接受服务时,所享有的保障其人身、财产安全不受损害的权利。具体包括两个方面:一是人身安全权,二是财产安全权。

(2) 知悉真情权:是指消费者知悉其购买使用的商品或者接受的服务的真实情况的权利。

(3) 自主选择权:是指消费者享有自主选择商品或者服务的权利。

(4) 公平交易权:是指消费者在购买商品或者接受服务时所享有的获得质量保障和价格合理、计量正确等公平交易的权利。

(5) 依法求偿权:是指消费者因购买、使用商品或接受服务受到人身、财产损害时,依法享有的要求获得赔偿的权利。

(6) 求教获知权:是从知悉真情权中引申出来的一种消费者的权利,是指消费者所享有的获得有关消费和消费者权益保护方面的知识的权利。

(7) 依法结社权:是指消费者享有的依法成立维护自身合法权益的社会团体的权利。

(8) 维护尊严权:是指消费者在购买商品或者接受服务时所享有的其人格尊严、民族风俗习惯得到尊重的权利。

(9) 监督批评权:是指消费者享有的对商品和服务,以及保护消费者权益工作进行监督的权利。

2. 消费者权益保护法的法律特征

1) 消费者权益保护法以消费者权益为特定保护对象

我国出台的《中华人民共和国消费者权益保护法》(以下简称《消费者权益保护法》)维护了广大消费者的合法权益,对生产经营活动进行了一定约束,这是其最为本质的特点,也是其区分于其他法规的重要标志。只要是以消费者作为主体的法律,都能够纳入保护法的范围。《消费者权益保护法》所维护的权益包含人身权和财产安全权。

(1) 人身权就是人们对自身生命、健康、形象、安全等不受经营主体不法侵害的权利。

(2) 财产安全权就是人们所拥有的财产在交易环节中不会受到不法损害的权利。

2) 消费者权益保护法多为强制性、禁止性规范

所谓强制性规范,就是立法所明确的权利、义务有着绝对肯定的方式,严禁当事人之间彼此协议和任意一方进行更换。所谓禁止性规范,就是不允许做出相应行为的规定。这两种规范都反映了我国对某类法律关系的固定化与对侵害此种法律关系的遏制。我国

出台的《消费者权益保护法》就是以维护广大人民群众的消费合法利益作为任务的，必定会使用这两种规范的方式来反映此种问题。

3）消费者权益保护法的法律规范具有综合性

（1）《消费者权益保护法》对一系列社会关系进行了调节，主要包含消费者和经营者之间的联系、国家和消费者之间的联系、国家和经营者之间的联系等。

（2）《消费者权益保护法》不仅规定了消费者的权益，明确了经营者的义务，还包含了消费者冲突处理等方面的内容，这体现了实体法与程序法的结合。

（3）《消费者权益保护法》中要求的法律规范有着较强的综合性特征。因为侵害人们合法消费权利的行为表现为各类形式，在某种意义上轻重有所差别，所以，一般民事责任、行政责任与刑事责任均涉及其中。

4）《消费者权益保护法》具有预防和救助的功能

这部法规对人们合法消费权益的维护普遍利用下面两种方式加以解决。

（1）利用对各类产品质量规范、安全卫生规范、产品标识、广告推广等方面的规定避免侵害人们合法权益的行为出现，如我国颁布的各类计量规范与质量规范等。

> **知识拓展**
>
> **保护消费者权益的意义**
>
> 1. 保护消费者权益有利于鼓励公平竞争，限制不正当竞争
>
> 损害消费者权益的行为实际上就是不正当竞争行为，必须限制和打击。如果放任经营者损害消费者利益，就会使广大合法、诚实的经营者的利益受到损害，污染竞争环境。
>
> 2. 保护消费者权益有利于提高人民的生活水平和生活质量
>
> 通过保护消费者权益，让消费者能够购买到称心如意的商品和服务，就是提高了人民的生活水平。试想，一个消费者在购买商品和服务时如果不能自由选择，而买到了假冒伪劣产品，如果他买到不合格产品而商店拒绝退换，甚至受到商店的欺骗时，他们会是一种什么感觉？这种情况下，尽管商品数量充足，同样是生活水平低下，生活质量下降。
>
> 3. 保护消费者权益有利于提高企业和全社会的经济效益
>
> 目前，假冒伪劣产品充斥于市，服务质量不高的原因虽然是多方面的，但是缺乏对消费者权益的强有力的保护，缺乏对损害消费者权益的行为严厉打击和惩罚也是一个重要因素。如果政府能够切实保护消费者权益，那么，那些靠制造假冒伪劣产品，靠欺骗消费者赚钱的企业和个人就无法生存下去。大多数企业的合法权益也可以得到充分保护，从而在全社会形成一种靠正当经营、正当竞争来提高经济效益的良好商业道德。这样就有利于促使企业努力加强管理，不断提高产品质量和服务质量，提高经济效益，推动社会进步。

（2）利用法规对人们提供帮助，在侵害行为出现之后尽量弥补其中的损失，如《消费者权益保护法》中对消费者纠纷解决方式的规范。从上述分析能够发现，这部法规有

预防与救济两种不同的作用。

3. 消费者权益保护法的适用范围

《消费者权益保护法》的适用范围是指消费者与销售假冒伪劣产品的不法商家之间发生的一切纠纷，大部分情况下消费者与商家之间所发生的冲突可通过《消费者权益保护法》解决，但以下3类具有较大的争议。

1）教育的消费属性探讨

从根本上讲，教育被视为一种高层次的文化消费形式。它涉及对人的全面培养和技能锤炼。在我国，九年制义务教育作为公益性质的公共产品，由政府提供，故不纳入消费范畴。然而，对于非学历教育和非公益性质的教育服务，它们更多体现了消费属性，因为这些教育往往基于学校与学生的教育契约，学校以营利为目的提供服务，而学生则消费这些服务。随着社会对复合型人才需求的激增，技能教育市场展现出巨大潜力，这类教育明确属于消费领域。

2）医疗服务的消费性质辨析

关于医疗是否构成消费，应区分营利性与非营利性医疗服务。在营利性医疗领域，医患关系复杂，包括合同关系及可能的侵权关系等。鉴于医疗服务的特殊性和患者的相对弱势地位，《消费者权益保护法》需特别关注服务价值与支付费用的对等性及医疗服务的合规性；同时，应结合我国医疗体制特性及医患关系的特殊性，制定专门的医疗行业规范，以全面保护患者、医生及医疗机构的权益。此外，医用器械与药品的销售活动，应明确纳入《消费者权益保护法》的监管范围。

3）金融服务的消费属性及保护

鉴于金融领域的专业门槛高且服务常存不足，金融消费者往往处于不利位置，其权益保护较其他行业更为艰难。因此，构建一套专为金融消费者与金融机构设计的行业法规与服务标准是当务之急。这要求我们结合我国金融业的快速发展特点，吸收国际先进经验，构建一套独特的法律体系，旨在有效保护金融消费者利益，同时规范金融服务行业，促进健康可持续发展。

4. 消费者权益保护法的主要内容

1）消费者的权利

（1）安全保障权。消费者在购买、使用商品和服务时有人身、财产安全不受损害的权利。消费者有权要求经营者提供的商品和服务，符合保障人身、财产安全的要求。

（2）知悉真情权。消费者享有知悉其购买、使用的商品或者接受的服务的真实情况的权利。消费者有权根据商品或者服务的不同情况，要求经营者提供商品的价格、产地、生产者、用途、性能、主要成分、生产日期、有效期限、使用方法说明书、售后服务，或者服务内容、规格费用等有关情况。

（3）自主选择权。消费者享有自主选择商品或者服务的权利。消费者有权选择提供商品的经营者，自主选择商品品种或者服务方式，自主决定购买或者不购买任何一种商品、接受或者不接受任何一项服务。消费者在自主选择商品或者服务时，有权进行比较、鉴别和挑选。

（4）公平交易权。消费者享有公平交易的权利。消费者在购买商品或者接受服务时，有权获得质量保障、价格合理、计量正确等公平交易条件，有权拒绝经营者的强制交易行为。

（5）获得赔偿权。消费者因购买、使用商品或者接受服务受到人身、财产损害的，享有依法获得赔偿的权利。

（6）结社权。消费者享有依法成立维护自身合法权益的社会组织的权利。

> **小常识**
>
> **结社权**
>
> 结社权是指消费者依法成立维护自身合法权益的社会组织，是公民结社权在消费者权益保护法中的具体化。消费者依法定程序自发、自主结社，政府对此不应限制。消费者组织是沟通政府和消费者的桥梁，消费者组织可以向消费者提供消费信息和咨询服务，受理消费者的投诉，形成对经营者的社会监督，政府在制定有关消费者方面的政策和法律时，应征求消费者组织的意见。

（7）知识获得权。消费者享有获得有关消费和消费者权益保护方面的知识的权利。消费者应当努力掌握所需商品或者服务的知识和使用技能，正确使用商品，提高自我保护意识。

（8）受尊重权。消费者在购买、使用商品或者接受服务时，享有人格尊严、民族风俗习惯得到尊重的权利，享有个人信息依法得到保护的权利。

（9）监督批评权。消费者享有对商品和服务及保护消费者权益工作进行监督的权利。消费者有权检举、控告侵害消费者权益的行为和国家机关及其工作人员在保护消费者工作中的违法失职行为，有权对保护消费者权益工作提出批评、建议。

2）经营者的义务

（1）经营者向消费者提供商品或者服务，应当履行法定和约定的义务。

（2）经营者应当听取消费者对其提供的商品或者服务的意见，接受消费者的监督。

（3）经营者应当保证其提供的商品或者服务符合保障人身、财产安全的要求。

（4）经营者应当向消费者提供有关商品或者服务的真实信息，不得做引人误解的虚假宣传。

（5）经营者应当标明其真实名称和标记。

（6）经营者提供商品或者服务，应当按照国家有关规定或者商业惯例向消费者出具购货凭证或者服务单据；消费者索要购货凭证或者服务单据的，经营者必须出具。

（7）经营者应当保证其提供的商品或者服务应当具有的质量、性能、用途和有效期限。

（8）经营者提供商品或者服务，按照国家规定或者与消费者的约定，承担包修、包换、包退或者其他责任的，应当按照国家规定或者约定履行，不得故意拖延或者无理拒绝。

（9）经营者不得以格式合同、通知、声明、店堂告示等方式做出对消费者不公平、不合理的规定，或者减轻、免除其损害消费者合法权益应当承担的民事责任。

（10）经营者不得对消费者进行侮辱、诽谤，不得搜查消费者的身体及其携带的物品，不得侵犯消费者的人身自由。

6.1.2 电子商务中对消费者权益的保护

1. 电子商务中消费者权益保护内容

网络电子商务消费模式下，消费者权益主要包含 5 个方面，而具体涉及保护内容，应从接入网络开始直至消费行为结束。

1）互联网接入服务保护

电子商务经济活动开展依托于网络数据，因此，消费者参与网上消费活动需要接入用户电子商务门户相关网络平台。但受网络自身性质影响，导致部分电子商务网络服务商在开展经济活动中缺乏对消费者权益的重视和保护，进而导致出现多种矛盾问题，影响了消费者对电子商务消费的信任。因此，应在电子商务网络服务方面制定新的法律条例，加强对消费者进入电子商务网络的保护，提升其消费安全感。

2）消费者隐私保护

在虚拟网络的世界里，增强对消费者个人隐私的保护力度，是有效抵御其经济利益受损风险的关键。当前，电子商务活动普遍要求消费者提供个人信息，但这也为不法分子提供了可乘之机，他们利用各种手段窃取用户数据，造成信息安全漏洞，直接威胁到消费者的经济利益。鉴于电子商务领域在消费者隐私保护方面的法律保障尚显不足，我国立法机构应迅速行动，加快制定和完善关于电子商务中消费者隐私保护的法律规范，特别是要关注并加强对消费者身份证号、手机号码、家庭地址及财务账户等敏感信息的法律保护，确保消费者在享受电商便利的同时，个人隐私得到全面、有效的法律保护。

3）消费者安全交易保护

网络贸易和网络经济发展以电子商务为基础，而电子商务活动和经济效益与消费者及其消费行为密切相关，提升消费者在交易过程中的保护力度和效果，利于提升消费者对电子商务消费渠道的信任与认可，促进电子商务发展。鉴于网络支付与个人账户的紧密关联，交易风险一旦爆发，不仅损害消费者权益，更可能引发经济损失，阻碍电商生态健康发展。因此，需强化对交易全程的安全监控，及时应对网络威胁，并辅以法律武器，制定专项法律文件，为电商交易中的消费者权益撑起保护伞。

4）消费者信息知情权保护

电商平台的虚拟性易滋生信息迷雾，商家利用虚假宣传误导消费者，损害市场诚信。法律体系的完善是破局之道，需加大对欺诈行为的法律约束力，减少不实信息对消费者的侵害，确保消费者能在透明、真实的环境中做出消费决策。

5）消费者商务评论保护

我国已有法律明确规定，公民在法律允许范围内依法享有言论自由权，因此，在电子商务活动中，即便经济活动存在特殊性、虚拟性，也应保证公民基本权利，维护好消费者的基本利益。在电子商务经济活动中，部分商家为保证自身平台形象，经常会删除或雇用"刷手"顶下差评，这既侵害了消费者的言论自由权，又影响了潜在消费者对商品真实信息的知情权。因此，法律方面应重视对电子商务中产品评价的保护力度，在保证消费者不对商家恶意评价的前提下，保证其对产品评价合法性。

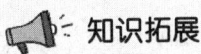

电子商务中消费者权益保护亟待解决的问题

1. 网络支付安全问题

网上交易的付款一般采用电子支付手段，伴随网络的开放性这一特点而来的另一弊端就是给消费者的交易带来风险，大大增加了消费者财产遭受不法侵害的概率。

首先，由于网上支付时交易企业通常会获取消费者提供的信用卡账号等个人资料，这就难以避免一些不良企业会利用其获得的消费者信息采取手段盗取消费者的货款，或者将收集的消费者的网上支付信息无意或有意泄露给第三者，间接给消费者带来交易风险。

其次，支付系统容易被不法分子非法入侵或者遭受病毒攻击，这种情况下一旦消费者的账号密码被破解，将导致电子货币被盗，造成财产损失。

2. 隐私权保护问题

随着信息技术的发展，获得信息越来越具有广泛性和容易性。利用互联网进行的个人电子商务活动与传统的商务活动截然不同，注册网站在消费者注册使用其网站时往往需要消费者向其提供相关个人信息（包括姓名、出生年月日、身份证号、住址、婚姻状况、财产状况等）及个人数据（电子邮箱、网上银行个人账号、密码）等，在网络环境下，这些个人信息、个人数据所面临的被他人取得、泄露的风险无疑是巨大的。

而且很多网站实际上并没有采取有效、稳妥的措施对消费者的个人信息、个人数据予以存储，以防止非法侵入与盗取，更有甚者还擅自将用户信息出卖给其他网站以牟取暴利，一旦发生上述情形，消费者的信用卡账号和密码、消费者的上网习惯、网络活动踪迹及消费者计算机存储的信息等个人数据及隐私等一系列信息都面临着被利用与侵犯的危险，而网络侵权行为的发生无疑会削弱电子商务交易的诚信基础，势必影响电子商务交易的长远发展。

2. 电子商务消费者权益保护法律应对策略

1）消费者基本权利保护对策

（1）消费者知情权。为保护电子商务中消费者知情权，《消费者权益保护法》第二十八条规定："采用网络、电视、电话、邮购等方式提供商品或者服务的经营者，以及提供证券、保险、银行等金融服务的经营者，应当向消费者提供经营地址、联系方式、商品或者服务的数量和质量、价款或者费用、履行期限和方式、安全注意事项和风险警示、售后服务、民事责任等信息。"由于网络经营者无实体经营场所，甚至未在工商部门登记注册，为保证消费者知情权，法律法规中应明确规定，需要商家通过图片和文字等提供商品与消费服务说明，便于消费者了解商家的资历和信用情况。

（2）加强对消费者隐私权保护。《消费者权益保护法》第二十九条第二款规定："经营者及其工作人员对收集的消费者个人信息必须严格保密，不得泄露、出售或者非法向他人提供。经营者应当采取技术措施和其他必要措施,确保信息安全,防止消费者个人信息泄露、丢失。在发生或者可能发生的信息泄露、丢失的情况时应当立即采取补救措施。"法律条例中明确规定了消费者隐私方面的保护,经营者必须履行对电子数据信息保密业务,保护消费者隐私权。同时因为法律中并未明确规定责任问题,所以,立法部门应对其进行完善,确定相应法律责任。另外,在消费者隐私保护中,网络监管部门应加强管理力度,加快网络安全技术开发,营造安全网络运行环境,提升网络数据的完整性、机密性和有效性,并利用宣传、普法栏目等手段,提升网络消费者的隐私安全意识。

(3)完善网络争端解决机制。在电子商务活动中,争端是较为常见的问题,为提升解决效率,应建立并完善争端解决机制。在电子信息发展背景下,应利用计算机和网络技术,通过替代性争议解决方式,如网上协商、投诉、调解及仲裁等,提升争端处理效率。但当前网络争端解决方式缺乏强制性,部分经营者甚至在争端处理后不根据要求履行责任。因此,有关部门应针对消费者争端全方面建立相应民间调解组织,并完善电子商务争端解决机制,根据相应法律规定迅速处理存在的纠纷,加强对消费者合法权益的保护。

2)建立信用保障体系

网络虚拟经济属于具有实质性信用经济,而虚拟经济发展先决条件是社会信用体系。在现阶段,电子商务中存在很多消费纠纷问题,而导致多方面问题出现的根源则是在交易环节中缺乏信息体系保障和约束,进而使得消费者在求偿权方面难以得到保障,因此,应加快建立信用保障体系。

(1)立法部门应结合实际情况,加快电子商务信用监督机制建立,以此加强对网络交易者的约束和制约。

(2)加快完善电子商务信用监督机制,利用信用服务平台进行监管,发挥其在网络经济贸易中的监督作用,找出存在的信用问题并及时进行处理。

(3)发挥正确舆论导向作用,利用法律手段对商家经营态度进行约束,在潜移默化中帮助商家养成正确经营价值观。

(4)建立网络数据信息库,保证商家和消费者之间信息的对等性。

3)落实电子商务工商管理登记

通过电子商务工商管理登记,利于保证进入市场中商家资质,减少不良商家。在对消费者权益进行保护中,为提升对其权益保障效果,应加快落实电子商务工商管理登记,加强对电子商务商家信息掌握程度。现阶段,我国关于电子商务工商管理登记尚未进行明确规定,缺乏系统性和具体性法律文件。因此,应采用电子商务工商管理登记方式进行统一有效管理,以此加强对电子商务管理,保证电子商务经济贸易活动开展的稳定性,一旦发现损害消费者权益的行为,应根据相应法律条例进行严格处理。

6.1.3 消费过程中发生争议的解决

1. 争议解决的途径

(1)与经营者协商和解。
(2)请求消费者协会调解。

（3）向有关行政部门申诉。
（4）根据与经营者达成的仲裁协议提请仲裁机构仲裁。
（5）向人民法院提起诉讼。

> **小常识**
>
> 连带责任
>
> 连带责任又称"连带债务"，是"民事责任"的一种，指数个债务人就同一债务各负全部给付的一种责任形式。即债权人可对债务人中的一人、数人或全体，同时或先后请求全部或部分给付的一种债务形式。如合伙债务的债权人，对于合伙成员的一人、数人或全体，均可请求其同时或先后，部分或全部地清偿合伙债务。

2. 解决争议的特定规则

1）消费者可以向任何一方经营者提出请求，即经营者之间承担连带责任

（1）当消费者在商品购买与使用环节中遭遇权益受损，有权向销售方提出赔偿请求。若赔偿责任最终归咎于生产者或供货给销售者的其他销售方，则已进行赔偿的销售方拥有向责任方追偿的权利。

（2）使用他人营业执照的违法经营者提供商品或者服务，损害消费者合法权益的，消费者可以向其要求赔偿，也可以向营业执照的持有人要求赔偿。

2）消费者必须先向特定一方提出赔偿请求

（1）消费者在商品购买、使用或服务接受过程中，若权益受损且原企业经历分立、合并，可向变更后继承其权责的企业提出赔偿要求。

（2）消费者在展销会、租赁柜台交易中权益受损，可首先向直接的销售者或服务者索赔。若展销会闭幕或柜台租赁期满，消费者仍有权向展销会主办方、柜台出租方追索赔偿。主办方与出租方在履行赔偿后，保留向原销售者或服务者追偿的权利。

（3）当消费者因经营者发布的虚假广告而权益受损时，有权向该经营者索赔。若广告经营者也参与了虚假广告的发布，消费者可请求行政管理部门进行处罚。若广告经营者未能提供经营者真实信息，则需承担相应的赔偿责任。

6.1.4 侵害消费者权益的法律责任

《消费者权益保护法》第五十条规定："经营者侵害消费者的人格尊严、侵犯消费者人身自由或者侵害消费者个人信息依法得到保护的权利的，应当停止侵害、恢复名誉、消除影响、赔礼道歉，并赔偿损失。"

（1）侵犯消费者健康权的，即造成消费者或者其他受害人人身伤害的，那么经营者承担的责任就是支付医疗费、治疗期间的护理费、因误工减少的收入等费用，造成残疾的，还应当支付残疾者的生活自助费、生活补助费、残疾赔偿金，以及由其抚养的人所必需的生活费等费用；构成犯罪的，依法追究刑事责任。

（2）侵犯消费者生命权的，即造成消费者或者其他受害人死亡，那么经营者要承担支付丧葬费、死亡赔偿金，以及由死者生前抚养的人所必需的生活费等费用；构成犯罪的，依法追究刑事责任。

（3）侵犯消费者人格尊严或者侵犯消费者人身自由的，应当停止侵害、恢复名誉、消除影响、赔礼道歉，并赔偿损失。

6.2 电子商务中的个人信息保护

【知识目标】

（1）了解个人信息的基本知识。
（2）熟悉个人信息权的相关知识。
（3）掌握电子商务个人信息保护的原则。
（4）掌握电子商务中个人信息侵权的相关知识。

【技能目标】

（1）能够说出电子商务个人信息的保护原则有哪些，并能够利用这些原则保护电子商务个人信息。
（2）能够识别电子商务中个人信息侵权行为。

6.2.1 个人信息基本知识

1. 个人信息的概念界定

我国法律并没有对个人信息进行明确定义。经过查阅相关资料，笔者发现国际上关于个人信息的概念界定主要有以下3种。

第一种观点认为个人信息即特定个人的一切信息，不仅限于姓名、性别、年龄、家庭背景、住址及联系方式等私密范畴，更拓展至外在成就如荣誉奖项、职业历程乃至社会地位等。然而，此界定过于宽泛，若将所有此类信息均纳入法律保护的范畴，显然缺乏实践操作的可行性，显得不切实际。

第二种观点将个人信息视为一种隐私，将其定义为个体不愿与亲友圈外之人共享的信息。此观点着重于信息主体的个人意愿与信息的隐秘性质，即只有当某信息为信息主体所不欲公众知晓时，它才被视为个人信息的一部分。

第三种观点被大多数人认同，认为个人信息是能够将信息主体从公众中识别出来的信息。大多数国家和地区的立法在个人信息的定义上都体现了这一观点。例如，日本的《个人信息保护法》规定，个人信息就是能够把一个人与其他人分别出来的信息，如性别、出生年月日、姓名等，这些信息的集合便是一个个人信息数据库。

目前我国通行说法大致与第三种观点相似，一般认为个人信息就是自然人的姓名、性别、出生年月日、家庭状况、工作履历、财务状况等可以识别特定信息主体的客观信息的总和。

2. 个人信息的分类

根据不同的标准，个人信息可以分为不同的类型。
（1）以能否直接识别本人为标准，个人信息可以分为直接个人信息和间接个人信息。

① 直接个人信息是指可以单独识别本人的个人信息，如身份证号码、基因等。

② 间接个人信息是指不能单独识别本人，但和其他信息结合可以识别本人的个人信息。

这种分类的法律意义在于可表明间接个人信息属于个人信息的一种，同样应受到法律的保护。

（2）以个人信息是否涉及个人隐私为标准，个人信息可以分为敏感个人信息和琐细个人信息。

① 敏感个人信息是指涉及个人隐私的信息。

② 琐细个人信息是指不涉及个人隐私的信息。

这种分类的法律意义在于琐细信息与敏感信息的保护方式与程度不同。

（3）以个人信息的处理技术为标准，可以将个人信息划分为计算机处理个人信息和非计算机处理个人信息。其中，计算机处理是指利用计算机或自动化机器输入、存储、编辑、更正、检索、删除、输出、传输或其他处理。这种分类的法律意义在于计算机处理的个人信息更容易受到伤害。

（4）以个人信息是否公开为标准，可以分为公开个人信息和隐秘个人信息。

① 公开个人信息是指通过特定、合法的途径可以了解和掌握的个人信息。

② 隐秘个人信息是指不公开的个人信息。

（5）以个人信息的内容为标准，个人信息可以分为属人的个人信息和属事的个人信息。

① 属人的个人信息反映的是个人信息本人的自然属性和自然关系，主要包括本人的生物信息。

② 属事的个人信息反映的是本人的社会属性和社会关系，它反映出本人在社会中所处的地位和扮演的角色。

此外，个人信息还可以分为纳税信息、福利信息、医疗信息、刑事信息、人事信息和户籍信息等，不同信息的具体保护方式也不相同。

> **知识拓展**
>
> **《中华人民共和国个人信息保护法》中个人信息处理的基本原则**
>
> 《中华人民共和国个人信息保护法》（以下简称《个人信息保护法》）自2021年11月1日起正式施行。该法系统性地回应了当前个人信息保护面临的复杂问题和严峻挑战，明确了个人信息处理的基本原则，有利于更好地规范个人信息处理活动，促进个人信息合理利用。
>
> 1. 合法正当诚信原则
>
> 处理个人信息应当遵循合法、正当、诚信原则，不得通过误导、欺诈、胁迫等方式处理个人信息。任何组织、个人不得非法收集、使用、加工、传输他人个人信息，不得非法买卖、提供或者公开他人个人信息；不得从事危害国家安全、公共利益的个人信息处理活动。
>
> 2. 处理必要原则
>
> 《个人信息保护法》对个人信息的收集范围、处理方式、保存期限等进行了严格限制。收集个人信息，应当限于实现处理目的的最小范围。处理个人信息应当采取

对个人权益影响最小的方式。除法律、行政法规另有规定外，个人信息的保存期限应当为实现处理目的所必要的最短时间。在公共场所安装图像采集、个人身份识别设备，应当为维护公共安全所必需。

3. 目的特定原则

处理个人信息应当具有明确、合理的目的，并应当与处理目的直接相关。个人信息的处理目的发生变更的，应当重新取得个人同意。受托人应当按照约定处理个人信息，不得超出约定的处理目的处理个人信息。因合并、分立、解散、被宣告破产等原因需要接收个人信息的接收方，变更原先的处理目的的，应当重新取得个人同意。在公共场所安装图像采集、个人身份识别设备，所收集的个人信息，除非取得个人单独同意，只能用于维护公共安全的目的，不得用于其他目的。

4. 知情同意原则

知情同意是《个人信息保护法》规定的个人信息处理活动最重要的合法性基础。除了包括该法在内的法律、行政法规有特殊规定的，处理个人信息还应当取得个人的同意。基于个人同意处理个人信息的，该同意应当由个人在充分知情的前提下自愿、明确做出。个人信息处理者公开其处理的个人信息、处理敏感个人信息、向境外提供个人信息的，应当取得个人的单独同意。

5. 个体参与原则

个人有权要求个人信息处理者对其个人信息处理规则进行解释说明。个人信息处理者应当建立便捷的个人行使权利的申请受理和处理机制。拒绝个人行使权利的请求的，应当说明理由。通过自动化决策方式做出对个人权益有重大影响的决定，个人有权要求个人信息处理者予以说明。

3. 个人信息的价值

1）人格尊严价值

个人信息是"可以识别个人身份的信息"，作为个人人身、行为状态的数据化表示，是个人自然痕迹和社会痕迹的记录。个人信息指向信息主体，能够显现个人的生活轨迹，勾勒出个人人格形象，作为信息主体的外在标志，形成个人"信息化形象"。在现代信息技术下，每个人都会留下信息痕迹，现代化信息技术可以将碎片化的信息整合，勾勒出个人的形象图。一旦信息累积到一定程度，被他人掌握的个人信息越来越多，个人被他人操纵的恐慌和疑虑就会增加，所以，保护自己的个人信息，防止被别人利用是人作为主体的人格尊严和自由价值的体现，个人信息保护应首先考虑这一价值。

2）商业价值

个人信息的内核实为无形资产，承载了财产的特质。在市场需求的驱动下，信息自然展现出其固有的价值。市场策略的制定与产品的创新，均深植于对个人信息的深度挖掘与应用之中。经营者凭借对消费者个人信息的广泛搜集与积累，能够精准捕捉消费趋势与偏好，从而高效推进产品与服务的定制化进程，极大提升了市场响应速度。在电子商务领域，网络用户个人信息更是成了商业价值的源泉，其蕴含的经济潜力被充分挖掘并转化为市场优势。网站运营者构建平台的初衷，即通过满足用户信息需求或提供其他增值服务来实现盈利，而盈利规模往往与网站访问量息息相关。为提升访问量，运营者会依据用户多元化需求，推出个性化服务，以增强用户黏性。通过对用户年龄层、消费诉求、个人偏好及浏览历史等数据的精细分析，运营者能更精准地把握用户需求，进而优化服务体验，实现用户数据与经济效益的双赢。用户数据不仅是服务改进的风向标，更是运营者实施精准营销、促进业务增长的重要工具。合理且必要的个人信息收集与利用，不仅为社会所接受，更是推动医疗、保险等行业健康发展的关键力量。

3）公共管理价值

公共秩序维护、公共安全和公共福利的推进都离不开以个人信息为基本单位的数据库的支撑，通过对个人信息的处理和利用，政府可以实现科学和理性的决策，更好地推进公共管理和公共服务。此外，与犯罪有关的个人信息对于提高政府执法效率，有效打击犯罪和保障人权具有重要的价值。我国公安部门掌握了大量的个人信息数据库，包括人口信息管理、出入境信息、DNA数据信息等。此外，国家统计、税务等管理部门也掌握着大量的个人信息。我国电子政府建设都离不开对个人信息资源的正当利用。

4. 电子商务中消费者个人信息的特征

在电子商务领域，消费者的个人信息除具有以特定自然人为主体、识别功能等个人信息的共性外，还有其独有的特点，主要体现在以下两点。

（1）在电子商务领域内，消费者个人信息的界定具有明确界限，并非任何能够辨识个体的数据均可囊括其中。具体而言，仅当消费者的姓名、居住地址、通信手段及银行卡资料等直接关联交易流程的个人信息，方被视为电子商务消费者个人信息的核心组成部分。简而言之，唯有在电子商务交易环节中涉及并使用的消费者个人信息，才归属于此特定范畴。

（2）在电子商务环境下，消费者的个人信息蕴含着不容忽视的经济价值。每当消费者进行购物活动时，其姓名、住址、联系方式乃至消费偏好等敏感信息便会被电子商务企业所获取。若企业能够善用这些信息，深入洞察消费者的实际需求与偏好，便能精准施策，实现商业利益的最大化。因此，消费者的个人信息对于电子商务企业而言，不仅是服务优化的基石，更是商业价值挖掘的宝贵资源。

6.2.2 个人信息权

1. 个人信息权的概念

在我国对个人信息进行表述的条文中，只是宣告了个人信息的法律保护，以及明确了有可能侵犯个人信息的各种方式或者说是对个人信息的保护列出了"负面清单"，并没有对个人信息进行立法上的定义，因此，有必要对个人信息的具体概念，以及其与隐私权的概念进行区分。

这也是从学理上厘清个人信息权这一概念从而给出了立法上进行如此保护的理由。中国人民大学王利明教授明确提出个人信息权是一项单独的民事权利。他从权利的一般概念入手阐述了个人信息指自然人的姓名、性别、年龄、民族、婚姻、家庭、教育、职业、住址、健康、病历、个人经历、社会活动、个人信用等足以识别该人的信息。个人信息涉及的范围非常广泛，既包括个人的直接识别和间接识别的信息，也包括其家庭的相关信息，如配偶、子女的出生年月日、身高、体重、出生地、种族等，并指出个人对个人信息是一种法律上控制的权利，而且这一控制本身就是一种利益的体现，其构造同民法上的其他人格权一样属于绝对权。接着又通过权利属性的界定和完善法律保护方面说明了承认个人信息权是一项人格权并对其进行基础性保护的必要性。德国的信息自决权理论在个人信息权被归于人格权中起到了重要作用。

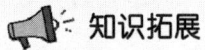

个人信息权与隐私权的相似点

个人信息权和隐私权在以下4个方面具有相似点。

1. **两者的权利主体都仅限于自然人，而不包括法人**

从隐私权的权利功能来看，其主要是为了保护个人私人生活的安宁与私密性，因此，隐私权的主体应当限于自然人，法人不享有隐私权，法人所享有的商业秘密是作为财产权的内容加以保护的。同样，个人信息的权利主体限于自然人。因为个人信息指自然人的姓名、性别、年龄、民族、婚姻、家庭、教育、职业、住址、健康、病历、个人经历、社会活动、个人信用等足以识别该人的信息。这些信息都具有可识别性，即能直接或间接指向某个特定的个人。虽然在个人信息法律关系中，相关信息的实际控制者可能是法人，但是其并非个人信息权的权利主体。法人的信息资料不具有人格属性，法人不宜对其享有具有人格权性质的个人信息权，侵害法人信息资料应当通过《中华人民共和国知识产权法》（以下简称《知识产权法》）或《中华人民共和国反不正当竞争法》（以下简称《反不正当竞争法》）予以保护。

2. **两者都体现了个人对其私人生活的自主决定**

无论是个人隐私还是个人信息，都是专属自然人享有的权利，而且都彰显了一种个人的人格尊严和个人自由。就隐私而言，其产生的价值基础就是人格尊严和人格自由发展的保护。隐私体现了对"个人自决""个性""个人人格"的尊重和保护。而就个人信息而言，其之所以日益获得强化的保护，也与其体现了人格尊严和人格自由存在密切关系，个人信息常常被称为"信息自决权"，同样体现了对个人自决等人格利益的保护。

3. **两者在客体上具有交错性**

隐私和个人信息的联系如下：一方面，许多未公开的个人信息本身就属于隐私的范畴。事实上，很多个人信息都是人们不愿对外公布的私人信息，是个人不愿他人介入的私人空间，不论其是否具有经济价值，都体现了一种人格利益。另一方面，部分隐私权保护客体也属于个人信息的范畴。尤其应当看到，数字化技术的发展使得许多隐私同时具有个人信息的特征，如个人通信隐私甚至谈话的隐私等，都可以通过技术的处理而被数字化，从而可能因具有身份识别的特征而被纳入个人信息的范畴。某些隐私虽然要基于公共利益而受到一定的限制，如个人的房产信息在一定范围内要进行查阅，但并不意味着这些信息不再属于个人信息，许多个人信息都属于个人隐私的范畴。如果说隐私权是应对新闻自由而生的，那么个人信息权则可以说是应对信息社会与信息技术而生的。

4. 两者在侵害后果上具有竞合性

竞合性是指行为人实施某一行为可能同时造成对多种权利的侵害，从而形成多种权利受侵害、产生责任竞合的现象。一方面，随意散播具有私密性特征的个人信息，可能会同时涉及对隐私的侵犯。另一方面，从侵害个人信息的表现形式来看，侵权人多数也采用披露个人信息方式，从而与隐私权的侵害非常类似。所以，在法律上并不能排除这两种权利的保护对象之间的交叉，或许正是基于这一原因，在我国司法实践中，法院经常采取隐私权的保护方法为个人信息的权利人提供救济。

2. 个人信息权的内容

个人信息权具有自己特有的权利内容，主要表现为信息决定权、信息保密权、信息查询权、信息更正权、信息封锁权、信息删除权、信息报酬请求权 7 个方面。

（1）信息决定权是指本人有权决定个人信息是否被收集与利用或者进行更新，以及在什么领域、基于何种目的、以何种方式被处理。

（2）信息保密权是指本人得以请求信息处理主体保持信息隐秘性的权利。对个人信息的保密途径一般来说有两种：一是他律，二是自律。他律是指通过政策、法律等消极手段间接地约束信息处理主体的行为，解决信息内容被截取或者泄露的责任分担问题。自律则是由信息处理主体主动采取保密措施来防止信息内容被截取或者泄露，为信息的收集和处理提供了安全的环境。自律是个人信息保密权得以实现的基础保障。

（3）信息查询权是指个人得以请求信息处理主体告知对其个人信息进行收集处理的相关情况。信息查询权是个人信息权得以实现的关键所在。个人要实现对信息的支配和控制，必须首先了解哪些个人信息被收集，这些信息又是如何被处理和利用的。

（4）信息更正权是指本人在发现其本人信息错误、不完整或者过时，可以请求信息处理主体更正和补充的权利。一般来说，更正权具体包括以下 3 个方面。

① 个人信息错误更正权，即对于错误的个人信息，本人有更正的权利。

② 个人信息补充权，即对于遗漏或新发生的个人信息，本人有补充的权利。

③ 个人信息更新权，即对于过时的个人信息，本人有更新的权利。

（5）信息封锁权是指在法定或者约定的事由出现时，本人得以请求信息主体以一定方式暂时停止信息处理的权利。

（6）信息删除权是指在法定或者约定的事由出现时，本人得以请求信息处理主体删除其个人信息的权利。

（7）信息报酬请求权是指本人在因其个人信息被收集、处理与利用的情况下而得以向信息处理主体请求支付对价的权利。

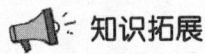
知识拓展

个人信息权与隐私权的区别

从权利属性看，隐私权是一种防御性权利，主要是精神性的人格权；信息权是一种主动性的权利，既包括精神价值也包括财产价值。个人信息权和隐私权都是人格权，但两者的法律属性仍然存在以下区别。

（1）隐私权主要是一种精神性的人格权，虽然其可以被利用，但其财产价值并非十分突出，隐私主要体现的是人格利益，侵害隐私权也主要导致的是精神损害。而个人信息权在性质上属于一种融人格利益与财产利益于一体的综合性权利，并不完全是精神性的人格权，其既包括精神价值，也包括财产价值。对于一些名人的个人信息而言，甚至主要体现为财产价值。例如，权利人可以授权他人使用其姓名、肖像等用于商业经营活动，以获取经济利益。

（2）隐私权是一种消极的、防御性的权利，在该权利遭受侵害之前，个人无法积极主动地行使权利，而只能在遭受侵害的情况下请求他人排除妨害、赔偿损失等。虽然美国法律对隐私权进行了宽泛的解释，导致其包含了对隐私的利用，并逐渐形成了公开权，但其中真正可以商业化利用的内容实际上主要是个人信息。个人信息权并不完全是一种消极地排除他人使用的权利。权利人除了被动防御第三人的侵害，还可以对其进行积极利用。个人信息权作为一种积极的权利，在他人未经许可收集、利用其个人信息时，权利人有权请求行为人更改或者删除其个人信息，以排除他人的非法利用行为或者使个人信息恢复到正确的状态。

6.2.3 电子商务个人信息保护的原则

电子商务个人信息保护的原则是指在个人信息收集、利用和处理的过程中必须遵循的基本原则或规范，是指导个人信息保护立法、司法的根本，也是贯穿整个个人信息保护法律制度的根本。确立个人信息保护的基本原则有助于明确个人信息收集、使用行为合法抑或非法的边界。个人信息保护原则主要包括以下9项。

1. 直接原则

直接原则是指个人信息原则上应该直接向本人收集。直接原则的另一个含义是，只有个人信息所有者本人才有权决定是否提供其个人信息。

2. 安全原则

安全原则是指对个人信息应采取合理的安全保护措施以防止个人信息丢失、非法访问、毁损、利用、修改和泄露等风险。

3. 目的明确原则

目的明确原则是指个人信息在收集时必须有明确的特定目的，禁止超出目的范围收集、处理和利用个人信息。"特定目的"对国家机关来说就是根据行使职权、履行职责的需要处理和利用个人信息所具有的目的。

4. 目的限制原则

目的限制原则是指个人信息的收集和利用应限于最初确立的目的，并采取公平、合理的方式收集，后续使用和传输不得违背数据传输的目的。个人信息的收集应当遵循一定的规则，受到一定的限制。通常来说，收集的目的和种类、收集的方法和手段应该是合法、公正的。

5. 信息品质原则

信息品质原则也称信息质量原则，是指信息管理者应保障个人信息在其处理目的范围内完整性、正确性和时新性。信息应当准确，且保证必要的更新，就信息传输或者后续处理的目的而言，信息应当恰当且相关。

6. 知情同意原则

知情同意原则是指信息管理者在收集个人信息时，应当充分告知信息主体有关个人信息被收集、处理和利用的情况，并征得信息主体的同意。不得收集未满16周岁的未成年人的个人敏感信息，确需收集其个人敏感信息，需要征得其法定监护人的明示同意。

7. 最少够用原则

最少够用原则是指只处理与处理目的有关的最少信息，在收集阶段告知的个人信息使用目的达到后，应在最短时间内立即删除个人信息。网络经营者只能收集经营和交易必要的信息，如果超出了交易必要的信息，则违背了最少够用原则。

8. 责任明确原则

由于大数据技术的冲击，个人对个人信息的事前控制力减弱，所以，个人信息的保护应该更加强调事前到事中和事后环节的转变，将关注重点从数据收集环节转向数据使用环节，更加注重事后责任的追究，使数据的采集者和使用者对数据的管理及其可能产生的危害负责。加强对大数据应用中获益企业的问责，不仅可以通过个人信息保护法律本身来追究，还可以通过合同机制进行引导，通过合同来约束相关方的数据处理行为。

9. 自由流通和合理限制原则

自由流通和合理限制原则是指应在保证信息主体合法权利的基础上促进个人信息跨国流通，但应该限制个人信息流向那些缺乏实质性个人信息保护立法或者不能对个人信息提供合理保护的国家，除非信息的接收国达到了恰当的保护水平；否则，信息的最初接收人不得向第三人再次转移信息。

6.2.4 电子商务中的个人信息侵权

电子商务中消费者个人信息是指以电子数据形式存在，因为网购行为所产生的传播于网络的涉及消费者的数据资料。它涵盖两大维度：一是消费者在交易流程中主动提供的具有身份辨识性的数据，如姓名、居住地址、身份证号等；二是消费者在电商平台上留下的行为轨迹，包括浏览商品类别、过往订单详情等。这些信息合并勾连可以为电子商务相关主体提供营销方式及产品推送方面的参考，具有极高的经济价值。也正是因为此种经济价值，实践中消费者个人信息遭受侵害、消费者私生活安宁和合法权益受到威胁的案例屡见不鲜。基于对实践案例中的考察，力求厘清最常见的消费者个人信息侵权类型，从而为个人电子信息相关立法提供参考。就其具体侵权行为类型，主要有以下7种类型。

1. 非法获取消费者个人信息

非法获取消费者个人电子信息是指无法律授权或未经当事人同意的任何组织和个人采用窃取、收购或其他方式获得消费者个人电子信息的行为。此种侵权行为的实施主体，是不具备合法信息收集者身份且未得到信息权利人许可的任何组织或个人；此种侵权行为的行为方式是采用收购、窃取等不正当手段非法获取消费者信息的行为。

此种侵权行为为行为犯，即只要任何组织和个人实施了该种侵权行为，即应承担侵权责任，方式如何、获取个人信息范围、是否获益均在所不问。至于主观心理态度，笔者认为应当采取过错推定的方式，即相关主体不能证明自己获取消费者个人电子信息无过错的，应承担侵权责任。

2. 非法泄露消费者个人信息

非法泄露消费者个人信息的侵权责任，是指电子商务服务提供者、第三方支付平台、快递公司等相关主体对其所收集到的消费者信息要有保密义务；未尽保密义务导致消费者个人信息泄露，则应承担侵权责任。

从行为形式来说，此种侵权行为包含作为和不作为。作为是指相关主体故意或过失致使消费者个人信息泄露，如主动向他人提供消费者个人信息；不作为是指相关信息主体本应基于保密义务对其所收集到的消费者个人信息采取保护措施，但相关信息主体未采取保护措施，如未对信息储备库设置防火墙和密码。无论是作为还是不作为，主观心态是故意还是过失，相关信息主体都应承担侵权责任。

3. 非法出售消费者个人信息

在目前发生的诸多泄密事件中，非法出售消费者个人信息以牟取经济利益行为是最为典型的消费者个人信息侵权行为。此类侵权行为的主要参与者涵盖电商平台、第三方支付服务提供商、快递服务提供商及其内部人员。因其出售行为具有严重的社会危害性，所以，笔者将其与非法泄露消费者个人信息区分开来。司法实践中，这类行为常见于电子商务流程中，掌握消费者个人信息的主体或其雇员，出于私利考量，擅自将个人信息非法售予第三方。

此种侵权行为在责任承担上有一定的特殊性。若是单位恶意出售消费者个人信息，则其主体应为单位和单位主要负责人。对其单位追究民事责任和行政责任，民事责任承担方式主要为赔礼道歉、损害赔偿、恢复原状，行政责任承担方式为罚款、吊销营业执照、命令停业等；对单位主要负责人，则是主要追究民事赔偿责任，若主要负责人无赔偿能力，则由单位承担连带赔偿责任；情节严重的，对主要负责人追究刑事责任。

4. 非法篡改消费者个人信息

非法篡改消费者个人信息，是指电子商务服务平台、第三方支付平台等相关主体，违反法律规定和与当事人的约定，对自己所掌握的消费者个人信息进行篡改的行为。此种侵权行为的特殊性在于侵权人的主观形态和损害后果。

从主观形态而言，非法篡改消费者个人信息承担侵权责任要求当事人必须为故意或者重大过失。故意是指明知篡改行为可能侵害消费者的合法权益，仍然进行篡改或放任他人篡改；重大过失是指信息掌握者未尽审慎义务而导致消费者个人信息错误。无论是故意还是重大过失，篡改人的行为都必须造成了消费者一定的损害结果，否则，其仅承担恢复原状或更正的侵权责任，不负损害赔偿责任。

5. 非法毁损消费者个人信息

非法毁损消费者个人信息，是指电子商务服务平台、第三方支付平台等相关主体及其人员，违反法律规定，未尽善良管理人的谨慎注意义务，非法毁损消费者个人信息的行为。此种行为的主观心态包含故意和过失两种。若侵权行为人故意毁损消费者个人信息，则行为完成即应承担侵权责任，损害结果是否发生以及行为人是否受益在所不问。若侵权行为人过失造成消费者个人信息损害的，则需其过失行为导致消费者合法权益受到损害或其私生活安宁受到侵扰，侵权行为人才承担侵权责任。

6. 丢失消费者个人信息

在电子商务过程中，网络服务提供商及其他相关主体可以很轻易地采集到消费者个人信息，因此，其承担基于采集行为产生的保管责任。网络服务提供者及其他相关主体对其所采集到的信息必须妥善保管，尽到保管责任，若因过失导致个人信息丢失，也构成侵权行为。

7. 违法发送消费者个人信息侵扰生活安宁

消费者个人信息具有极强的经济价值，其可以为电子商务平台及其他盈利主体提供有关消费者购买能力、偏好、近期收入水平等参考方向，使电子商务服务提供商可以有的放矢，在大规模降低营销费用的同时提高交易成功率。因此，在日常生活中，许多电子商务服务提供商利用其所采集到的个人信息，对消费者个人进行定位轰炸，推送商品及服务信息，严重侵扰消费者的私生活。此种行为也应当构成侵害消费者个人信息的侵权行为，理应承担停止侵害、恢复原状、赔偿损失等侵权责任。

复习思考题

1. 填空题

（1）_____是指作为消费者在参与生产、生活消费过程中所享有的必要合法权益。

（2）消费者在购买、使用商品时，其合法权益受到损害的，可以向_____要求赔偿。

（3）侵犯消费者人格尊严或者侵犯消费者人身自由的，应当停止侵害、恢复名誉、消除影响、赔礼道歉，并_____。

（4）以个人信息的处理技术为标准，可以将个人信息划分为_____处理个人信息和_____处理个人信息。

（5）_____是指本人得以请求信息处理主体保持信息隐秘性的权利。

2. 简答题

（1）消费者权益保护法的法律特征是什么？

（2）消费者权益主要包括哪几个方面？

（3）个人信息具有哪些价值？

（4）电子商务中个人信息保护的原则有哪些？

（5）电子商务中的个人信息侵权包括哪些方面？

第 7 章
电子商务快递物流法律法规

物流的产生与发展对电子商务市场的进一步扩大有着极为重要的作用。物流过程中涉及的主体因快递服务类型的不同而呈现出不同的状态,通常主体构成较为简单,但特殊情况下主体构成也会呈现较为复杂的特点。每个主体所对应的行为及权利和义务也有各自的特点,就此对其进行正确的权利和义务归属,有利于正确认定相应的责任,明确物流过程中的法律关系,实现电子商务及物流的共同发展。

【学习目标】

(1)了解快递的概念和分类。
(2)熟悉物流的概念和特征。
(3)掌握电子商务物流的主要模式。
(4)掌握快递物流服务提供者、接受者的责任与义务。

【思政讨论】

2019年3月7—8日，第四届"全球物流技术大会"在成都召开，顺丰科技作为参展方，携带慧眼神瞳、顺丰地图等人工智能产品首次亮相，其中慧眼神瞳荣获2019年物流技术创新奖，引发行业关注。

慧眼神瞳的技术创新和落地实践获得业内的广泛认可，一举斩获2019年物流技术创新奖。据了解，该奖项的设立主要为表彰物流行业中新装备、新技术的应用在物流技术、产品创新和改善方面所做出的突出贡献，由第三方专业机构在众多申报项目中评审选出。此次获奖，凸显业界对顺丰科技在人工智能计算机视觉领域研发成果的认可。

讨论：

（1）谈谈你对新技术在物流行业中的重要作用的看法，以及物流新技术对于我国物流行业发展会产生怎样的影响。

（2）分析一下，这些新技术的应用，对于我国在国际上的地位会有怎样的提升作用。

7.1 快递与物流概述

【知识目标】

（1）了解快递的概念与分类。
（2）熟悉物流的概念和特征。
（3）掌握电子商务物流模式。

【技能目标】

（1）能够总结出快递和物流之间的不同。
（2）能够说出电子商务物流模式有哪些。

7.1.1 快递的概念与分类

1. 快递的概念

快递是兼有邮递功能的门对门物流活动，即快递公司通过铁路、公路和空运等交通工具，对客户的货物进行快速投递。除了较快送达目的地及必须签收，现时很多快递企业均提供邮件追踪功能、送递时间的承诺及其他按客户需要提供的服务。快递的特点是点到点，快速方便。

快递是电子商务产业链的重要组成部分，发挥着至关重要的作用。在B2C、C2C产业链中，快递配送是实现网络购物交易的关键组成环节，是信息流、商流和资金流最终实现的根本保证。只有通过快递网络配送，将商品或服务真正送达到消费者手中，电子商务活动才能结束。快递实际上是以商流的后续者和服务者的姿态出现的。快递服务的好坏能够直接影响消费者的网购行为，进而影响整个电子商务的发展。

2. 快递的分类

按照不同的分类标准，快递可以分为不同的类型。

1）按照运输方式分类

根据运输方式的不同，快递可以分为航空快运、公路快运、铁路快运、水路快运。

（1）航空快运是指由专业的航空快递企业利用航空运输方式，承接并收集发件人的包裹与快件，承诺在指定时间内安全送至目的地或收件人手中，并全程提供运送状态的即时信息，允许相关人员随时查询，实现门到门的高效、便捷速递服务。

（2）公路快运是指利用机动车（包括汽车、货车、摩托车）及非机动车（如电动三轮车）等公路交通运输工具完成快递运输服务。

（3）铁路快运是指中国铁路小件货物特快专递运输，简称"中铁快运"，英文全称为China Railway Express，缩写为CRE，国内网络已遍及包括我国香港地区在内的120多个大、中城市，形成了连锁服务网络。

（4）水路快运是指用相对最快的方式从水上运输，在客户指定的时间内将货物安全送达目的地。

2）按照递送区域范围分类

根据快递要递送的区域范围不同，可以将快递分为国内快递和国际快递两种。

（1）国内快递。国内快递服务专注于一个国家疆域内的物品运送，涵盖从收件至送达的全过程，全程不跨越国界。根据服务范围的不同，可细化为同城快递、区域快递以及覆盖全国范围的全国快递。

（2）国际快递。国际快递业务跨越两个及两个以上国家（或地区），专注于为外贸领域提供快速递送服务，主要承载商业信函、重要文件及财务票据等关键物品。

3）按送达时间分类

根据快递要求送达时间的不同，快递可以分为当日达、次晨达、次日达、隔日达、定日达。

（1）当日达要求在投递当天完成送达交付服务。

（2）次晨达要求在投递物品的第二个工作日中午12点前完成送达交付服务。

（3）次日达要求在投递物品的第二个工作日下午6点前完成送达交付服务。

（4）隔日达要求在投递物品的第三个工作日上午12点前完成送达交付服务。

（5）定日达要求在投递物品后按照客户指定的时间完成送达交付服务。

4）按照赔偿责任划分

根据赔偿责任的不同，可以将快递分为普通快件、保价快件、保险快件。

（1）普通快件是指交纳快件运费而不对快件实际价值进行保价并交纳保价费的快件。

（2）保价快件是指客户在寄递快件时，除交纳运费外，还按照声明价值的费率交纳保价费的快件。

（3）保险快件是指客户在寄递快件时除交纳运费外，还需要按照快递企业指定的保险公司承诺的保险费率交纳保险费的快件。

5）按照付费方式分类

根据付费方式的不同，可以将快递分为寄件人付费快件、收件人付费快件和第三方付费快件 3 种类型。

（1）寄件人付费快件是指寄件人在寄递快件的同时自行支付快递资费的快件。

（2）收件人付费快件是指寄件人和收件人商定，由收件人在收到快件时支付快递资费的一种快件。

（3）第三方付费快件是指寄件人和收件人及快递企业商定，在收件人收到快件时由第三方支付快递资费的一种快件。

7.1.2 物流的概念与特征

1. 物流的概念

物流的概念有狭义和广义之分。狭义的物流是指销售物流；广义的物流是指除销售物流外，还包括生产物流、供应物流、回收物流、废弃物物流等。

《中华人民共和国国家标准：物流术语》（GB/T 18354—2021）中将物流定义为"根据实际需要，将运输、存储、装卸、搬运、包装、流通加工、配送、信息处理等基本功能实施有机结合，使物品从供应地向接收地进行实体流动的过程。"

2. 物流的特征

1）总成本最小化

现代物流管理追求的是物理系统的最优化，它要求实现物流总成本最小化，这是物流合理化的重要标志。

2）信息化和电子化

现代物流是物资实体流动与信息流通的深度融合，信息是支撑其顺畅运作的核心基石。若无精准时效的信息支撑，物流系统的各模块将无法紧密协作，整体效能难以彰显。故而在现代物流实践中，运用尖端科技对物流数据进行即时、精确的解析与管理至关重要，确保系统遵循预设轨道与目标高效运行。物流信息的电子化转型，则是将现代物流 IT 技术、通信手段及网络架构深度融入信息处理与传递流程，打破时空壁垒，促进物流链各节点、部门间及跨企业信息的无缝对接与即时处理，实现物流实物与信息流的紧密同步，进而优化物流效率，提升服务品质。

3）系统化和网络化

现代物流体系是在共同愿景下，各功能要素间凭借内在联系紧密编织而成的一个系统。各功能要素彼此依存、相互作用，共同支撑系统的运作。追求物流最优化时，应秉持系统论视角，树立全局观念，通过精心配置物流功能的最佳组合，以期达成物流整体效能的最大化。随着现代市场经济的蓬勃发展，生产与流通的疆域不断拓展。为确保商品高效流通与材料精准供应，现代物流亟须构建全面且强健的物流网络架构，其中各节点间的物流作业需维持高度的系统协同与一致行动。如此布局，旨在优化库存总量与分布格局，实现干线运输与末端配送的无缝衔接，打造一条迅捷且灵活的供应链通道。

4）服务社会化

传统的物流是以企业自设物流部门、实行自我服务为主的物流体系。这种物流体系不仅会造成物流资源的浪费，而且会使物流效率降低，缺乏竞争力。在现代经济时代，由于经济的发展和科学技术的应用，社会分工进一步细化，许多生产企业和流通企业为了发挥竞争优势、提高经济效益，把物流服务从企业内部转移出来，寻求社会化服务，促进了物流业的发展。目前，企业物流需求通过社会化物流服务满足的比例在不断提高，第三方物流形态已成为现代物流的主流，现代物流产业在国民经济中发挥着重要作用。

5）反应快速化和柔性化

物流反应的快速化是指在现代物流信息系统、作业系统和物流网络的支持下，物流活动应能适应市场状况和消费者需求的快速变化，为客户和消费者提供快速服务，以提升物流服务质量。这就要求现代物流系统加强管理，应用先进的作业技术来提高配送、补充订货及调整库存结构等能力。物流反应的柔性化是指物流作业要以顾客的物流需求为中心，快速满足生产和消费多样化、个性化的需要。随着经济的发展和人民生活水平的不断提高，生产与消费需求的多样化、个性化的冲突日益加强，物流需求呈现出小批量、多品种、高频次的特点，使订货周期变短、时间性增强、物流需求的不确定性提高。因此，现代物流系统应根据顾客的需求变化及时调整物流作业，最大限度地满足顾客的需要。

小常识

物流与快递的区别

物流与快递虽然都是将货物从一个地方运送到另外一个地方，但快递公司和物流公司经营的业务完全不同。具体来说有以下5个方面的不同。

（1）服务对象不同。快递公司主要为个人服务，而物流公司主要为企业服务。例如，网上购物，有一份特产要从湖南省发货到四川省，那么需要找的是快递公司，如顺丰、韵达、圆通等快递公司。如果公司有一车货物要从深圳运到北京，那么需要联系的是物流货代公司，而不是一般的快递公司。

（2）适运范围不同。快递公司运送的商品有基本的要求，单件质量不能超过50千克，一般都是2千克以下的小包，如衣服、水果、生活用品及电子产品等，标杆类货物的单件长度不得超出180厘米，板类货物长宽相加不得超出150厘米，物流公司主要运送的是大型货物，如大型机械、大件设备、数目多的产品。

（3）运输价格不同。相比较而言，快递费用较贵些，物流费用较便宜些。这是由两种不同的服务内容决定的。快递运送的货物不仅涵盖干线运输，还涉及支线运输与终端配送，并且有时间上的限制，因此服务价格较高。

（4）服务方式不同。快递公司在全国有很多服务网点，每个省、市、县甚至每个乡都有自己的公司网点，而物流公司一般仅在比较大的地区设点。快递的服务方式一般是送货上门，而物流不直接将货物送上门，通常是将货物运送到目的地后，由客户自提。

（5）到货时间不同。中华人民共和国国家邮政局发布的《快递服务》邮政行业标准中，快递服务时限有明确规定，同城快递服务时限不超过24小时，国内异地快递服务时限不超过72小时。物流一般需要等到货物达到一定的量后才开始运送。

7.1.3 电子商务物流模式

随着电子商务行业竞争的白热化,物流这个电子商务中的瓶颈环节,已经成为电子商务巨头决心打造的新的核心竞争力,目前常见的电子商务物流模式一般有自营物流模式、第三方物流模式及物流联盟模式。

1. 自营物流模式

电子商务企业借助自身的物质条件,自行开展经营物流活动,称为自营物流。采取自营物流模式的电子商务企业主要有两类:第一类是资金实力雄厚且业务规模较大的电子商务企业;第二类是传统的大型制造企业或批发企业经营的电子商务网站。由于在传统商务中已经建立起初具规模的流通渠道,在电子商务中进行完善,就能满足电子商务物流配送的需要。

1)自营物流模式的优势

自营物流模式赋予企业对物流流程的绝对控制权,增强了服务的专属定制化能力,从而确保了高效的配送速度与卓越的服务品质。此外,自营物流还促进了企业内部部门的无缝协作,加速了市场前沿信息的获取,并有效构筑了商业秘密的安全防线。自营物流模式的优势有以下3个。

(1)可以有效控制物流业务的运作。通过自营物流,电子商务企业能利用内部管理体系直接指挥物流运作的每一环节,深化对供应链的掌控,促进与业务板块的紧密协作,确保供应链的和谐稳定与物流效率的提升。同时,该模式为信息流与资金流的安全提供了坚实保障,尤其支持货到付款等交易方式。

(2)可以使服务更加快速灵活。相较于第三方物流,自营物流作为企业内部的一环,能更精准地响应企业的物流需求,无论是时间、空间还是个性化要求,都能迅速调整策略,特别是针对高频配送需求的企业,自营物流展现了无与伦比的响应速度与灵活性。

(3)可以加强客户沟通,提升企业形象。通过自营物流直接触达客户,电子商务企业不仅能及时获取客户反馈,精准把握市场需求,还能通过面对面的交流,建立更加深厚的客户关系,传递企业价值观与服务理念。这种高质量的客户服务体验,对于提升企业的公众形象与品牌知名度具有不可估量的价值。

2)自营物流模式的劣势

对大部分电子商务企业来讲,企业自建物流配送体系会分散企业内部的财力、人力、物力,影响主营业务的发展,不利于培养企业的核心业务。如果电子商务平台订单量有限,配送达不到规模效应,就没有规模经济,会导致配送成本变高。因此,电子商务企业选择自营物流,存在以下3个劣势。

(1)一次性固定投入较高。由于物流体系涉及运输、仓储、包装等多个环节,建立物流系统的一次性投资较大,调查显示,对于不少新建电子商务企业来说,自建物流配送系统的物流费用常常占企业成本的30%以上,远远高于物流外包所产生的成本。因此,自建物流配送系统必须考虑企业的短期目标与长远规划。

(2)对物流管理能力要求高。自营物流的运营需要企业工作人员具有专业化的物流管理能力和物流人才储备,否则就算有好的硬件,也无法高效地运营。例如,许多自建物流配送体系的电子商务企业员工大部分是原有的富余人员，对物流配送不了解，要让他们适应新的工作条件和工作环境，需要对他们进行再培训，这既浪费大量的资源，又不能顺利开展物流配送工作。

（3）持续不断的后续投入。在自营物流电子商务企业创建初期，由于订单量、市场占有率较少，可以很好地运转，但随着企业规模的扩大和市场拓展范围的拓宽，所涉及的人力、物力、财力的管理将成倍增长，这对企业内部的协调管理提出了较高的要求，并且需要不断持续的投入来保持自营物流的优势。

2. 第三方物流模式

第三方物流（Third Party Logistics，TPL）是指接受客户委托，为其提供专项或全面的物流系统设计及系统运营的物流服务模式，也称合同物流。

1）第三方物流模式的优势

在当今社会竞争白热化且分工精细化趋势下，第三方物流以其专业服务脱颖而出，有效缓解了企业在物流领域的负担，让企业能聚焦于核心业务如电子商务平台构建、网络营销、订单管理、信息整合及安全支付等关键环节，同时削减了物流成本。第三方物流模式的优势具体表现在以下 4 个方面。

（1）助力企业核心业务聚焦。鉴于资源有限性，企业难以在所有领域都成为行家。因此，电子商务企业应集中资源于其核心竞争力上，如电商平台的优化、网络营销策略的制定等，而将物流等非核心业务交由专业物流公司处理，实现资源优化配置。

（2）减轻资本压力，规避投资风险。自建物流体系需巨额资金投入于设备购置、仓储建设及信息网络铺设，这对资金紧张尤其是中小型电商而言，是沉重的财务负担。采用第三方物流，则可避免此类重资产投入，降低企业整体投资风险。

（3）彰显专业管理与规模效应。第三方物流凭借其专业优势，能高效整合物流资源，通过先进的信息技术、精准的物流规划及卓越的协调能力，实现物流系统各环节的紧密协作与成本最优化。同时，其广泛的业务覆盖范围使得规模化配送成为可能，有效减少资源闲置，提升物流效率。

（4）升级客户服务体验。第三方物流凭借遍布的信息网络与节点布局，能够迅速响应客户需求，加速订单处理流程，缩短交货周期，实现货物从源头到终端的无缝对接，显著提升客户满意度与忠诚度。

国际四大快递巨头——DHL（德国敦豪国际）、FedEx（美国联邦快递）、UPS（美国联合包裹）、TNT（荷兰邮政）陆续进入中国市场，并迅速囤积力量，发展各自的分销和物流运输网络，国内的如 EMS、顺丰、圆通、申通、韵达逐步完善了物流配送体系，都能为电子商务企业提供第三方物流服务能力，但在服务水平、服务价格方面参差不齐。

2）第三方物流模式的劣势

与自营物流相比较，第三方物流在为企业提供上述便利的同时，也给企业带来了诸多不利，主要包括以下4点：第一，企业不能直接控制物流职能；第二，不能保证供货的准确和及时；第三，不能保证客户服务的质量和维护与客户的长期关系；第四，企业将放弃对物流专业技术的开发。

> **知识拓展**
>
> **第三方物流产生的原因**
>
> 1. 第三方物流的产生是社会分工的结果
>
> 各企业为提高市场竞争力，选择将企业的资金、人力、物力投入到其核心业务上，寻求社会化分工协作带来的效率和效益的最大化。专业化分工的结果导致许多非核心业务从企业生产经营活动中分离出来，其中包括物流业务。将物流业务委托给第三方专业物流公司负责，可以降低物流成本，完善物流活动的服务功能。
>
> 2. 第三方物流的产生是新型管理理念的要求
>
> 进入20世纪90年代，信息技术特别是计算机技术的高速发展与社会分工的进一步细化，推动着管理技术和思想的迅速更新，由此产生了供应链、虚拟企业等一系列强调外部协调和合作的新型管理理念，既增加了物流活动的复杂性，又对物流活动提出了零库存、准时制、快速反应、有效的客户反应等更高的要求，这使得一般企业很难承担此类业务，由此产生了专业化物流服务的需求。第三方物流正是为满足这种需求而产生的。它的出现一方面迎合了个性化需求时代企业间专业合作（资源配置）不断变化的要求，另一方面实现了进出物流的整合，提高了物流服务质量，加强了对供应链的全面控制和协调，促进供应链不断趋于完善。
>
> 3. 第三方物流的产生是物流领域竞争的日趋激烈导致综合物流业务发展的必然
>
> 随着经济自由化和贸易全球化的发展，物流领域的政策不断放宽，导致物流企业自身竞争的日趋激烈，物流企业不断拓展其服务内涵和外延，从而导致第三方物流的出现。这是第三方物流概念出现的历史基础。

3. 物流联盟模式

物流联盟模式是在第三方物流基础上发展起来的，是以物流为合作基础的企业战略联盟。根据《中华人民共和国国家标准：物流术语》（GB/T 18354—2021），物流联盟是指两个或两个以上的经济组织为实现特定的物流目标而采取的长期联合与合作。

物流联盟是基于正式的相互协议而建立的一种物流合作关系，参加联盟的企业通过汇集、交换或统一物流资源以获得共同利益，同时合作企业仍保持各自的独立性。物流联盟为了达到比单独从事物流活动取得更好的效果，在企业之间形成了相互信任、共担风险、共享收益的物流伙伴关系。

电子商务环境下的物流联盟通过电子商务企业运用自身信息、管理或平台优势，签约或联合制造业、销售公司及第三方物流公司作为联盟或合作成员，在物流外包的基础上，利用电子商务信息平台的优势，进行不同环节、地域、商品、业务的物流网络整合，实现对物流配送环节的控制。例如，阿里巴巴的基于云计算物流平台服务的"云物流"联盟配送模式，连接电子商务的买家、卖家和包括物流配送在内的其他服务商。

物流联盟的建立最明显的效果就是在物流合作伙伴之间减少了相关交易费用。由于物流合作伙伴之间经常沟通与合作，可使得搜寻交易对象信息方面的费用大幅降低，提供个性化的物流服务建立起来的相互信任与承诺，可减少各种履约的风险，物流合同一般签约时间较长，可通过协商来减少在服务过程中产生的冲突。

> **小常识**
>
> 电子商务物流模式选择的影响因素
>
> 电子商务物流模式的选择是一种战略决策,应从物流对电子商务企业的战略重要性出发,在物流的战略地位与管理能力、物流成本企业的实力及规模和第三方物流的客户服务能力等方面综合考虑。
>
> 1. 物流的战略地位与管理能力
>
> 电子商务企业的发展对物流的依赖程度较高,但是企业物流管理能力不足,应首先考虑第三方物流或物流联盟模式,结合企业战略可逐步发展自营物流;如果电子商务企业的发展对物流的依赖程度不高,同时企业对物流管理的能力也不足,则可以使用第三方物流模式;如果物流对于电子商务企业的发展具有战略地位,同时企业物流管理能力也很高,可优先考虑自营物流模式。
>
> 2. 物流成本
>
> 一般情况下,如果电子商务企业规模较小,要想实现成本节约的目的,应该将物流外包,选择第三方物流模式,电子商务企业的物流系统成本由多方面组成,同时各成本之间存在效益背反,如库存量的减少会让仓储费降低,但是缺货率会高,进而导致订货费用和运输费用提升,如果这部分费用较高,甚至超过仓储费,就增加了物流总成本。所以,电子商务企业选择物流模式的过程中应该慎重地考虑物流总成本,结合企业的自身情况选择合理的物流方式。
>
> 3. 企业的实力及规模
>
> 一般而言,企业的规模越大具有的实力就越强,它们有足够的能力去搭建物流平台,制订科学的物流计划,让物流服务有所保障。除此之外,要是物流子公司产能过剩,还可以面向社会。企业规模较小时,受限于资源、人员和管理的制约,很难提升物流管理的效率。那么,企业应该把所有的资源集中投资于核心业务,让第三方承担企业的物流业务。
>
> 4. 第三方物流的客户服务能力
>
> 在选择物流模式时,第三方物流的客户服务能力是需要综合考虑的,即考虑当前条件下第三方物流企业是否有能力满足电子商务企业自身的需求及来自客户的需求,如果第三方物流客户服务水平低下,那么为了提高自身的电子商务购物体验,实力雄厚的电子商务企业可以优先发展能满足客户需求的自营物流。

7.2 快递物流服务提供者、接受者的责任与义务

【知识目标】

(1)掌握快递物流服务提供者的责任和义务。
(2)掌握快递物流服务接受者的责任和义务。

【技能目标】

（1）能够说出快递物流服务提供者的责任和义务。
（2）能够说出快递物流服务接受者的责任和义务。

7.2.1 快递物流服务提供者的责任与义务

我国《电子商务法》第五十二条规定："电子商务当事人可以约定采用快递物流方式交付商品。快递物流服务提供者为电子商务提供快递物流服务，应当遵守法律、行政法规，并应当符合承诺的服务规范和时限。快递物流服务提供者在交付商品时，应当提示收货人当面查验；交由他人代收的，应当经收货人同意。快递物流服务提供者应当按照规定使用环保包装材料，实现包装材料的减量化和再利用。快递物流服务提供者在提供快递物流服务的同时，可以接受电子商务经营者的委托提供代收货款服务。"

快递物流服务提供者应当建立并严格实施作业技术规范，确保作业过程的安全性，在揽收物品时，应当履行查验义务，不得违法揽收国家规定的禁止和限制寄递、运输的物品。《中华人民共和国邮政法》（以下简称《邮政法》）第七十五条规定："邮政企业、快递企业不建立或者不执行收件验视制度，或者违反法律、行政法规以及国务院和国务院有关部门关于禁止寄递或者限制寄递物品的规定收寄邮件、快件的，对邮政企业直接负责的主管人员和其他直接责任人员给予处分；对快递企业，邮政管理部门可以责令停业整顿直至吊销其快递业务经营许可证。"

快递物流服务提供者受邮政管理部门的监督与指导，应当建立健全的安全检查制度，配备符合国家标准或行业标准的安全检查设备，加强对从业人员的安全教育和培训，安排具备专业技术和技能的人员对邮件、快件进行安全检查。同时，快递服务者应当制定禁寄物品处置预案，根据情况变化及时修订，并向邮政管理部门备案，在寄递过程中，若发现禁寄物品，应当按照预案规定妥善处置。

快递物流服务提供者应当向社会公示服务承诺事项，发生变更的，应当及时公布。快递物流服务提供者在进行作业时，应当加强服务信息化、网络化和标准化建设，规范数据处理和数据管理程序，保证作业信息准确和可追溯。快递物流服务提供者应提供与客户相关信息共享的办法，以便于客户对其存储、运输物品状态的查询和跟踪；快递物流提供者应向客户提供自交寄之日起不少于1年的免费查询服务。

快递物流服务提供者在提供物流服务的同时，可以接受电子商务经营者的委托，提供代收货款服务。代收货款服务是指快递物流服务提供者利用服务网络和资源，在提供快递物流服务的同时，为电子商务经营主体代收货款并结算的快递物流增值服务。对于与快递物流服务接受者有特殊约定或者提供代收货款服务的，快递物流服务提供者应当与快递物流服务接受者在合同中明确电子商务交易物品交付验收的权利和义务。

7.2.2 快递物流服务接受者的责任与义务

快递物流服务接受者应当如实填写快递物流运单并核对运单信息，对于运单填写不完整或者信息填写不实的，不予揽收。

快递物流服务接受者不得在邮件、快件内夹带禁寄物品，不得将禁寄物品匿报或谎报为其他物品交寄。禁止寄递物品（以下简称禁寄物品）主要包括以下3类。

（1）危害国家安全、扰乱社会秩序、破坏社会稳定的各类物品。

（2）危及寄递安全的爆炸性、易燃性、腐蚀性、毒害性、感染性、放射性等各类物品。

（3）法律、行政法规及国务院和国务院有关部门规定禁止寄递的其他物品。

> **知识拓展**
>
> **中国邮政禁止寄递物品指导目录**
>
> 1. 枪支（含仿制品、主要零部件）弹药
>
> （1）枪支（含仿制品、主要零部件）：如手枪、步枪、冲锋枪、防暴枪、气枪、猎枪、运动枪、麻醉注射枪、钢珠枪、催泪枪等。
>
> （2）弹药（含仿制品）：如子弹、炸弹、手榴弹、火箭弹、照明弹、燃烧弹、烟幕（雾）弹、信号弹、催泪弹、毒气弹、地雷、手雷、炮弹、火药等。
>
> 2. 管制器具
>
> （1）管制刀具：如匕首、三棱刮刀、带有自锁装置的弹簧刀（跳刀），以及其他相类似的单刃、双刃、三棱尖刀等。
>
> （2）其他：如弩、催泪器、电击器等。
>
> 3. 爆炸物品
>
> （1）爆破器材：如炸药、雷管、导火索、导爆索、爆破剂等。
>
> （2）烟花爆竹：如烟花、鞭炮、摔炮、拉炮、砸炮、彩药弹等烟花爆竹及黑火药、烟火药、发令纸、引火线等。
>
> （3）其他：如推进剂、发射药、硝化棉、电点火头等。
>
> 4. 压缩和液化气体及其容器
>
> （1）易燃气体：如氢气、甲烷、乙烷、丁烷、天然气、液化石油气、乙烯、丙烯、乙炔、打火机等。
>
> （2）有毒气体：如一氧化碳、一氧化氮、氯气等。
>
> （3）易爆或者窒息、助燃气体：如压缩氧气、氮气、氦气、氖气、气雾剂等。
>
> 5. 易燃液体
>
> 如汽油、柴油、煤油、桐油、丙酮、乙醚、油漆、生漆、苯、酒精、松香油等。
>
> 6. 易燃固体、自燃物质、遇水易燃物质
>
> （1）易燃固体：如红磷、硫磺、铝粉、闪光粉、固体酒精、火柴、活性炭等。
>
> （2）自燃物质：如黄磷、白磷、硝化纤维（含胶片）、钛粉等。
>
> （3）遇水易燃物质：如金属钠、钾、锂、锌粉、镁粉、碳化钙（电石）、氰化钠、氰化钾等。
>
> 7. 氧化剂和过氧化物
>
> 如高锰酸盐、高氯酸盐、氧化氢、过氧化钠、过氧化钾、过氧化铅、氯酸盐、溴酸盐、硝酸盐、双氧水等。
>
> 8. 毒性物质
>
> 如砷、砒霜、汞化物、铊化物、氰化物、硒粉、苯酚、汞、剧毒农药等。

9. 生化制品、传染性、感染性物质

如病菌、炭疽、寄生虫、排泄物、医疗废弃物、尸骨、动物器官、肢体、未经硝制的兽皮、未经药制的兽骨等。

10. 放射性物质

如铀、钴、镭、钚等。

11. 腐蚀性物质

如硫酸、硝酸、盐酸、蓄电池、氢氧化钠、氢氧化钾等。

12. 毒品及吸毒工具、非正当用途麻醉药品和精神药品、非正当用途的易制毒化学品

（1）毒品、麻醉药品和精神药品：如鸦片（包括罂粟壳、花、苞、叶）、吗啡、海洛因、可卡因、大麻、甲基苯丙胺（冰毒）、氯胺酮、甲卡西酮、苯丙胺、安钠咖等。

（2）易制毒化学品：如胡椒醛、黄樟素、黄樟油、麻黄素、伪麻黄素、羟亚胺、邻酮、苯乙酸、溴代苯丙酮、醋酸酐、甲苯、丙酮等。

（3）吸毒工具：如冰壶等。

13. 非法出版物、印刷品、音像制品等宣传品

如含有反动、煽动民族仇恨、破坏国家统一、破坏社会稳定、宣扬邪教、宗教极端思想、淫秽等内容的图书、刊物、图片、照片、音像制品等。

14. 间谍专用器材

如暗藏式窃听器材、窃照器材、突发式收发报机、一次性密码本、密写工具、用于获取情报的电子监听和截收器材等。

15. 非法伪造物品

如伪造或变造的货币、证件、公章等。

16. 侵犯知识产权和假冒伪劣物品

（1）侵犯知识产权：如侵犯专利权、商标权、著作权的图书、音像制品等。

（2）假冒伪劣：如假冒伪劣的食品、药品、儿童用品、电子产品、化妆品、纺织品等。

17. 濒危野生动物及其制品

如象牙、虎骨、犀牛角及其制品等。

18. 禁止进出境物品

如有碍人畜健康的、来自疫区的及其他能传播疾病的食品、药品或者其他物品；内容涉及国家秘密的文件、资料及其他物品。

19. 其他物品

《危险化学品目录》《民用爆炸物品名表》《易制爆危险化学品名录》《易制毒化学品的分类和品种目录》《中华人民共和国禁止进出境物品表》载明的物品和《人间传染的病原微生物名录》载明的第一、二类病原微生物等，以及法律、行政法规、国务院和国务院有关部门规定禁止寄递的其他物品。

复习思考题

1. 填空题

（1）_____是电子商务产业链的重要组成部分，发挥着至关重要的作用。

（2）根据快递要递送的区域范围不同，可以将快递分为_____快递和_____快递两种。

（3）_____是由电子商务平台自己筹资组建物流配送系统。

（4）物流联盟是基于正式的_____而建立的一种物流合作关系，参加联盟的企业通过汇集、交换或统一物流资源以获得共同利益，同时合作企业仍保持各自的独立性。

（5）电子商务当事人可以约定采用_____方式交付商品。

2. 简答题

（1）什么是快递？
（2）快递分为哪些类型？
（3）什么是物流？
（4）物流具有哪些特征？
（5）简述快递物流服务提供者的责任和义务。

第 8 章
电子商务纠纷与解决

在电子商务交易过程中,由于交易主体的多样性及网络的虚拟性,很容易产生争议与纠纷。合理有效地解决电子商务纠纷,是法律关注的一个重要领域,同时也是电子商务活动顺畅有序进行的有效保障。

【学习目标】

(1)了解电子商务纠纷与解决的基本知识。
(2)熟悉电子商务纠纷的管辖与法律适用。
(3)掌握电子商务纠纷的解决方式。
(4)掌握电子商务诉讼中的电子证据的相关知识。

【思政讨论】

吴某于2020年6月29日注册为某平台公司运营的电子商务平台会员,在平台购物期间,针对数百起订单以7天无理由退货、拍错/多拍、不喜欢/不想要等理由大量发起退货申请,并存在重复使用同一订单号填写退货申请等情形,2022年11月17日至11月29日73次虚填圆通速递单号60049095****申请退款,2022年10月31日至12月28日41次虚填圆通速递单号60046613****申请退款,2022年11月17日至12月11日247次虚填退货快递单号申请退款,导致其因退货信息虚假(错误单号、重复单号)、快递单号无相应物流信息等原因多次被平台卖家投诉。某平台公司以吴某滥用会员权利为由,对吴某账户进行了冻结。吴某因登录受限,诉请某平台公司解除对其账户的冻结。

讨论:
(1)在上述案例中,吴某违反了哪些法律法规?
(2)在面对电子商务纠纷时,我们应该秉持什么样的处理原则?

8.1 电子商务纠纷与解决的基本知识

【知识目标】

(1)了解电子商务纠纷的概念。
(2)理解电子商务纠纷的特点。
(3)掌握电子商务纠纷解决的基本原则。

【技能目标】

(1)能够说出电子商务纠纷解决的基本原则。
(2)能够说出电子商务纠纷有哪些特点。

8.1.1 电子商务纠纷的概念

电子商务纠纷是指在电子商务中产生、提起、待解决的纠纷。对于电子商务纠纷的内涵,可从以下两个方面理解。

1)电子商务纠纷实质是一种民商事纠纷

纠纷是利益纠缠的对抗性表达,而对利益的争夺是植根于人性的深层欲望,因此,纠纷的出现就像人性一样,不可能绝对消除和遏制。电子商务交易不论有多少特殊性,毕竟还是交易的一种,实质并没有变,有交易双方,甚至电子商务的多方参与,便有利益的对抗,电子商务发展的同时,新型纠纷——电子商务纠纷也产生了。电子商务纠纷本身就是一个综合性概念,这种纠纷类别是按照产业而不是纠纷的元素——如纠纷当事人的法律地位、纠纷所涉及的性质等来划分,而每个产业就是一个微缩的社会,包括社会中可能存在的一切性质的争议。在纠纷的性质上,电子商务纠纷具有一般纠纷的所有类型,包括平等主体之间的民商事纠纷,非平等主体之间的行政性、刑事性争议,在电子商务领域具体表现为电子商务参与方:企业、个人用户(消费者)、第三方(如网络交易中心)、电子银行、第三方物流、认证机构之间的纠纷。出于研究范围的原因,本书所指的电子商务案件仅指民商法意义上的电子商务交易纠纷,不包括刑法和行政法意义上的电子商务纠纷。

2)纠纷的产生是多方面因素的结果

纠纷不仅包括在既定社会秩序下权利受到侵害的情形,而且存在权利归属不明确甚至社会对成员之间的利益主张尚未形成一致的看法的情形。这就要求不仅要从微观上认识纠纷是争议主体相互行为的过程,同时要从宏观上注意它是一种社会运动过程。因此,寻求纠纷救济途径应当从个体与社会两个层次考虑,具体到电子商务纠纷,它既是当事人民商事权利冲突的诉求,也是电子商务环境下的社会利益的表达、整合的途径,必须重视电子商务纠纷的解决。

小常识

电子商务中常见的纠纷

电子商务交易中常见的纠纷包括生活消费合同纠纷、生产购销合同纠纷、网银支付合同纠纷、虚拟财产合同纠纷、物流运输合同纠纷、旅游休闲合同纠纷。

8.1.2 电子商务纠纷解决的基本原则

电子商务纠纷解决的基本原则包括以下4个方面。

(1)争议解决机构与当事人应秉持维护交易安全、推动电商繁荣、捍卫消费者正当权益及保障市场公平有序的宗旨,以公正无私、高效迅捷的态度化解纷争。

(2)鉴于电子商务环境下信息不对称与交易虚拟性的固有特性,消费者往往处于不利地位。因此,在探索电子商务纠纷解决方案时,必须将保护消费者权益置于首位,这不仅是维护社会公平正义的必要之举,也是保障电子商务行业持续健康发展的重要基石。

(3)电子商务纠纷的跨国性及交易小额化特性,要求解决机制不仅需确保公正,更要追求高效,以应对跨国界、小标的额的复杂挑战。

(4)新兴的在线争端解决模式,如在线纠纷解决机制,之所以广受欢迎,关键在于其有效克服了传统民商事纠纷处理耗时长、效率低、不便利的缺陷,完美契合了电子商务快速发展的需求。

8.1.3 电子商务纠纷的特点

电子商务纠纷虽然在本质上属于民事纠纷的范畴,其解决也可以比照民事纠纷的解决机制进行,但由于电子商务纠纷的产生、发展、结束一般都在网上进行,它便具有了自己本身的一些特点。这些特点对当前电子商务纠纷的解决提出了许多新的要求,决定了电子商务纠纷的解决不能照搬、照抄民事纠纷。电子商务纠纷主要有以下3个特点。

1. 纠纷的跨区域性

电子商务纠纷区别于传统民商事纠纷的一大鲜明特征就是纠纷的跨区域性。在电子商务的交易中,消费者通过电子商务平台购买商品,消费者进行支付后,由商家将商品通过物流途径寄给消费者,在此过程中,消费者和商家在现实中并未见面。以国内的著名电子商务平台淘宝网为例,淘宝网所属的阿里巴巴集团总部位于杭州,在淘宝网购物的消费者大多数为中国人且分布在全国各地,入驻淘宝网的商家多数分布在我国的发达地区,一般情况下,消费者和商家现实中并不在一个城市。一旦发生纠纷,当事人需要前往异地解决纠纷。因此,纠纷的跨区域性特征是电子商务纠纷的一大特点。

> **小常识**
>
> 阿里巴巴和淘宝的区别
>
> 阿里巴巴和淘宝同属于阿里巴巴公司,但其两者之间有着明显的不同,主要体现在如下两点。
>
> (1)淘宝和阿里巴巴的业务范围不同。阿里巴巴的主要业务有淘宝网、天猫、全球速卖通、阿里巴巴国际交易市场、聚划算等;淘宝网的主要业务有阿里旺旺、淘宝店铺等。
>
> (2)淘宝和阿里巴巴的模式不一样。阿里巴巴主要是批发模式,面向于经销商和代理商;而淘宝的主要客户是个人,主要是零售模式。

2. 纠纷数量巨大性和纠纷标的小额性

据"电数宝"统计,2022年全年,网络纠纷涉及金额在1000~5000元的占比最高,为26.86%;其次分别为100~500元(15.71%)、10000元以上(14.03%)、0~100元(13.06%)、5000~10000元(12.79%)、500~1000元(8.82%)、未选择金额(8.67%)。多数用户网络消费纠纷涉及金额为1000~5000元,这也能够说明网络消费单笔金额在该区间的占多数,5000元以下占六成。

可以看出,大部分电子商务交易纠纷标的额都不大,但是纠纷的数量非常大。因此,电子商务纠纷具有纠纷数量巨大性和纠纷标的小额性的特征。

3. 交易的虚拟性

电子商务的交易与传统的线下交易方式有非常大的区别。在传统线下交易中,消费者首先要实地挑选商品,在有意向购买时,向卖方支付货款,支付完成后可以拿走货物。而消费者在网上购物时,并不能直接看见或者触摸商品,而是通过图片、视频或其他消费者的评价及和卖家在线交流的方式来了解商品,通过这些途径往往不能了解到商品的实际情况,在实际的使用过程中可能并不符合消费者的期望。此外,在消费者购买商品时,买方通过互联网支付货款,卖家通过快递邮寄货物,买卖双方的意思表示及实体法律关系均产生于互联网之上,买卖双方在现实中并未见面。因此,相对于传统的交易方式,电子商务纠纷具有交易的虚拟性特征。

8.2 电子商务纠纷的解决方式

【知识目标】

(1)掌握电子商务纠纷的传统解决方式及其弊端。

（2）掌握电子商务纠纷的在线解决方式及其优势。

【技能目标】

（1）能够利用传统解决方式解决电子商务纠纷。

（2）能够利用在线解决方式解决电子商务纠纷。

8.2.1 电子商务纠纷的传统解决方式及其弊端

1. 电子商务纠纷的传统解决方式

1）平台内部解决

在电子商务交易中，一般会涉及买卖双方，除此之外，在一些情况下可能还会涉及第三方，如代购方和运输方。在遇到纠纷时，买卖双方一般首先选择在平台内部解决纠纷，双方都希望纠纷能够快速解决。

当发生纠纷时，买卖双方可以采取电话、书信、电子邮件等方式来协商解决责任的分配、补偿手段和相关费用等问题。例如，某消费者在淘宝网上购买一件商品，后来购买的商品出现质量问题。于是该消费者利用淘宝网站的内部聊天工具和卖家进行协商，讨论针对该商品应如何对消费者进行赔偿，如退货、换货及其他补偿等。若买卖双方达成了合意，协商一致，该争议便解决完毕。

若当事人双方经协商后仍无法达成一致，可以请求电子商务平台介入。电子商务平台作为协调的中立第三者，在买卖双方之间斡旋，促使买卖双方达成一致。例如，在淘宝网购物时，若买卖双方发生纠纷且无法协商一致时，可以寻求淘宝网客服介入，协助解决纠纷。在客服的介入下，买卖双方得出一个可以接受的解决方案，这也是目前解决电子商务纠纷最常用的方式之一。

这种纠纷解决方式的弊端是无强制力，平台内部解决的结果只能靠双方自觉履行，无法强制执行。若败诉商家不履行义务，消费者也不能对其强制执行，不利于维护当事人的权益。此外，由于电子商务平台或多或少与当事人存在利益关系，在实践中，由于一些商家能为电子商务平台带来巨大收益，平台有时会过于偏袒商家，这就使人们怀疑电子商务平台内部解决的公正性。

2）诉讼

诉讼是人们较为熟悉也较为常用的纠纷解决方式。在电子商务纠纷中，由于买卖双方和电子商务平台往往位于不同的城市，因此涉及异地诉讼。诉讼的优点是相对公平、公正，做出的生效判决有执行力；缺点是成本较高，由于存在异地诉讼，一方当事人参加应诉所付出的成本（如路费、食宿等）必定高昂，且申请执行生效判决也需要当事人付出较多的时间成本。

3）仲裁

仲裁也是解决电子商务纠纷常见的方式。仲裁与诉讼相比，在自治性、民间性、专业性、保密性、一审终局性上都具有独特优势。仲裁需要当事人达成合意，或者存在一个有效的仲裁条款。仲裁的弊端和诉讼相同，一方面由于需要当事人前往异地开庭应诉，导致成本较高；另一方面，在网络环境下，绝大多数的纠纷解决条款都存在于服务协议之中，例如，在《淘宝平台服务协议》中，法律适用和争议解决条款位于协议的最后。有时消费者会因为没有看到该条款而导致和商家就纠纷无法达成有效的仲裁协议。

> **知识拓展**
>
> 《淘宝平台服务协议》中关于交易争议的条款规定
>
> 1. 交易争议处理途径
>
> 用户在淘宝平台交易过程中与其他用户发生争议的，用户有权选择以下途径解决：
>
> （1）与争议相对方自主协商。
> （2）使用淘宝平台提供的争议调处服务。
> （3）请求消费者协会或者其他依法成立的调解组织调解。
> （4）向有关行政部门投诉。
> （5）根据与争议相对方达成的仲裁协议（如有）提请仲裁机构仲裁。
> （6）向人民法院提起诉讼。
>
> 2. 平台调处服务
>
> 如用户依据淘宝平台规则使用淘宝平台的争议调处服务，则表示用户认可并愿意履行淘宝平台的客服或大众评审员（"调处方"）作为独立的第三方，根据其所了解的争议事实，并依据淘宝平台规则所做出的调处决定（包括调整相关订单的交易状态、判定将争议款项的全部或部分支付给交易一方或双方等）。在淘宝平台调处决定做出前，用户可选择上述（3）（4）（5）（6）途径（以下统称"其他争议处理途径"）解决争议，以中止淘宝平台的争议调处服务。如用户对调处决定不满意，用户仍有权采取其他争议处理途径解决争议，但通过其他争议处理途径未取得终局决定前，用户仍应先履行调处决定。

2. 电子商务纠纷传统解决方式的弊端

传统的纠纷解决方式存在以下弊端。

1）诉讼、仲裁成本较高

如前文所述，电子商务纠纷一般具有跨地区性的特征，买卖双方往往位于不同的城市或地区。若采取线下途径解决纠纷，由于路途遥远，消费者会付出较高成本去奔波应诉。消费者在取得生效判决或者裁决后，可能还需要到败诉方所在地或财产所在地申请执行。由此可见，消费者所花费的成本将是巨大的。

此类纠纷的标的额普遍较小，若采取线下途径解决纠纷，由于需要异地应诉，当事人在交通和食宿方面的花费就可能接近甚至超过自己的索赔额。因此，在这种情况下，绝大多数当事人会选择放弃解决纠纷，放弃维护自身权益。高额的成本是传统线下纠纷解决方式的一大弊端，会严重阻碍消费者维护自身的权利。

2）诉讼、仲裁效率较低

诉讼和仲裁往往程序繁多，处理纠纷需要比较长的时间。以我国国内的民事诉讼为例，当事人首先要前往法院立案庭递交起诉状，法院受理后决定立案与否。假如法院决定立案，还需要通知被告人并择期开庭。开庭审理后，法官需要一定的时间审理案件。

若一方不服一审判决，还需要进行二审判决。在取得生效判决后，胜诉方还可能需要去申请执行。若涉及跨境电子商务纠纷，因涉及跨国承认与执行，所需要的时间将更长。在现实中我国基层法院办案压力较大，一般情况下，从立案到纠纷解决完毕，往往需要几个月时间。因此，效率较低是诉讼途径处理电子商务纠纷的一大缺点。

3）平台内部解决的公正性存疑

若消费者使用平台内部的解决方式来解决纠纷，电子商务平台的公正性往往会受到质疑。一方面，电子商务平台的主营业务是电子商务业务，而非争议解决，内部负责纠纷解决的人员很多都是身兼数职，专业能力参差不齐，对法律知识的储备有限，因此，电子商务平台有时并不能够很好地解决纠纷。另一方面，由于电子商务平台或多或少与当事人存在利益关系，在实践中，由于一些商家能为电子商务平台带来巨大收益，平台有时会过于偏袒商家，这就使人们怀疑电子商务平台内部解决的公正性。以淘宝网为例，某消费者和商家因商品质量问题产生纠纷，而该商家为淘宝网的长期合作伙伴，且因交易额较大为淘宝带来了巨大收益。若淘宝客服介入了消费者和该商家的纠纷，可能会因为淘宝客服和该商家存在利害关系而偏袒商家，不利于消费者维权。因此，使用一个独立的第三方专业纠纷解决平台会是一个更好的选择。

综上所述，在当今网络飞速发展的时代，诸如诉讼和仲裁等传统的纠纷解决方式在解决电子商务纠纷时已不具有优势，甚至会阻碍消费者维护自己的合法权益。因此，迫切需要一种能够较好地解决电子商务纠纷的方式。随着互联网技术的发展，一种利用互联网解决纠纷的在线纠纷解决方式便诞生了，这种纠纷解决方式相较于传统的线下解决方式能够更好地处理电子商务纠纷。

8.2.2　电子商务纠纷的在线解决方式及其优势

1. 在线纠纷解决方式的概念

ODR（Online Dispute Resolution）在我国翻译为在线纠纷解决机制、在线纠纷解决方式或者在线争议解决模式等，常采用在线纠纷解决方式的说法。国际消费者协会（Consumers International，CI）给ODR下的定义如下：完全利用电子手段，使得争议方解决纠纷无须离开他们的家或办公室而提供的ADR（Alternative Dispute Resolution，替代性争议解决方式）服务。这种说法将ODR与ADR联系起来，指出ODR是一种特殊的ADR。

> **小常识**
>
> **国际消费者协会**
>
> 国际消费者协会是一个国际性的独立非政府组织，宗旨是致力于维护消费者的权益。其会员机构超过220个，分布于115个国家及地区。
>
> 国际消费者协会前身是国际消费者联盟组织（International Organization of Consumers Unions，IOCU），于1960年成立，并于1995年正式改为现称。

也有学者认为，在线纠纷解决方式是指一种能独立于当事人的物理场所、通过互联网并利用远程信息技术解决争议的方法，这种说法着重说明了ODR的特性。有学者认为，在线纠纷解决机制是指利用互联网技术进行全部或主要程序的各种争议解决方式的总称，本书采用这个观点。

ODR 一词来源于 ADR。通常 ADR 是不包括诉讼的。学界对 ODR 是否包含在线诉讼程序有两种看法。有学者认为，ODR 包含在线诉讼程序。也有学者认为，ODR 一词产生于 ADR 之中，而 ADR 不包含诉讼程序，因此，ODR 也不应包含在线诉讼程序。一方面 ODR 源于 ADR，而 ADR 不包含诉讼，因此，ODR 也不应包含诉讼。另一方面，虽然在线诉讼也是通过互联网解决争议，但依旧是民事诉讼程序的一部分，受到《中华人民共和国民事诉讼法》（以下简称《民事诉讼法》）及相关解释的规制，做出的判决依旧为法院的民事判决，因此，ODR 也应不包含在线诉讼程序。

小常识

ADR

ADR是一种起源于美国的争议解决的方式，一般译为"非诉讼纠纷解决程序"。主要的ADR方式为调解、调停、仲裁、模拟法庭、专家裁定等。

2. 在线纠纷解决方式的类型

1）在线协商

在线协商，即在不涉及第三方介入的情况下，双方当事人借助互联网平台，无须面对面即可展开沟通并达成共识的过程。相较于传统线下协商，其显著优势在于依托互联网技术，使协商活动得以在线上进行，极大地提升了效率与便捷性。常见的在线协商媒介涵盖电子邮件、即时通信软件及在线视频会议等。目前，在电子商务环境中，最为主流的在线协商渠道是通过平台内置的聊天系统实现，诸如淘宝平台上的阿里旺旺，它为买卖双方提供了一个虚拟的沟通空间，双方在此环境中高效、便捷地完成协商过程。在线协商主要有以下两种方式。

（1）辅助型在线协商。即双方当事人利用 ODR 平台提供的虚拟空间，在此空间内进行在线协商并达成一致的在线协商方式。例如，某人在淘宝网购买商品后，因存在质量问题，买卖双方通过淘宝网的阿里旺旺聊天工具协商补偿方式，双方达成一致后纠纷便得到了解决。

（2）自助型在线协商。即当事人通过互联网进行在线协商后，由计算机程序直接生成协议的在线协商形式。相较于辅助型在线协商，计算机程序不仅仅是作为当事人的交流工具，同时该程序也通过计算生成了当事人双方的在线协商的结果。以美国的萨博赛特平台为例，双方当事人进行在线协商时，其程序会让双方当事人各给出一个具体可接受的金额。若双方给出的金额相差在30%以内，此时系统会将双方给出的可接受金额的平均值作为协商结果的金额。当双方给出的可接受金额相差较大，系统会提示双方当事人进行修改。但是自助型在线协商的缺点很明显，就是仅限于给付内容为金钱的纠纷，而其他的请求诸如退货、换货等则无法通过计算机系统解决。

2）在线调解

若双方无法就争议达成一致，在线调解则是一个不错的选择。在在线调解的过程中，双方当事人通过互联网及相关电子设备进行沟通，在中立第三方的参与和协助之下达成合意。由于传统调解一般采用面对面的方式，双方当事人及中立第三方需要在特定的地点面对面进行沟通。而在线调解则不需要见面，当事人和中立第三方利用互联网，在一个虚拟网络空间的私密场所内远程进行交流和沟通，因此，相较于传统的调解，在线调解效率更高，成本更加低廉。此外，由于双方不需要见面，在线调解可以在一定程度上避免当事人双方产生过激的情绪和行为。

2017年2月，我国确定了一批试点法院建立在线调解平台，这意味着在线调解在我国逐渐被应用。也许在不久的将来，在线调解会代替传统调解成为我国主流的纠纷解决方式之一。

3）在线仲裁

在线仲裁是指通过互联网进行仲裁审理的程序。相较于传统的仲裁，在线仲裁由于使用了互联网及相关技术，其主要程序如立案、证据提交与审核、开庭、文书送达等环节都可以通过互联网进行，对于当事人而言，不再需要频繁往来仲裁庭，仅需一台通信设备便能够完成，为当事人带来了极大的便利。目前，众多仲裁机构（如中国国际经济贸易仲裁委员会）和一部分ODR平台都开设了在线仲裁庭，在线仲裁已经被越来越广泛地使用。

与普通仲裁相同，在线仲裁也要求当事人达成在线仲裁的合意。仲裁协议一般在电子商务平台的服务条款中。例如，在《天猫国际服务条款规则》中包含了仲裁协议，当事人可将争议提交至仲裁机构进行仲裁。

3. 在线纠纷解决方式的优势

1）有利于降低纠纷解决成本，便于当事人维权

在前文所述的两个案例中，争议标的额都不超过500元。如果当事人不使用在线纠纷解决方式，而是继续进行诉讼，当事人双方为了奔波应诉及等待判决结果所付出的时间成本和金钱成本将会更加高昂，当事人所付出的各种成本很有可能接近甚至超过自己的索赔金额，最终可能导致当事人放弃维权。传统的争议解决方式，由于成本远高于索赔额，因而并不适于电子商务争议解决的需要。

不同于传统的线下纠纷解决方式，在线纠纷解决方式利用互联网解决纠纷，当事人不需要前往特定的地方应诉，仅仅需要一部手机或者一台计算机，足不出户便能够参与到纠纷的解决中，为当事人节约了大量用于应诉的成本。得益于纠纷解决的成本大幅降低，原本陷入纠纷解决成本高于索赔成本困境中的当事人便可以通过这种方式来维护自己的权益。因此，在线纠纷解决方式有利于降低纠纷解决成本，便于当事人维权。

2）有利于高效、便捷地解决纠纷

在线纠纷解决方式使争议解决突破了距离障碍，当事人可以通过互联网进行即时沟通，不再需要相互见面。如前文所述，在线仲裁由于使用了互联网及相关技术，其主要程序如立案、证据提交与审核、开庭、文书送达等环节都可以通过互联网进行，当事人不再需要前往现场，便可以大幅提升办案效率。此外，ODR平台网站和服务器通常24小时服务，当事人可选择任意时间进行立案申请、上传证据等程序，方便当事人参与解决争议。

3）有利于实现民事案件分类处理，提高办案效率

电子商务纠纷大多数标的额不大，倘若都被提交至法院进行处理，一方面会大幅增加法官的负担，导致其他重要案件的审理时间减少，不利于法院高效办案；另一方面，由于标的额普遍较小，采用诉讼的方式难免会产生资源的浪费。若将这些标的额不大的纠纷通过在线解决，通过这种"诉调对接"的方式，让法院的一部分案件由 ODR 平台进行分流，交由 ODR 平台先行在线调解，将在一定程度上减少法院的积压案件数量，缓解法院的办案压力，让法官有更多的时间和精力去处理其他更重要的案件，有利于实现案件的分类处理，提高效率。

4）程序灵活，便于当事人做出选择

在线纠纷解决方式包含多种不同的程序。不同案件的程序不尽相同。在将纠纷提交至 ODR 平台后，可由当事人选择程序。在通常情况下，当事人会首先选择在线协商或在线调解。在不能达成一致的情况下，可选择继续将争议提交 ODR 平台的在线仲裁，或将争议提交至法院或者仲裁机构。相较于诉讼和仲裁，在线纠纷解决方式的程序相对灵活、多元化，当事人可以选择多种程序。尽管纠纷各不相同，但当事人总能够选择一种合适的途径来解决纠纷。

5）ODR 平台专业性更强

如前文所述，电子商务网站工作人员的专业能力参差不齐，且电子商务网站可能与当事人存在利害关系，导致消费者不信任电子商务平台参与处理纠纷。ODR 平台专注解决纠纷，工作人员往往是法律及相关专业出身，受到过专业、系统的培训，且 ODR 平台与双方当事人不存在利害关系，能够站在中立第三方的位置解决纠纷。此外，ODR 平台和所属机构往往会受到法律法规和有关部门的监管，例如，杭州的在线矛盾纠纷多元化解平台由浙江省高级人民法院开发并推广，受浙江省高级人民法院及相关部门监管。因此，相较于电子商务平台，ODR 平台不仅更加专业，而且纠纷处理的结果更加公平公正，有利于消费者维护自己的合法权益。

综上所述，现阶段我国电子商务纠纷数量巨大。若众多的电子商务纠纷得不到有效的解决，将不利于我国电子商务的发展。在线纠纷解决方式是基于互联网而产生的新兴产物，在解决电子商务纠纷上具有成本低、效率高、程序灵活和专业性更强的特点。

因此，我国非常有必要建立和完善在线纠纷解决方式，从而能够更好地解决电子商务的纠纷问题，使电子商务得到更好的发展。

8.3 电子商务纠纷的管辖与法律适用

【知识目标】

（1）了解管辖权的概念。
（2）熟悉电子商务纠纷的管辖相关知识。
（3）掌握电子商务纠纷法律适用的相关知识。

【技能目标】

（1）能够说出互联网环境下民事诉讼管辖的基本问题有哪些。

（2）能够说出电子商务纠纷的法律适用问题有哪些。

8.3.1 电子商务纠纷的管辖

1. 管辖权的概念

管辖权是法院对起诉的案件进行受理审判所具有的权力或权限。法院享有纠纷的管辖权，一要满足对标的物享有管辖权，这是指法院有权针对该纠纷的类型进行受理审查；二要满足对诉讼主体享有管辖权，这是说明法院只能对符合要求的民事主体的权利和义务进行审判。按照我国在民商事方面制定的法律及相关的司法解释，我国的民事案件管辖权分为如下 5 种：属人管辖、属地管辖、级别管辖、专属管辖、协议管辖。其中，适用于跨国电子商务纠纷应用的主要涉及级别管辖、属地管辖和协议管辖。

首先，《民事诉讼法》第二十二条对地域管辖做出了以下规定："对公民提起的民事诉讼，由被告住所地人民法院管辖；被告住所地与经常居住地不一致的，由经常居住地人民法院管辖。对法人或者其他组织提起的民事诉讼，由被告住所地人民法院管辖。同一诉讼的几个被告住所地、经常居住地在两个以上人民法院辖区的，各该人民法院都有管辖权。"

其次，《民事诉讼法》第三十五条规定："合同或者其他财产权益纠纷的当事人可以书面协议选择被告住所地、合同履行地、合同签订地、原告住所地、标的物所在地等与争议有实际联系的地点的人民法院管辖，但不得违反本法对级别管辖和专属管辖的规定。"此条规定了我国民商事诉讼中当事人可以根据法律的规定协商具体管辖的法院。

可以看出，我国《民事诉讼法》关于管辖权的规定是以传统的民商事交易模式为基础的，彼时电子商务产业才刚崭露头角，这一全新领域的问题还未得到立法者的关注。尽管对于电子商务方面出台了一些相关法律法规，但是电子商务纠纷中最为首要的管辖权问题还是难以切实合理地完全解决。

2. 互联网环境下民事诉讼管辖的基本问题

管辖权的概念具有双重维度。广义上，它指的是国际法视角下的国家管辖权，即国家借助立法、司法及行政等手段，对其领域内的人、事、物实施管理与处置的权力，此乃国家主权不可或缺的体现，深植于国家本质之中。狭义上，则聚焦于国内法层面的司法管辖权，特指一国司法体系内，各级别、各地区法院间分配案件受理权限的制度，旨在明确争议双方应向何法院提请诉讼，其具体规则多由国内诉讼法详尽规定。针对普通民事诉讼，其核心议题在于民事争端发生时，应由何层级、何地法院负责审理。而涉及互联网领域的民事纠纷，则进一步细化为探讨哪一层级、哪一地理位置的法院有权管辖此类网络相关案件。值得注意的是，互联网并未催生全新的司法体系或管辖框架，电子商务纠纷在网络空间中的诉讼管辖，依然遵循民事诉讼法的级别与地域管辖基本原则。传统司法管辖的基石在于稳定联系点，如案件性质、影响范围、繁简程度决定级别管辖，而地域管辖则受当事人居所、诉讼标的所在地及法律事实发生地等因素影响。然而，互联网作为全球性计算机网络体系，其架构开放无界，设备位置虽具体，但网络环境本身跨越国界，信息流动瞬息万变，使得网上活动的具体地点与范围界定成为难题。在此背景下，互联网环境模糊了当事人所在地、行为发生地等地域管辖关键要素，从而加剧了网络案件管辖权的不确定性，为司法实践带来了新的挑战。

3. 互联网民事侵权纠纷的管辖地

尽管网络侵权行为发生在一个跨越国界、超越地域界限的既虚拟又确实存在的网络环境中，它作为一种新兴的侵权形态，仍然与常规的侵权行为保持着若干共通之处。基于此，《民事诉讼法》中确立的管辖原则，在适应性与有效性上并未失效，能够妥善指导并解决网络侵权纠纷案件在各级、各地法院之间的管辖权分配问题。

《电子商务法》第六条规定："国务院有关部门按照职责分工负责电子商务发展促进、监督管理等工作。县级以上地方各级人民政府可以根据本行政区域的实际情况，确定本行政区域内电子商务的部门职责划分。"我国《民事诉讼法》第二十九条规定："因侵权行为提起的诉讼，由侵权行为地或者被告住所地人民法院管辖。"其中，侵权行为地包括侵权行为实施地和侵权结果发生地。

"被告住所地"一直都是民商事诉讼中确定管辖权的基本原则。一般来说，在网络纠纷案件中，以被告住所地确定管辖地的争议不大，因为不法行为人应当也有住所，甚至他们的住所有可能就是他们实施侵权行为的地点。因此，被告住所地仍是最明确、最有效、联系最密切的管辖标准。只是在实践中确定被告住所地时存在一定的困难。网上侵权行为人大致可以分为两种：一种是网站经营者，另一种是登录网站的任何第三人。若网上侵权行为人为网站经营者，有人说以网站服务器地址（装有网络服务器软件的硬件服务器设备所在地）为新的连接点替代当事人住所地，但这种方式的问题是网站服务器地址也很难确定。因为网站服务器既可以在设立该服务器的公司、单位、组织或者个人住所地，也可以在虚拟主机服务提供商处或网络服务提供商处，无论是租用还是自有，当事人都可以自由选择并比较容易地变更服务器所在位置。

从地域上讲，网络服务器既可能在境内，也可能在境外。即使在境内，一个公司、单位、组织或者个人也可能占用多个服务器，同时这些服务器也可能位于不同的行政区域内，对方当事人很难知晓服务器所在的位置，因此，不太适合作为管辖依据。有人说以 IP 地址作为诉讼管辖的依据，问题是虽然 IP 地址可以确定某一相应的主机及该主机所在的确切的地理位置，但因为我国现阶段"虚拟主机"技术和服务器托管方式的广泛应用，使得若干台具有独立域名的虚拟主机分享一个 IP 地址的情况十分常见。而且许多公司网络和互联网服务提供商为了充分利用其所持有的 IP 地址，以大量用户分享一定数量 IP 地址的方式来动态分配用户上网时的 IP 地址。当同一用户在不同时间登录互联网时，其 IP 地址有可能不同。可见该主机所在的地理位置不一定就是当事人的住所地、行为地，仅依据 IP 地址而没有其他因素来确定管辖地的观点和做法是不可取的，至少在现阶段是不可行的。所以，在网站经营方面发生侵权行为的情况下，应以网站所有者或经营者的住所地作为管辖的依据。如果网站所有者或经营者是自然人，那么其地址作为住所地或经常居住地；如果是法人或其他组织，那么其注册地或主要办公地即为其住所地。若网上侵权行为人为第三方，利用自己的终端设备通过他人网站服务器实施的侵权行为，其侵权人所在地适用一般的民事诉讼法上的住所地认定规则，即侵权人的住所地或经常居住地为被告住所地。

> **小常识**
>
> **IP地址**
>
> IP地址（Internet Protocol Address，互联网协议地址）又称网际协议地址。IP地址是IP协议提供的一种统一的地址格式，它为互联网上的每个网络和每台主机分配一个逻辑地址，以此来屏蔽物理地址的差异。
>
> IP地址被用来给互联网上的计算机一个编号。大家日常见到的情况是每台联网的计算机上都需要有IP地址，才能正常通信。可以把"个人计算机"比作"一部电话"，那么"IP地址"就相当于"电话号码"，而互联网中的路由器就相当于电信局的"程控式交换机"。
>
> IP地址是一个32位的二进制数，通常被分割为4个"8位二进制数"（也就是4字节）。IP地址通常用"点分十进制"表示成（a、b、c、d）的形式，其中，a、b、c、d都是0~255的十进制整数。例如，点分十进制IP地址100.4.5.6，实际上是32位二进制数01100100.00000100.00000101.00000110。

网络侵权行为发生地的确定同样存在困难，网络的开放性使人们在任何一台与互联网相连的计算机上都可以实施侵权行为，借助高度发达的网络技术也能查出网络使用者的登录地点。但是，这种调查的成本太高，这个地点一般是侵权人实施侵权行为的设备所在地，将其认定为侵权行为实施地无异于将被告住所地当作侵权行为实施地。这个地点也很可能是网吧之类的公共场所，与当事人并无必然联系，如果认定这一处所为侵权行为发生地，既大大增加了原告的诉讼成本，又给了侵权行为人极大的挑选法院的自由。

所以，很多国家选择将侵权结果发生地作为确定管辖权的基础。但是，对于如何判断侵权结果发生地，是否可将受害人所在地视为侵权行为结果的发生地，还没有一个确切的判定。如果将受害人所在地视为侵权行为结果发生地的话，侵权结果发生地将完全演变为以原告为核心了。为了防止原告利用这一特点扩大原告住所地管辖范围，对网上侵权结果发生地的范围应当予以限制。例如，在美国，法院在司法实践中形成了服务器接触管辖规则。在确定侵权结果发生地为管辖地时，原告不仅在某地浏览到侵权信息，还应该与该站点有一定的交互联系，该服务器所在地才能构成侵权结果发生地。所谓交互联系，是指原告通过计算机终端设备在被告的网站上进行了订立合同、传递档案文件或下订单等互动行为。接触规则使判断侵权结果发生地有了一定的客观标准，但是这种标准是否合理或科学、是否会为原告人所利用等，仍然是需要进一步研究的问题。

4. 具有涉外因素的在线纠纷的管辖

一旦民事法律关系的主体、客体或法律事实中至少一项元素具备涉外特性，即应将该纠纷归类为涉外民商事纠纷案件。互联网作为全球互联、无国界限制的虚拟空间，其内地域界限模糊，跨国交流变得异常便捷。参与网络活动者常受不同国家法律管辖，且活动标的常跨越国界，各国为维护主权，往往倾向于扩大司法管辖范围，从而不可避免地引发管辖权冲突。管辖权在此背景下，成为国家司法主权的具体展现。在涉外民商事争议中，受案法院是否具备管辖权，常成为当事人争议的核心之一。冲突法作为调和跨国间民商事法律冲突的框架，涵盖管辖权界定、法律适用选择、外国裁判与仲裁裁决的认可与执行等方面。涉外民商事案件管辖权的确定，关键在于案件法律关系与法院所在国是否存在特定联系。传统冲突法在处理此类问题时，常在属人法与属地法间寻求平衡，体现属地优先的要素多与地理位置相关，如合同执行地、签订地、侵权行为地等；而属人优先则侧重于国家与当事人的法律关系纽带，如国籍等。电子商务活动相较于传统的民商事活动，展现出了截然不同的特性，它根植于一个与地理空间截然分离的网络环境之中。这一转变显著削弱了诸多传统中行之有效的客观连接因素的有效性。以冲突规范中频繁使用的地理位置为例，在网络空间内，其作为连接点的价值大打折扣，因为电子商务活动的流程与环节难以从地域维度进行清晰界定。此外，互联网的全球开放性和无国界特性，使得它成了一个对所有国家和个人开放的独立自治领域。这种特性导致了任何单一国家都难以对网上活动实施全面有效的监管。用户只需通过任意一台联网的计算机，即可自由参与各类网络活动，这无疑削弱了国家与活动主体之间的直接联系。因此，在互联网环境中，国籍作为连接点的意义也相应减弱。

到目前为止，协议管辖是解决管辖权积极冲突的最方便和最有效的方式，因为协议选择的法院通常是当事人所信任的法院，该法院所适用的准据法双方当事人一般也比较熟悉，这些因素都有利于当事人自动执行法院的判决。我国《民事诉讼法》对涉外民事关系进行了专门规定，因合同纠纷或其他财产权益纠纷对在中国境内没有住所的被告提起诉讼，如果合同在中国签订或者履行，或者诉讼标的物在中国境内，或者被告在中国境内有可供扣押的财产，或者被告在中国境内设有代表机构，可以由合同签订地、合同履行地、诉讼标的物所在地、可供扣押财产所在地、侵权行为地或代表机构住所地人民法院管辖。

涉外合同或者涉外财产权益纠纷的当事人可以用书面协议选择与争议有实际联系的地点的法院管辖。选择中华人民共和国人民法院管辖的，不得违反民事诉讼法关于级别管辖和专属管辖的规定。上述规定同样适用于具有涉外因素的在线纠纷，只要上述地点位于中国，原告就可以向这些地点的人民法院提起诉讼。如果上述地点中没有一个位于中国，那么原告只能向国外有管辖权的法院起诉。当然，当事人也可以在书面协议选择的与争议有实际联系的地点的法院起诉。但是我国涉外民事诉讼管辖权制度对协议管辖存在一些不适当限制，如能将协议管辖的争议的性质扩大到除专属管辖之外的一切争议，而不仅仅限定在财产性质的争议上；将协议管辖的形式扩展为书面形式、口头形式和其他一切合理的形式，而不再局限于书面形式和默示形式，这样就可以最大限度地扩大协议管辖的应用，解决在线纠纷中产生的管辖权冲突的问题。

8.3.2 电子商务纠纷法律适用

1. 电子商务纠纷法律适用的问题

1）传统联结点的问题

联结点是冲突规范借以确定涉外民事法律关系应当适用什么法律的根据。联结点直接决定范围部分应适用何国实体法，离开了这一媒介，就无从选择法律。联结点的确定对维护当事人合法权益关系十分重大。传统的国际私法理论将联结点分为客观联结点和主观联结点。客观联结点主要有国籍、住所、居所、物之所在地、缔约地、履行地、侵权行为地、法院所在地等；主观联结点则主要为当事人意思自治原则和法院推定的最密切联系原则。由此可见，现行国际私法的冲突规范主要是通过在物理空间寻找涉外民事关系的联结点，从而寻找应当适用的准据法来解决国际法律冲突。

互联网技术的一个最显著特点就是其行为的场所是特殊的，网络空间的虚拟性、全球性、高度自治性和非中心化倾向等特点使得网络空间的行为难以在物理空间场所化。传统的物之所在地这一联结点难以具体到一个明确的地域空间。例如，人们经常在网上下载软件，这些软件仅仅是一种数据化的程序，没有物质载体，如果要对该程序进行定性或确定物权归属，那么它的物之所在地在哪里呢？我们只能说它在网上，而很难明确具体的地域空间。传统的合同订立地、合同履行地也受到挑战，例如，互联网所提供的交易平台使国际贸易双方可以在世界的任何时间、任何地点签订合同，不必像现实生活中必须有实体的合同存在、必须在某一确定的地点签订，这导致传统的合同订立地、履行地等联结点很难在国际电子合同中起到作用。国籍和住所这种联结因素更不易用来指定互联网交易的准据法。当事人身份的不确定性和流动性决定了其可以特意在公共的网络场所进行交易，从而规避本身的真实身份。在网络环境下，作为主观联结点，当事人意思自治原则也受到人们的许多质疑。当事人意思自治原则需要当事人在商务活动中就法律适用问题进行充分磋商，要求双方对所适用的法律都比较熟悉。然而，网络平台使当事人无法真实了解对方身份，更无法真实了解对方所在国。因此，意思自治原则虽在互联网案件中的重要性日渐突出，但是互联网的特殊性使得意思自治原则在适用过程中也有很多问题。

总的来说，由于国际电子商务通过互联网跨越国界，所以，在服务器和操作系统中进行的交易具有很大的流动性。这一事实使如何用国际司法上的联结点来确定用于网络空间的准据法成为法律适用的一大挑战。

2）准据法的适用问题

当前，伴随着联结点的模糊所导致的准据法的落空、各国电子商务立法的滞后及各国对电子商务法律规定存在的巨大差异，使得准据法的适用面临挑战。

一般说来，立法相对于现实生活具有滞后性。网络技术革新的高速发展使电子商务法律法规的更新显得相对缓慢。以立法者的智慧来界定与规范技术的发展方向的期望最终必然会落空。首先，从世界各国现状来看，电子商务无论是在体系、组织、法律、管理和技术上均还未完全成熟，而且，电子商务是无确定界限的商务活动，它不仅提供新的商机，还带来了新的不确定因素。目前，除美国、加拿大、澳大利亚、新加坡等国家外，大部分国家尚未来得及针对国际电子商务制定相应完备的法律对其进行调整，许多国家出于保护科技的需要，不愿过早地下结论，因此，各国制定的与调整电子商务有关的实体法很少，电子商务实体法的缺乏必然导致冲突法上准据法的落空。所以，有时在处理某一国际电子商务纠纷时，尽管通过适用冲突规范确定了应适用哪一国法为准据法，最后却因为该国根本就无相应的立法而使准据法落空。其次，传统的地理观念在网络环境下意义不存在，互联网的地域模糊性同样给电子商务准据法的适用带来了困惑。在某些情况下，传统法律当中依据行为地确定准据法的规则就无法适用，适用该冲突规范根本就找不到准据法。例如，国际贸易双方在互联网上订立合同，合同订立地虚拟地存在于网络中，如果冲突法规定适用合同订立地法，则实际上等于无准据法可依。最后，国际电子商务行为人在网上的电子商务行为往往是跨越国界的,然而,目前各国对电子商务法律规定存在很大的不同。按照一国法律合法、有效的行为在其他国家可能就违反了法律的现象时有发生。因此,如何确定准据法已成为解决国际电子商务法律冲突的重要问题之一。

2. 电子商务纠纷法律适用的原则

电子商务纠纷法律适用的原则有以下两个方面。

1)意思自治原则

基于契约自由的观念,当事人在合同中对准据法进行选择是各国法律均承认的一项原则。这一原则对于在电子商务环境下解决法律适用问题仍然具有重要价值。

各国对意思自治原则所提出的限制性条件有所不同。有的国家主张无限制的意思自治,传统的英国国际私法理论允许当事人选择任何一个国家的法律作为其合同关系的准据法。有的国家对法律选择的范围做出限制。例如,波兰在1926年的国际私法规定,当事人合同准据法的选择只限于当事人国籍所属国住所地、合同缔结地、合同履行地、标的物所在地的法律。有的国家通过"合理联系"进行限制,美国《第二次冲突法重述》第一百八十八条第二款指出,当事人在选择某一法律时必须有一种合理的依据,这种合理的依据主要表现为当事人或合同与所选的法律之间的内在联系,即合同在哪里缔结、合同谈判在哪里进行、合同在哪里履行或合同的标的位于该地或当事人的住所、居所国籍、营业地在该地,否则选择被法院认为无效。有的国家对当事人进行主观意志上的限制,当事人的主观意志必须是善意和合法的。有的国家进行法律性质上的限制,其一,被选择的法律是实体法,而不是冲突法;其二,当事人不能规避应该适用的有关国家的强制法;其三,在特殊合同领域,基于对弱势方权益保护而对当事人的意思自治进行限制或禁止,如消费者合同、雇佣合同等;其四,基于公共秩序和公序良俗上的限制。

2)最密切联系原则

"最密切联系"是十分灵活的联结点,能够应对涉外法律关系的复杂性、多样性和偶发性,具有较大的灵活性和弹性,适合确定性因素较差的法律关系。国际电子商务使传统联结点具有了多变性和不确定性,而最密切联系原则主张对与国际电子商务合同有关的数个联结点进行综合分析、权衡,很好地解决了电子商务合同纠纷偶发性和意外性所带来的法律适用难题,适应了国际电子合同复杂多变的需要。因此,在缺乏当事人选择的情况下,选择与合同有最密切联系国家的法律为准据法被各国立法认可,而且被运用到各个领域。最密切联系原则在电子商务合同领域适用,具有较高的价值取向和积极意义,是确立电子合同准据法的重要补充原则。

8.4 电子商务诉讼中的电子证据

【知识目标】

(1)了解电子证据的基本知识。
(2)掌握电子证据的收集。
(3)掌握电子证据的审查。

【技能目标】

（1）能够说出电子证据的种类有哪些。
（2）能够明确解释电子证据的法律地位。
（3）能够说出电子证据的收集原则。
（4）能够说出电子证据的审查需要从哪几个方面进行。

8.4.1 电子证据基本知识

1. 电子证据的概念

一般认为，证据是"能够用来证明案件事实的、存储有案件事实信息的物或者人"。由此衍生出电子证据的概念为"能够用来对案件事实进行证明的以电子形式存在的信息载体（物）。"从概念来看，电子证据的本质是以电子形式存在的信息载体（物），其最大的功能是对资料和数据进行存储，最大的特点是利用数据和存储资料的直观性来对案件事实进行再现。

2. 电子证据的种类

电子证据是借助现代信息技术而形成的数据电文，以及其他技术形式作为诉讼证据的统称，其在社会生活中的形态是多种多样的，具体到电子商务民事诉讼的司法实践中，根据电子证据形成过程中所处的环境的不同将其分为3类：数据电文证据、附属信息证据、系统环境证据，这3类电子证据在民事诉讼中各自发挥着证明作用。

1）数据电文证据

这是指记录并存储各类法律关系演变历程（包括发生、变更至终止）的数据正文内容。据其展现形态的差异，此类证据可细分为两类：一是依托计算机网络技术的证据形式，涵盖电子聊天记录、电子邮件、视频通话录像、语音对话录音、电子签名与印章、电子资金流转记录等；二是与现代通信技术紧密相关的电子证据，如电报传真、手机拍摄的视频与音频、IP电话通话记录等。这些数据电文证据能够有效揭示法律关系的动态变化及其最终结果，可用于法庭上证实案件核心事实。

2）附属信息证据

这是电子计算机技术应用中对数据电文生成、储存、传输、编辑、增减过程中留下的记录信息，能够明确展示特定电子数据的起源、储存环境、修改历史的计算机系统，以及数据传输源的网络IP地址等，常见的有计算机文件属性标识、数据库记录及电子系统日志等。附属信息证据主要用于证明数据电文证据是否真实可靠，其可以反映每份数据电文证据从形成到获取，最后被提交于法庭的这些环节都是客观存在、有据可查的。

3）系统环境证据

这是指支持数据电文运行所必需的硬件和软件环境，电子数据在生成、存储、传递、修改、增删的过程中必须依靠相应的硬件或软件系统。系统环境证据主要用于数据电文文本的显示，使该数据电文证据能够以最初的面貌呈现在法庭及当事人面前。

这种分类方式与美国的证据规则和判例法中对电子证据的分类方法类似，根据电子设备在产生电子证据的过程中的作用,将纷繁芜杂的电子证据归纳为计算机存储记录与计算机生成记录两大类,两者的区别在于记录的内容是人还是计算机创制的。计算机存储记录是以电子形式表现出来的书面材料,是由人首先制作后录入电子设备中,如电子聊天记录、电子邮件、网络视频聊天录像等。计算机生成记录不是人创造出来的,而是由计算机程序输入的信息,是基于计算机等电子设备的内部命令运行的结果,如计算机日志记录、自动取款机凭条等。

3. 电子证据的特征

众所周知,证据最根本的特征是客观性,电子证据作为证据中的一员,客观性是不可或缺的。根据事实信息论,电子证据与传统证据的客观性都主要体现在证据中所包含的案件信息和承载载体上。但是,电子证据拥有以下传统证据所不具备的特性。

1)形式多样性

在电子商务中,人们通过电子邮件、电子聊天、电话会议、在线支付等各种方式进行沟通,达成交易,沟通过程和交易流程都被计算机或其他电子通信设备记录下来,形成各式各样的数据电文资料,一旦发生纠纷引起诉讼,这些数据电文资料便成为案件的电子证据。这些电子证据所包含的数据信息仅凭人类感官是无法直接感知的,但这种无形物质可以被保存并通过技术手段予以展示。随着多媒体技术的不断完善和网络技术的日益发展,越来越多地囊括了文本、图形、图像、音频和视频等各种多媒体信息的综合体的新型数据电文形式会被用作证据,呈现在法庭之上。

2)无形性

电子证据的数据和信息是以不可直接读取的电信代码的形式存储在各类现代化计算、通信和信息处理介质中的。电子证据的整个运行过程,包括生成、传输、显示,以及审查和鉴定必须借助一定的电子技术设备,并且不能脱离特定的系统环境,运用相关的操作技能才能将其所记载的电子信息再次转换为能被人直接感知的图文、声像资料。若无相关软硬件设备,多么精准可靠的数据信息也只能存储在各类存储介质中,无法为人所获取和感知,更难以作为法院认定案件事实的依据。

3)易传递性

相较于传统证据的转交、送达或邮寄等传播方式,电子商务中出现的数据电文信息可以在互联网和计算机设备的帮助下瞬间扩散到世界的每个角落。而且因为电子证据本质上是一种信息,通过电子信息设备可以被无限制次数的复制和粘贴,它不仅在转移后仍在原始出处存在,而且失真的可能性很小甚至没有。个别电子证据也许容易毁灭,但发现和抹去其所有踪迹则并非易事,这就为寻找证据线索提供了多种可能性。

4. 电子证据的法律地位

电子证据是否可以以独立的证据种类存在?是否有其独立存在的必要性?学界在我国现有证据法和相关法理的基础上先后提出了以下6种论述来回答该问题。

1)视听资料论

电子证据属于视听资料,这在早期几乎是通说,而且目前仍然为很多学者接受。该论述似乎与我国视听资料的历史渊源有着不可分割的联系。在我国第一部诉讼法即1979年颁布的《中华人民共和国刑事诉讼法》中,并没有将视听资料作为一种独立的证据种类,直到1982年《中华人民共和国民事诉讼法(试行)》发布后才首次对其进行了规定。该法还把录音、录像、计算机存储资料等划归到视听资料中。

另外,也有学者从电子证据与视听资料的相同点的角度认为电子证据应该属于视听资料,两者的存在形式具有类似性、两者都必须进行一定的转换才可以被人们感知、两者的正本和副本形式之间并没有根本区别,等等。

2)书证论

电子证据与书证最根本的共同点是通过其表达的思想内容来证明案件的事实情况。于是,电子证据就是书证的观点被提出。书证论在我国学界中似乎已成为通说。

3)物证论

在我国,主张电子证据系物证的学者凤毛麟角。持有该观点的学者认为,物证可以分为狭义物证和广义物证。狭义物证是指该物品或物质痕迹用其存放的地点、外部特征及物证特性等起证明作用。广义的物证包括所有的实物证据。该观点认为,电子证据属于广义物证的范畴。但是也有学者认为,以电子证据是否需要鉴定为标准,电子证据分属于书证和物证。电子证据在需要以鉴定方式来确认其真伪时,电子证据即属于物证,反之则是书证。

4)鉴定结论

在我国学界中只有极少数的学者从转换的角度认为电子结论属于电子证据。如有的学者认为:如果法院或诉讼当事人对电子数据的可信性有怀疑,可以由法院指定专家进行鉴定,辨明其真伪,然后由法院确定其能否作为认定事实的根据。

5)混合证据论

持有"混合证据论"观点的学者否认了电子证据属于某种传统的证据观点,也否认了其作为独立的新型证据存在的观点,而是认为电子证据是若干传统证据的组合。

6)独立证据论

持有该观点的学者从电子证据外延的复杂性和电子证据本身的特殊性出发,认为应该将电子证据作为一种独立的证据方法,这不仅有利于满足司法实践对电子证据日益增长的需要,而且有利于促进全球电子商务和社会的发展。

8.4.2 电子证据的收集

1. 电子证据的收集原则

1)合法性原则

合法性原则是指侦查机关在涉及电子证据收集时,要做到依法取证,完备相关手续及法律文书。合法性原则包括取证主体合法、取证方式合法、取证程序合法等相关内容。违反法律规定取得的证据应当予以排除。

2)及时迅速原则

及时迅速原则就是在收集电子证据时,侦查部门应当尽快赶赴相关地点对现场进行保护与侦查或尽快地采取技术措施。因为电子证据是极易被篡改与删除的，如果不及时收集，会造成不可估量的影响或者损失。在现实案例中，也存在犯罪嫌疑人在收到线报以后，不顾后果地销毁电子证据，最终侦查机关因为没能及时迅速地赶到现场收集证据而因证据不足无法将犯罪嫌疑人定罪。

3）方法科学原则

电子证据是依赖于计算机技术和网络技术存在的，传统取证工具与方法在收集电子证据过程中有很多已经无法使用。因此，需要使用专门的技术和工具，采用适宜的方法对电子证据进行收集。同时，电子证据的审查判断和收集往往也需要计算机专家利用尖端科学技术来进行。电子证据问题本身由于技术发展引起，随着电子计算机和通信技术的不断发展，其对科技的依赖也越来越强，并不断更新和发展。现在社会的电子技术高速发展，如果相关的证据收集主体不注意及时更新技术与证据收集仪器，那么将无法及时有效地收集电子证据。

4）综合收集原则

电子证据因其特性，在收集方面与传统证据存在不同。在电子证据的收集过程中，要注意如下3个结合。

（1）虚拟与现实要结合。电子证据自身的特点决定了单靠网络取证其真实性难以得到充分认定，收集网络电子证据必须将虚拟网络与现实社会相结合。

（2）传统与非传统方法相结合。因为电子证据是传统证据的电子形式，而且目前法院在认定电子证据的时候，除了考察收集的电子证据的法律效力，还要考虑是否与成熟的传统取证方法相吻合。

（3）技术的方法和管理的方法相结合。对于公安机关来说，除了运用技术侦查手段来侦查电子证据，还可以通过公开管理的途径来获取证据。

2．电子证据收集的技术

从被侵犯的以电子工具为主体组成的系统取证时，工作对象往往是发生了紧急事件（受到入侵）的计算机系统、磁盘或其他数据存储介质，主要涉及数据获取和数据分析技术。从被犯罪分子用来作案的以电子工具为主体组成的系统取证时，因犯罪分子对系统的破坏，取证工作往往需要从系统的隐蔽之处（如未分配的磁盘空间、Slack空间、临时文件或交换文件）获得数据、重建数据，并对数据进行分析，最后得到取证报告。通过网上监控取证时，除了需要数据获取和数据分析技术，还要用到扫描监控技术。

小常识

松弛空间

松弛（Slack）空间指的是在一部分空间的末尾剩余的空间，有时也会翻译为残留空间。磁盘上的松弛空间主要有卷松弛（Volume Slack）和文件系统松弛（File System Slack）。卷松弛是文件系统所在的分区中，介于文件系统末端地址和分区末端地址（也就是下一分区起始地址）之间的未使用的空间。文件系统松弛是文件系统末端，没有分配给任何簇的未使用的空间。

数据获取技术的关键是如何保证在获取数据的同时不破坏原始介质，一般不推荐使用原始介质进行取证分析。常用的数据获取技术有以下 8 个。

（1）对计算机系统和文件的安全获取技术，避免对原始介质进行任何破坏和干扰。

（2）对数据和软件的安全搜集技术。

（3）对磁盘或其他存储介质的安全无损备份技术。

（4）对已删除文件的恢复、重建技术。

（5）对 Slack 磁盘空间、未分配空间和自由空间中包含的信息的发掘技术。

（6）对交换文件、缓存文件、临时文件中包含的信息的复原技术。

（7）网络流动数据的获取技术等。

在已经获取的数据或信息流中寻找、匹配关键词或关键短语是目前的主要数据分析技术，具体包括以下 7 个方面。

（1）文件属性分析技术、文件数字摘要分析技术。

（2）日志分析技术。

（3）根据已经获得的文件或数据的用词、语法和写作（编程）风格，推断出其可能的作者的分析技术。

（4）发掘同一事件的不同证据间的联系的分析技术。

（5）数据解密技术。

（6）密码破译技术。

（7）对电子介质中的被保护信息的强行访问技术等。

8.4.3 电子证据的审查

1. 对电子证据真实性的审查

电子证据的真实性评估可从两大维度进行深入：首先，审视电子证据流转的每一阶段是否保持真实无虞，即从生成、存储、传输至收集的全过程，是否遭受篡改。具体而言，针对人工输入的电子证据，需评估录入人员资质、操作规范的遵循情况，以及是否直接移送原始存储载体。若原始载体因故无法封存或携带，则需明确原因，并详尽记录收集、提取流程、数据源头或替代存储位置的详细信息。其次，依据外部环境因素的安全性与可靠性来验证电子证据的真实性。这包括确认承载电子证据的电子系统本身的可靠性，或其安全机制的有效运行，以此作为电子证据真实性的间接证明。

2. 对电子证据合法性的审查

合法性一般要求从证据的形式、主体，以及收集的程序、提取的方法是否符合法律的有关规定进行审查。一是审查收集电子证据的技术人员是否具备相关资质，即收集证据的主体是否合法，例如，是否由两名以上侦查人员进行收集、提取；二是审查收集的程序是否合法，例如，收集、提取过程是否附有笔录、清单，并经侦查人员、电子证据的持有人或提供人、见证人的签名或者盖章等。通过窃取或者非法搜查、扣押等方式获得的电子证据，情节严重的一般情况下不予认定。由于电子证据易破坏，作为证据使用时可能会出现对取证的合法性提出质疑的情形。

3. 对电子证据关联性的审查

在司法实践中，判断电子数据与案件是否存在关联，可从如下两方面进行考量：一是所提出的电子证据所要证明的事实究竟是什么；二是该电子证据对于解决案件中的争议问题是否具有实质性的意义。换句话说，就是要证明该电子证据与案件是否有关联性、关联性的大小、是否直接关系到案件的定罪量刑，以及与其他形式的证据能否形成完整的证据链。

复习思考题

1. 填空题

（1）电子商务纠纷区别于传统民商事纠纷的一大鲜明特征就是_____。

（2）诉讼的优点是相对公平公正，做出的生效判决有_____。

（3）_____是指在没有第三方的参与下，双方当事人不需要相互见面，而是通过互联网程序进行在线沟通协商，后来达成一致的行为。

（4）_____是法院对起诉的案件进行受理审判所具有的权力或权限。

（5）电子证据本质是以电子形式存在的信息载体（物），其最大的功能是对_____和数据进行存储，最大的特点是利用数据和存储资料的直观性来对案件事实进行_____。

2. 简答题

（1）什么是电子商务纠纷？
（2）电子商务纠纷解决的基本原则是什么？
（3）什么是电子证据？
（4）电子证据的种类有哪些？
（5）电子证据收集的原则有哪些？

第 9 章
新型电子商务法律法规

近年来,随着技术的不断发展及人们消费理念的不断变化,一些新的电子商务形式不断出现,如直播电子商务、农村电子商务、跨境电子商务等,这些新型电子商务的出现,极大地促进了电子商务行业的发展,为整个行业带来了新的活力,拓展了发展维度。但随之而来的还有一些新的弊端,亟须相关部门制定法律法规加以约束。

【学习目标】

(1)了解直播电子商务的基本知识。
(2)掌握直播电子商务法律法规的相关知识。
(3)了解农村电子商务的基本知识。
(4)掌握农村电子商务法律法规的相关知识。
(5)了解跨境电子商务的基本知识。
(6)掌握跨境电子商务法律法规的相关知识。

第 9 章 新型电子商务法律法规

【思政讨论】

近年来,"直播+电子商务"等网购新方式风生水起,越来越多的消费者通过观看网络直播下单购物,直播电子商务也在向农村地区延伸。在一些地方,手机已成为新农具,直播已成为新农活,"直播+电子商务"给乡村振兴带来了新的能量,既方便了消费者,也让越来越多的农副产品"走出去"。

讨论:

(1)直播电子商务如何为乡村振兴助力?

(2)直播电子商务对我国经济发展起着怎样的作用?直播电子商务为广大农民带来了哪些新的机遇?

9.1 直播电子商务法律法规

【知识目标】

(1)了解直播电子商务的概念、特性和模式。
(2)熟悉直播电子商务法律法规现状。
(3)掌握直播电子商务法律法规存在的问题及其应对策略。
(4)了解带货主播在直播中的主体地位及其法律责任。
(5)理解直播电子商务法律法规完善的方向。
(6)掌握直播电子商务虚假宣传的法律法规完善路径。

【技能目标】

(1)能够说出直播电子商务法律法规的现状。
(2)能够说出直播电子商务法律法规存在的问题,并且能够采取相应的策略解决这些问题。
(3)能够说出带货主播在直播中的主体地位,并且能够说出其所负的法律责任。
(4)能够对直播电子商务法律法规提出完善的方向。

9.1.1 直播电子商务概述

1. 直播电子商务的概念

直播电子商务简称"直播电商",是电子商务的一种新兴模式,是指在电子商务环境下使用直播媒介的一种购物方式,也可以被认为是基于视频互动而孕育出的一种新的销售渠道。目前,直播电子商务作为一种新的推销手段,便于线下的零售商家通过一些网络的直播平台或短视频来推销自己的产品,开拓市场。直播电子商务能使消费者在了解产品各项性能的同时,选择购买自己需要的商品,使商家达到营销的目的。

2. 直播电子商务的特性

直播电子商务借助直播媒介开展电子商务活动,具有实时性、真实性、直观性、互动性和精准性五大特性。

1）实时性

借助直播电子商务平台，主播能够实时与消费者分享自己的生活日常，将自身所处的环境、场合、氛围等信息一并传递给消费者，这类动态化的内容，对信息的包容性更强，更适合进行信息的传递。

消费者也可以通过评论的方式对主播发布的相关信息进行实时交流互动。

2）真实性

一方面，直播的实时传播使得作为内容传播者的主播难以"调试"自己，主播的举动都被实时传输到观看直播的消费者面前，大大降低了网络的虚拟感，让消费者获得更加真实的体验感。另一方面，在观看直播的过程中，消费者可以就商品的相关问题与主播进行实时互动，主动向主播咨询和获取商品的有效信息。

3）直观性

区别于传统电子商务平台上的文字和图片，在直播过程中主播能够对商品进行全方位的展示，将商品的设计细节更加直观地呈现给消费者，还可以对商品的使用方法和技巧进行示范，让消费者在了解商品的同时，也可以掌握一些商品的使用技能。

4）互动性

与传统的商品展示相比较而言，直播电子商务具有很强的双向互动性。在直播的过程中，消费者与消费者之间、消费者与主播通过弹幕实时互动，弹幕架起了消费者与主播、消费者与消费者之间沟通的桥梁，从而营造出一种聚众观看直播的虚拟体验，满足了消费者的陪伴需求和社交需求。

5）精准性

面对互联网上的海量信息，消费者难以识别信息的有用性，而直播电子商务能够针对消费者进行精准的传播，传播的内容对消费者来说是有用的精准信息。进入直播间的消费者，本身就是对产品感兴趣的目标消费者，这种行为是消费者主动选择的结果。消费者凭借个人喜好进行选择，因此具有高度的精准性。

消费者接触直播电子商务带有购物的目的，此时主播就能通过互动精准地把握消费者的需求。同时主播通过对消费者疑问的解答和多次商品展示，提升消费者对于商品的认知，提供对消费者有用的精准信息，极易完成商品的销售。

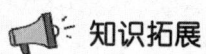

直播电子商务与传统电子商务之间的区别

1. 内容呈现

直播电子商务依靠主播导购与消费者互动来呈现相关内容，而传统电子商务则依靠商品详情页及图文信息。据微软调研团队发布的报告，人类注意力持续时间已由21世纪初的12秒降低到现在的8秒。传统电子商务二维平面式的信息呈现形式难以抢夺信息爆炸时代日趋降低的消费者注意力时间。直播将平面信息立体化、直观化，与消费者需求更为契合，可以短时间内提供全面的商品信息。

2. 属性特征

直播电子商务强调"娱乐+营销",而传统电子商务仅强调营销。

3. 商业逻辑

直播电子商务是"货找人",由主播将商品呈现给消费者,而传统电子商务是"人找货",由消费者自行搜索所需商品。

4. 商品价格

直播电子商务的商品价格具有一定优势,日常通过秒杀、礼赠、降价等手段吸引消费者,传统电子商务的价格优势则不明显,价格比较稳定,日常折扣小。

5. 互动性

直播电子商务的互动性强且是实时互动,传统电子商务的互动性弱。

6. 转化率

直播电子商务的转化率较高,传统电子商务的转化率较低。但值得注意的是,直播电子商务平均退货率为30%~50%,高于传统电子商务的10%~15%,是品牌官方电子商务销售渠道退货率的2~3倍。

3. 直播电子商务的模式

1)电子商务平台镶嵌式直播模式

以淘宝网为首的各大电子商务平台,都在通过增加直播进行销售,探索电子商务内容化。电子商务平台本身具有巨大流量,通过自带流量带动直播,而后通过直播流量拉动平台产品销量增长,增加电子商务平台的流量,从而打造流量闭环。例如,淘宝直播电子商务平台模式,消费者登录淘宝的目的就是购物,有较大的主动性,是目的性消费;淘宝主播通过解说和推荐商品,能有效引导消费者购物,是创造性消费。根据《第54次中国互联网络发展状况统计报告》,截至2024年6月,我国网络直播用户规模达7.77亿人,占网民整体的70.6%。更多企业布局电商直播,巩固优势、拓展业务。新兴技术深度赋能直播行业,创新形式、提升效率。

2)短视频直播电子商务模式

起初,抖音、快手主要是用户以短视频为主要媒介,分享自己的生活或浏览视频获取信息、信息分享、休闲娱乐等,属于内容化平台,而后探索内容电子商务化,将已有的流量变现,增加直播形式。短视频平台的网红或主播在前期以短视频积攒人气,后期等流量稳定后,将产品带入视频内,潜移默化地影响消费者,而后将产品放入橱窗,刺激消费,网红或主播不定期地进行直播来推销产品,更清晰地向消费者展示商品的外观、性能、使用方式等,激发消费需求,从而打造一种可观、互动性强的视觉活动,给消费者视觉感知,激发消费者的购买动机。

3)社交网络平台直播电子商务模式

当前直播电子商务已经渗透到各行各业,社交网络型平台(如微信、微博)也未逃离此趋势,纷纷开启了基于"直播"形式的电子商务模式。下面以微信、微博两大类型为首的社交网络型平台为例进行介绍。由于微信个人朋友圈处于封闭状态,所以,此类社交电子商务利用的是人与人之间的关系,采用其社交裂变的层级方式,在已经形成的巨大的社交网中沉淀用户，利用直播电子商务模式提高消费者的忠实度。对微博平台来说，其本身具有优质内容创造者、娱乐明星、企业家及品牌机构等，具有较强的舆论制造能力和引导消费审美的走向的能力，当博主走进直播间，不仅高效地吸引大量粉丝进入，还能借助微博本身具有的品牌端的势能，提高用户的黏性，借助微博的优势，微博直播电子商务势必会掀起一场浪潮。

4. 直播电子商务的发展历程

1）萌芽阶段

2016年是直播电子商务初探期，以蘑菇街、淘宝为代表的首批直播平台建立，象征着直播电子商务行业开始兴起。直播电子商务产业链逐渐搭建，开启了"直播+内容+电子商务"的模式，旨在增强用户的黏性。

2）探索阶段

2017年，直播电子商务行业在探索中发展，苏宁上线直播功能；快手开启直播电子商务；抖音上线；MCN（多频道网络）入场。产业链更加完善，主播类型逐渐多元化，带货种类更加丰富多样。

3）发展阶段

2018年是直播电子商务的发展期。短视频及社交内容平台出现，平台内部搭建电子商务小店，店铺自播数量增加，各大平台推出直播电子商务发展战略，推动直播电子商务发展。

4）爆发阶段

2019年以后，政策改革、平台加码、头部主播的凸显，几乎所有的电子商务行业都加入了直播的形式，使直播电子商务进入爆发式增长；"宅经济"进一步提升直播营销渗透率，直播电子商务进入迅猛发展阶段。

5）规范化阶段

目前，我国直播电子商务用户数量大，主播可以凭借一部手机和一个麦克风进行直播销售。入行的低门槛也预示着行业问题多、监管难度大。自2020年以后，针对直播电子商务行业的规范化政策法规层出不穷。为抵制低俗主播，避免更多人尤其是青少年效仿，平台对一些主播账号进行封杀。《网络交易监督管理办法》明确提出，直播平台要对观众及消费者提出的直播电子商务问题积极而及时地处理与回复，对直播购物起到监督和规范作用，明晰平台和主播的责任，保障消费者合法权益，净化直播电子商务行业环境。

> **小常识**
>
> **《网络交易监督管理办法》介绍**
>
> 《网络交易管理办法》是为规范网络商品交易及有关服务，保护消费者和经营者的合法权益，促进网络经济持续健康发展而公布的办法。该办法共5章，56条。

2014年3月15日,《网络交易管理办法》施行。国家工商行政管理总局于2010年5月31日发布的《网络商品交易及有关服务行为管理暂行办法》同时废止。

2021年5月1日起,《网络交易监督管理办法》开始施行。2014年1月26日,原国家工商行政管理总局令第60号公布的《网络交易管理办法》同时废止。

5. 当前直播电子商务的发展中存在的问题

1)主播专业素养低

由于对主播人员需求量大,而此行业从业门槛低,从而导致主播专业素养低,对产品不负责任,进行虚假宣传。产品讲解不专业,不能娴熟、流畅地讲出所要推广的产品的特点,推销技巧没有针对性,不具备很好的掌控能力,语言没有感召力,讲解没有激情。消费者观看直播人员对产品的讲解时易降低对产品的信任度与忠实度,同时导致消费者购买欲望下降,甚至影响企业形象。

2)产品价格不统一,线下零售经营难

由于直播电子商务的迅猛发展,持续的热度下也带来了一些问题。例如,直播间出现一些以超低价格出售商品的现象,商品价格一度低于官网价格,使得线下零售店难以生存,甚至出现垄断趋势。直播电子商务以低廉的价格吸引消费者的眼球,博得流量。线下零售店因租金、销售人员等因素,销售成本偏高,店面盈利越来越少,经营难度加大。

3)直播电子商务情景化少

随着直播电子商务的发展,消费者对此领域的需求也随之增加。当前情景化的直播场地少,影响消费者深入体验,使商家不能深层次地了解消费者的需求。就当前直播电子商务情形来看,流量仅仅是影响直播因素之一,随着消费者需求层次的逐渐提高,直播场地情景化的升级必不可少。

4)公共流量有限

公共流量有限,一些主播出现限流或流量分配不均,从而一定程度上影响主播带货。主播想要增加曝光度,需要向平台自行购买流量来增加曝光度。

9.1.2 直播电子商务法律法规现状

1. 直播电子商务发展现状

随着网络的飞速发展、智能手机的发展和普及、手机软件的不断创新,加之支付交易方式的发展,消费者购买商品越来越多地选择使用线上购物。在这种背景下,电子商务平台抓住商机选择与直播结合发展直播电子商务这一新模式。截至2023年底,我国网络直播用户达到8.16亿人,与其他游戏直播、真人秀直播相比,直播电子商务用户规模最大,占总体的68.1%。直播电子商务呈现出欣欣向荣的前景。

直播带货随着直播电子商务的发展应运而生并爆火。所谓直播带货,是指主播通过直播的方式给消费者进行商品展示和讲解,并且进行试穿和试用,以面对面的交流方式销售商品。直播带货因其方便性、快捷性、互动性等优势而爆火,2018年直播电子商务市场规模达到 1 354.1 亿元，2019 年直播电子商务市场规模高达 4 437.5 亿元，2020 年直播电子商务市场规模达到 12 050 亿元，2021 年直播电子商务市场规模为 23 615.1 亿元，2022 年电子商务市场规模达到 35 000 亿元，2023 年直播电子商务市场规模达到 49 168 亿元，同比增长 40.48%。在直播电子商务市场规模屡创新高的同时，主播的数量也在暴增，2018 年加入淘宝直播的主播人数同比增长 180%，直播带货的主播范围也从素人直播、店铺直播扩大到网红带货、明星直播，越来越多的明星网红加入主播的行业。一些大牌主播具有极高的人气和流量，带货能力和成交数量惊人，直播带货显然已成为网络购物新的增长点。直播带货空前繁荣的同时，"翻车"现象也时有发生，负面新闻屡见不鲜，有的直播带货存在虚假宣传、产品质量不合格、恶意炒作、违法违规销售等侵害消费者权益的问题。从法律层面对直播带货进行规制是监督其公平交易、促进其良好健康发展的重要手段。

2. 直播电子商务相关立法现状

我国目前并没有针对直播带货这一新型销售模式进行专门的立法。2021 年 3 月 15 日出台的《网络交易监督管理办法》针对直播带货做出了网络直播服务提供者应当以显著方式展示商品、保障消费者的知情权、做好售后服务，要求直播带货视频至少保存 3 年的规定。与直播带货这一行为相关的法律有《电子商务法》《消费者权益保护法》《中华人民共和国广告法》（以下简称《广告法》）及《中华人民共和国食品安全法》（以下简称《食品安全法》）等，这些法律法规都有规范性条款，对于经营销售过程中的行为规制和虚假广告、虚假宣传、产品质量等问题的责任承担做出规定。《电子商务法》是规制电子商务经营行为的专门性法律，直播带货虽属一种新型销售模式，但仍在电子商务调整的范围内，以直播方式售货的电子商务行为需要遵循《电子商务法》对电子商务经营者做出的一系列规定。主播售货也应当履行《消费者权益保护法》对于销售者规定的义务，对其宣传的内容及内容的真实性负责，不得欺骗和误导消费者，保证消费者的知悉权、自主交易权、公平交易权。《广告法》规定了广告发布者、广告经营者或广告代言人的责任和义务，但主播是否属于广告代言人目前还存在争议。此外，《食品安全法》《中华人民共和国产品质量法》要求主播在带货售卖商品时应当保证商品的质量。围绕直播电子商务带货的法律法规的建设一直在进行中，从中共中央提议对网络直播等新技术应用制定规范到上海银保监局对于直播带货下发风险提示，以及中国商业联合会等社会组织牵头起草行业内首部全国性社团标准，都致力于使直播带货有规可循。

9.1.3 直播电子商务法律法规存在的问题及其应对策略

1. 直播电子商务法律法规存在的问题

1）部门监管不足

目前的直播电子商务市场比较混乱，直播带货的乱象已经引发市场监管部门及其他多个部门的高度关注，虽然政府部门也在实时监管，但是缺乏力度。这一领域正处于发展的上升期，直播带货市场利润巨大，但屡屡出现的宣传与实货严重不符、直播数据造假及售后服务跟不上等问题会严重阻碍这一新兴行业的发展。相关部门仅仅关注商品的质量尚不足够，对交易过程需要从开始至结束进行全面监管，从交易源头出现的产品质量不合格、侵权假冒问题到交易前期的虚假宣传、数据不真实、刷单，以及交易后期的退换货难、售后服务推脱、索要好评等问题，有关部门应当重拳出击，开展专项行动，重点打击，严肃处理。只有加强监管，才能对相关主体形成强有力的约束和震慑作用，从而规范直播电子商务带货市场，形成良好的秩序。

> **小常识**
>
> **刷单**
>
> 　　刷单是电子商务的一个衍生词。店家付款请人假扮顾客，用以假乱真的购物方式提高网店的排名和销量，以获取销量及好评吸引顾客。刷单一般由卖家提供购买费用，帮指定的网店卖家购买商品，提高销量和信用度，并填写虚假好评的行为。通过这种方式，网店可以获得较好的搜索排名，比如，在平台"按销量"搜索，该店铺因为销量大（即便是虚假的）会更容易被顾客找到。一般可分为单品刷销量为做爆款等做准备和刷信誉以提高店铺整体信誉度两种方式。

2）专门法律缺失

有关直播带货的专门法律尚未出台，虽然《电子商务法》的相关条款规范了电子商务经营行为，但由于法律的滞后性特征，现行《电子商务法》在其立法时直播带货尚未发展至如今态势，自然也就不会考虑直播电子商务带货可能带来的挑战和法律需求，其没有将直播带货这一新模式明确规定在《电子商务法》内，必然无法应对当前的直播电子商务带货的新模式及出现的新问题。如果只用"滞后的"法律规定来迁就和勉强适用新事物、新领域、新问题，可能会出现轻重倒置、杀头便冠的现象，这不利于直播电子商务这个新兴行业的发展。如果没有基本法律进行专项规范并及时推行，那么就不具有权威力度，必然局限了执法的范围与力度，无法提供管理和引导的根据，没有法律对其规制的直播电子商务带货势必乱象频出、前景堪忧。

3）主播身份模糊

主播在法律中的地位并不清晰，主播是否属于广告代言人尚无定论，根据《广告法》第二条、第三十八条，广告代言人是广告主以外的，以自己的名义或者形象在广告中对商品、服务作推荐、证明的自然人、法人或其他组织。直播带货的主播正是利用自己的名气、形象和影响力为商品或服务作推荐、证明，使消费者相信自己购买的商品，符合《广告法》中广告代言人的概念。但实际上主播身份多变，有的主播接受品牌和店铺的雇用，为其销售商品，按照销量抽取一定比例的利润；也有很多主播拥有自己的工厂和店铺，所销售的也是自家商品；还有很多主播站在消费者的立场上，他们代表消费者向商家或者品牌争取更低的优惠价格或者更多的赠品。这些复杂的情形决定了主播的身份复杂多变，也就无法有一个清晰的定位。

4）主体责任不清

直播带货参与主体较多，同一主体具有身份角色多重的特点，众多参与主体中如主播、商家、直播平台等在直播带货中是什么角色，承担什么法律责任，也有待进一步厘清。实践中各主体往往互踢皮球，均不愿承担责任，部分主播缺乏专业的能力和素养，也不具备法律意识,出了问题就让消费者找商家赔付,使消费者维权艰难。在直播带货这一电子商务经营行为中,商品的宣传推广与买卖交易并不是同步的,加之主播的身份多变,因此,不同情形下应当承担的责任也不尽相同,主播、卖家关系的交叉重合决定了需要对不同主体在不同情形下的责任区别对待,具体情形具体分析。只有将责任规定明确清晰,才能有效规制主播的行为。

5)消费者维权困难

消费者的权利保障困难,中国消费者协会调查发现,有四成以上的消费者在购买直播带货商品时遇到过问题,选择进行投诉的消费者仅占一成,还有近两成的消费者选择放弃维权或不了了之。据央视网报道,某女士在直播间购买的天然翡翠的手镯为假货,多次沟通维权未果。这主要是由于售后保障如申请退货退款、申请换货、申请补偿的过程比较烦琐且有可能会受到来自卖家的阻碍。在维权的过程中需要提供各种凭证,而直播的图像化、随机性使得证据获取较难,并且部分商家采取出售伪劣商品后便将其下架的手段使得后期的退换货无法得到保障。除此之外,有的商家用退换货但不承担运费的手段使消费者选择不进行维权,还有的主播、商家声称直播销售的商品不能取消订单、不能退换货。主播和商家的各种行为使得消费者维权困难。

2. 直播电子商务法律法规存在问题的应对策略

在当今商业环境下,直播带货这种新兴的营销策略,若要想实现良性发展,就必须从消费者、监管者、立法等多方面进行规制,充分保障网络环境的绿色健康,使直播带货行业朝着稳健的方向迈进。

1)提高消费者维权意识,引导消费者正确理性消费

消费者协会发布的《直播电商购物消费者满意度调查报告》显示,在直播购物中遇到消费问题的消费者超过了37%,但是仅有不到15%的消费者选择投诉来维护自己的合法权益,在这一小部分积极维权的消费者中选择向法院提起诉讼的仅有不到0.6%,而放弃维护自己权利的消费者却占了相当大的一部分,大部分人采取给差评等方式发泄自己的不满情绪,甚至更多的人会选择沉默、自认倒霉的方式解决问题。

让消费者做到防患于未然,防止被侵权的第一步就是提高消费者的自我维权意识。首先,向消费者普及《民法典》《消费者权益保护法》等相关法律。普法是提高消费者消费维权意识的基础,政府、网络直播平台等都要通过各种途径向消费者宣传法律,使消费者充分认识和了解相关法律,并运用法律。其次,提高消费者的证据意识和能力,证据是整个诉讼的核心。没有证据,整个诉讼活动就无法有效进行,证据对于法院查明案件事实、依法公正审判都具有重要意义。在网购中,消费者必须注意保存证据,如商品的品牌、价格、支付凭证、聊天记录、交易对方的邮递单等证据信息;此外,收货时还要着重注意收据的公章,以防发生争议时,向票据盖章单位所在地的人民法院起诉,或向相关部门进行投诉,从而维护自身的合法权益。最后,提高对各种消费信息的辨别意识和分辨能力也是消费维权意识的重中之重。在虚拟的消费环境下,各种商品信息参差不齐,消费者在购买商品时应提高警惕,主动向带货主播或背后的经营者了解相关信息,保护自己对商品或服务的知情权。

2）完善主播直播带货的行业规范，加强政府监管

目前，我国并不缺少适用直播带货的法律法规，如《民法典》《广告法》《电子商务法》等相关法律都对直播电子商务平台、网络运营商、直播带货主播的法律责任问题进行了规制；《互联网信息服务管理办法》《互联网文化管理暂行规定》也对网络信息服务提供者的责任义务、网络文化单位的行为进行了相应的规定。但是，俗话说"国有国法、家有家规"，网络直播带货作为新兴行业，仅有法律规制是不够的，若要健康长远发展，还需要制定专门的、具有针对性的规定。首先，行业工作人员要自发形成行业规范，使整个行业内形成统一的共识，从而实现自我规制、自我监督；其次，从国家层面来看，政府等相关部门作为管理者，既应该放宽限制，鼓励发展优质主播带货平台，又应该制定一些专门的、具有针对性的指导规范实现约束管理。综上所述，整个行业在行业自律与政府监督管理的前提下，定会朝着健康、规范、稳健、有序的方向不断发展。

3）提升网络主播的素质水平，提高网络"直播带货"的准入门槛

目前，电子商务平台种类繁多，注册门槛极低，只要年满18周岁即可注册，这导致带货主播水平参差不齐，只要具有一定的知名度，拥有一定数量的粉丝，就可以成为一名网络带货主播。对消费者负责、为消费者谋福利是带货主播的重要责任。但现如今，直播带货环境混乱，带货主播业务能力低、缺乏法律知识，致使消费者权益受到损害，从而丧失了对直播购物的热情，进而严重影响直播带货行业的发展。

带货主播是连接商品和消费者的桥梁，主播的素质水平严重影响直播行业的稳健发展。网络主播应该通过相关传播学专业考试考核，拿到行业资质，具备专业能力，知晓法律知识才能进行直播，以保证其内容的正确导向性。另外，针对带货主播的入驻，应严格实行实名认证制度，且必须在平台上登记备案，所有加入直播平台的主播每月都应进行考核，建立带货主播信用评价体系，对在直播带货中有污点的主播进行相应的处罚。此外，网络平台的运营者、管理者、市场监管部门还应对低质且有欺诈行为的主播进行约谈甚至封杀，绝不姑息纵容。只有提高网络直播行业的准入门槛，提升直播带货主播的素质水平，才能从根本上结束直播混乱的局面，从而促进直播电子商务行业的可持续发展。

9.1.4 带货主播在直播中的主体定位及其法律责任

1. 带货主播在直播中的主体定位

对于一般消费者而言，带货主播究竟是经营者还是消费者尚不明确，这种对主播主体地位的认知模糊，直接制造了消费维权的障碍。带货主播的工作内容决定其超越了传统电子商务平台经营者及销售者的角色，更像广告代言人。由于"直播带货"的特点在于日常连续性场景下对产品与服务的体验分享，与传统观念中"作品感"强烈的广告相去甚远，也与应当具有可识别性的"互联网广告"不同，因此，消费者通常对于带货主播的主体定位更偏向于销售者。

广义的直播电子商务行为泛指主播通过网络平台进行直播宣传、交易等行为。直播电子商务与传统媒体广告的宣传模式不同，广告主向传统媒体或新媒体投放事先制作完成的广告作品，消费者通过网上链接、搜索或线下店铺进行交易，宣传行为与交易行为相对分离；而直播电子商务无论是作为广告主，还是广告发布者、广告代言人，其宣传

行为与交易行为几乎同步进行，宣传行为贯穿直播过程始终，宣传行为与交易行为牵连性更强。"直播带货"是指专门在电子商务平台利用自有或者合作店铺进行宣传和交易的行为，而不是通过网络视听等非电子商务平台进行宣传、向电子商务平台引流的宣传和交易相对分离的情形。"直播带货"相较于引流带货，脱离平台的监管难度更大。换言之，电子商务平台直播带货中消费者权益相对有保障，不易被主播引导到缺乏注册登记或备案等无监管、无保障的私下交易。

直播过程中主播对于产品的讲解和推荐行为与广告代言人相近，但主播在直播过程中的身份会在广告经营者、广告发布者与广告代言人三者之间出现交叉重叠，因此称其为广告受托人更为恰当。广告主委托主播推荐产品，主播仅作为广告代言人承担的责任明显较少。根据《广告法》的规定，广告代言人是以自己的名义或形象进行推荐和证明的主体。在委托合同事项中，广告代言人与广告经营者和广告发布者不同，不以与广告主签订明确的书面委托合同为必要条件，但委托合同应满足某些特定条件，包括广告宣传内容，即对产品和服务的推荐和证明两类内容。广告代言人推荐和证明的积极要件是必须基于事实。消极要件包括如下3个方面：一是不得违反《广告法》等法律法规的规定；二是不得为未使用过的产品或未接受过的服务进行推荐和证明；三是未满十周岁不能成为广告代言人。

实际上，带货主播不以代言人身份作推荐和证明，而仅仅是真实客观地分享体验，身兼广告经营者和广告发布者双重身份的情形较为多见，但前提是该主播是具有合法经营资质的广告经营者或为广告发布者的法定代表人或雇员。主播即便参与直播节目设计、制作、发布等工作，但所在公司若不具有广告经营者、广告发布者资质，也只能是广告代言人。若主播接受广告主委托为自己联名产品或服务带货，则属于广告经营者、广告发布者与广告代言人三重身份重叠的情形。

"直播带货"中的主播行为不能完全套用广告经营者、广告发布者或广告代言人责任，对于符合主播自产自销的直播带货行为，主播既属于广告主又属于广告经营者、广告发布者、广告代言人，这种主体身份的混同，直接导致《广告法》中的主体责任分担理论被架空。因此，其适用《电子商务法》和《消费者权益保护法》中经营者、销售者责任更合理。

2. 带货主播的法律责任

2020年2月，在中国消费者协会组织的《直播电商购物消费者满意度在线调查》中，"没有使用直播电商购物的原因"的统计数据表明，"对主播不信任"排在明确列举的7个选项中的最后一位，仅占17.5%，说明对主播的不信任是没有使用直播电商购物中影响最小的因素，"担心商品质量没有保障"和"担心售后问题"是消费者的主要顾虑，分别占比为60.5%和44.8%。但调查也表明，一些主播带货时存在夸大宣传、引导消费者绕开平台私下交易等现象，部分消费者遭遇假冒伪劣商品、售后服务难以得到保障的情况。只要不是脱离平台的私下交易行为，大部分依托平台的支付、物流、售后服务纠纷都可遵照传统的电子商务交易模式进行维权。

我国电子商务平台遵循严格的市场准入机制，平台对内部的经营者、销售者及主播都创建了注册登记程序和信用机制，消费者维权可以从自身与电子商务平台、电子商务平台与主播及主播与广告主等法律关系入手，依据《消费者权益保护法》《电子商务法》

《广告法》《民法典》(合同编)等法律法规,厘清各自的权利和义务及责任分担。对于带货主播而言,只有在其仅仅担任广告代言人,不担任广告经营者和广告发布者时,其责任才较轻微;只有在涉及损害消费者生命健康的虚假广告中,才会成为连带责任人,最终责任人应当是广告主,广告代言人在履行了先付义务后,有权向广告主追偿。带货主播作为广告经营者和广告发布者时,在不能履行提供广告主实名信息义务时,应当对消费者先行赔偿。

9.1.5 直播电子商务法律法规完善方向

作为网络购物新热门的直播电子商务带货具有双面作用。一方面,对于消费者来说,直播电子商务带货可以更直观全面地观看和了解主播展示的商品并与主播互动,同时节约了对同一类商品的不同品牌、不同店铺的浏览比较,使交易更加便捷高效。对于商家、平台、企业来说,直播带货可以提高观看用户的数量,这些用户会转变成顾客,是潜在的消费者,从而提高销量,赚得更多利润。对整个社会来说,直播电子商务带货不仅带动了消费的增长,有力地促进了经济的增长,而且提供了大量的就业机会,从生产工厂到销售店铺、主播,再到物流等各个环节均增加了就业岗位。另一方面,直播带货暴露出的产品质量差、虚假宣传、数据造假等问题也直接影响了该领域的发展和未来前景,影响了消费者的购买体验和合法权益,影响交易秩序。合理利用直播带货,使其发挥良好作用至关重要。直播带货在帮助解决农产品滞销、助农公益等方面展示了巨大优势,许多地方的市长、县长走进直播间,利用直播方式打通农产品销售渠道,宣传本地土特产。因此,必须对直播带货进行正确规制,促进其健康发展。

1. 政府加强监管

政府应该加强监督和管理,加大监管力度,有力监管和规制直播电子商务市场。对于销售盗版、假冒产品的行为进行严厉处罚。对直播带货中的违法行为,如虚假宣传、数据造假、售后保障难等侵害消费者权益行为严格执法、加大监管和惩处力度,从而形成威慑力,使其不敢再犯,充分发挥政府在市场调节中"看不见的手"的作用。从目前来看,直播电子商务带货确实需要约束。政府部门的监管相对灵活,发现主播的不规范行为时可以快速及时制止,避免造成更大的损失;政府部门可以利用技术手段对商品进行监督和抽查;政府部门可以召开行政指导会,对提升直播带货产品质量和行为规范进行指导;行政机关作为公益诉讼的法定主体,充分发挥维护消费者权益的职能。

2. 完善相关法律法规

1)制定专门法律法规

正如上文法律现状部分所述,我国目前并没有针对直播带货这一新型销售模式进行专门的立法,与之相关的法律也没有对直播带货主体的法律定位、责任承担等进行明确规定,因此,本着对直播电子商务支持、促进和发展的态度,应当加快相应的立法工作,针对直播带货进行专门立法,弥补法律的缺失,使其具有实体制度上的明确依据。

(1)明确主播的法律地位。关于主播的身份定位一直存在争议,笔者认为主播的定位必须明确,但其身份不应一成不变,应随着具体情形具体对待。在主播接受商家的雇用和委托来卖货的情形下,在法律上的定位应属于商家雇员,主播在直播间销售商品的行为类似于职务行为,所承担的法律效果归属于相关店铺。在主播接受品牌或商家支付服务费用,以自己的名义或者形象,通过自己的人气和影响力向消费者或粉丝宣传推荐商品或服务的情形下,此时主播可以被认定为广告代言人。在主播推销自创品牌、自家生产和经营的商品时,其身份和角色已不单是广告代言人,而属于经营者。

(2)明确各方主体的法律责任。不同的法律地位需要承担不同的法律责任,确定法律地位的主要意义在于明确承担何种责任,应在对主播进行正确法律定位的基础上,明确需要承担的相应责任。当主播接受商家店铺委托和雇用作为员工宣传销售商品时,应当由店铺商家承担第一责任,而后根据具体事由内部追偿;当主播接受佣金返点,利用人气和影响力宣传销售商品时,应当由主播承担第一责任,而后与商家品牌协商分担;当主播推销自创品牌商品时,应当依照电子商务行为的规范承担经营者的责任。主播应当严格依法依规进行直播活动,明晰自己的定位与责任并对消费者如实告知。

2)相关法律之间做好协调

主播的带货行为涉及《广告法》《电子商务法》《消费者权益保护法》《中华人民共和国反不正当竞争法》《中华人民共和国产品质量法》《中华人民共和国食品安全法》等诸多法律,需要对相关法律进行正确协调,处理好法律之间的衔接问题。直播带货的发展对现行相关法律如《广告法》提出了挑战。《广告法》规定,不能同时拥有广告代言人与广告主两种身份,而实际上许多知名主播的带货是自创自销的,这就需要通过修订相关法律来协调矛盾。

3. 多方主体协同共治

除对直播带货加强政府监管和加快立法,明确主播法律定位和责任承担问题外,还需要社会组织、直播平台、主播经纪公司和消费者多方主体共同努力,协同治理。

1)社会组织

直播带货具有流动性、多变性、不确定性的特点,使得监管部门面对巨大的网络直播市场很难在方方面面对其进行实时监督和管理。行业协会等价于政府与企业之间的社会组织,可以充分发挥其沟通、监督、公正、自律和协调的职能。一方面,充分发挥行业自律的积极作用,行业协会可以推动制定直播平台责任公约、主播准入门槛标准及主播直播行为准则等以约束直播带货。另一方面,行业协会等社会组织要积极维护行业利益,保障协会成员的正当权益,在个别成员的合法权益遭到侵害时,应积极支持寻求救济。例如,消费者协会对于消费者无力得到救济和保护时应当支持起诉;当损害社会公共利益时,作为公益诉讼法定主体应积极主动行使职权,提起公益诉讼。

2)直播平台

规范直播带货发展,直播平台责无旁贷。直播平台要对直播带货进行严格的监督和管理,履行平台的审核和监管处置义务。首先,要做好事前审查,对直播带货的主播做好资格审查,对商品渠道进行登记;其次,要做好事中监督,对直播带货过程和主播的行为做好全面监督;最后,需要做好事后评价,重视消费者对主播的评价、举报,以及监管部门、新闻媒体的调查处罚和批评通报,对具有违法行为的主播进行相应的批评教育、停播整顿。除了对直播带货严格管理,直播平台也应当加强自律,如果直播平台没有履行监督管理义务和职责，则需要承担相应的法律责任。

3）主播经纪公司

主播经纪公司是以专门培养和扶持签约主播为业务，为主播提供资源支持，替代或代表主播与品牌商或者平台合作，从广告收入中抽成而获得利润。主播经纪公司对规范直播带货发展起着至关重要的作用。一方面，主播经纪公司应当培养高素质的专业主播，加强培训，主播在上岗前必须接受职业道德和工作内容培训，并通过相应考核，提高主播的规则意识和行为规范。另一方面，主播作为公司员工，其责任转由公司承担，主播经纪公司应当勇于承担责任，合理管理和培养主播，当主播的信誉受到非法损害时，应采取有力的保护措施。

4）消费者

在直播带货模式下，消费者更容易受到主播的强烈推荐、超低价折扣和直播场景等因素的影响，产生非理性消费。消费者首先应当理性消费，避免盲目跟风，提高真假辨别能力，正确衡量商品价值，避免冲动消费，掉入主播虚假交易额、商品卖完就下架、清仓大甩卖、以假充真等陷阱。其次，消费者应该提高自己的维权意识，要敢于维护自己的合法权益，当面对消费者维权成本过高与产品本身的价值或造成的实际损害不相当时，可以通过与店家协商、向平台投诉、向新闻媒体举报和请求消费者协会支持起诉等正当合法途径维护自己的权益。消费者应学会在前期保留购物消费的凭证截图证据，以备后期维权。

9.1.6 直播电子商务虚假宣传的法律法规完善

1.《反不正当竞争法》下直播电子商务虚假宣传法律法规的完善路径

1）突出"引人误解"标准的核心地位

以言语表达为主要传播途径的直播电子商务，"引人误解"的行为更加复杂。

（1）是否"引人误解"，需要根据日常生活经验、相关公众一般注意力、发生误解的事实和被宣传对象的实际情况等因素进行判断，而不是以国家标准或认证标准为判断依据。

（2）"引人误解"的行为不仅包括虚假表达，还包括以下3个方面。

① 真实表达的误导，如声称在某食品中不含防腐剂，而事实上该食品中根本没有必要添加防腐剂。

② 模糊表达的误导，如宣传其产品为"意大利聚酯漆家具"，公众误以为是从意大利进口的成品家具，实际上只是用意大利进口油漆喷涂的国产家具。尽管从语言的多元化与理解的角度，这则广告从某种意义上与事实相符，但极易被误解或使人产生错误的联想。

③ 遗漏重大事实的误导，如广告中声称某种药片能够治疗贫血，具有缓解疲劳的功效，但未说明贫血不是致使疲劳的唯一原因，因此被认为具有误导性。

2）建立"实质性关联"信息披露制度

针对商品质量及服务品质的虚假宣传和数据流量造假，我国做出了相应的规定并日渐完善，但缺少对"实质性关联"的强制披露要求。为保障直播电子商务荐证活动的客观性、真实性，"实质性关联"的强制披露尤为必要。英国FTC（Financial Training Company，金融培训集团）颁布了一系列文件说明"实质性关联"的披露要求，其中的以下规则可加以借鉴。

（1）商家。商家应主动说明身份，或要求主播在直播活动中披露与自身的"实质性关联"，并且建立能够引导和监督主播的机制。这要求商家也必须知道主播推送了什么样的内容，但并不要求商家落实到主播的每一句陈述。即使商家与主播团队（如 MCN 机构）合作，对直播活动进行推广和管理，也依然不能规避因主播"欺骗性称述"所应承担的责任。商家必须证明对主播开展了关于广告活动的培训，以保证主播陈述的真实性和可证性。若商家发现信息披露不真实，则必须"采取措施停止欺骗性陈述的进一步传播"。

> **小常识**
>
> **MCN**
>
> MCN（Multi-Channel Network，多频道网络）是一种多频道网络的产品形态，是一种新的网红经济运作模式。这种模式将不同类型和内容的PGC（Professionally Generated Content，专业生产内容）联合起来，在资本的有力支持下，保障内容的持续输出，从而最终实现商业的稳定变现。

（2）主播。主播必须向消费者提示自己与商家的"实质性关联"，在接受赞助或者从直播内容获取赏金的情况下，应当主动披露这一事实，并且做到"明晰且突出"。主播如果仅描述"我讨论的许多产品都是制造商免费提供的"，即使在网站首页或者个人简介部分标明此描述，或将赞助商的名称加入标签中以示感谢，仍未达到"清晰且突出"的标准。主播要在直播活动中将"实质性关联"的披露对应到具体的商品或服务，不能仅笼统描述。在直播电子商务中，主播必须在直播中周期性地重复披露"实质性关联"，避免观看部分片段的观众获取不到有效信息。

（3）直播平台。在监督主播营销并对他们获取报酬提出建议方面，直播平台是制定信息披露方案和规范行为的最佳主体。直播平台必须做好监督，对主播提出披露"实质性关联"这一要求。平台可以根据信息披露的实际情况发放赏金。同时，平台可以优化信息披露的方式，如采取设置嵌入工具或向用户发送邮件等方式，便于主播做出信息披露。

3）强化知识产权保护的主体责任

我国现行移动电子商务平台中知识产权的管理机制实行的是企业自治管理与政府监督管理相结合的"双轨制"模式。为了规制直播电子商务活动中的"搭便车"行为，减少侵犯他人知识产权的纠纷，我国应强化各主体的知识产权保护的自治意识和主体责任。

（1）商家。商家应当保证出售的商品不侵犯他人的知识产权，未经权利人授权，不得以假冒、伪造、仿制等方式生产和销售相关产品。当出现侵权纠纷时，商家作为直接责任人，不仅需对权利人承担损害赔偿责任，而且对因侵权产品被召回、无法使用或停止出售等情形给消费者造成的损失，商家也需承担相应的缔约过失责任或违约责任。

（2）主播。一方面，主播应当对其推荐的商品进行审核，避免出现侵权问题。无论是推荐本店铺的产品，还是受邀推荐他人商品，主播都应当对产品进行预先审核。尽管在受邀推荐的情形下，主播可与商家通过合同约定责任的承担范围，但是并不排除主播的审核义务。另一方面,主播对直播间的名称、使用的素材、展示的内容及推荐文案等也需提高注意义务。主播的姓名、昵称、肖像、声音可以申请注册商标,若使用他人肖像注册商标,需征得他人同意。

(3) 直播平台。《电子商务法》第四十一条规定:"电子商务平台应当建立知识产权保护规则,与知识产权权利人加强合作,依法保护知识产权。"一方面,平台应当保留和记录直播发布的视频及购物链接,《网络交易监督管理办法》中要求平台对直播视频应当保留至少3年。另一方面,平台应加强对商家知识产权保护的管理,许多平台对商家准入提出了严格的要求,如天猫要求入驻商家必须取得商标注册证或商标受理通知书;抖音要求无论是否为自有品牌,都要提供商标注册证或授权书。

由于直播营销平台种类的不同,对商家监督的权限和方式也应各有侧重。就电子商务平台而言,其必须履行监督"主播"和"商家"的双重注意义务,不仅要关注主播的宣传活动,而且要加强对商家资质的审核;内容平台与社交平台中的直播电子商务,通常是由主播提供链接转接到第三方电子商务平台,与商家不存在直接的服务协议,不能实现对商家的制约。尽管此类平台也逐渐开发自身电子商务业务,但对商家的监督能力和管理水平无法与传统电子商务平台相比。此类平台应侧重对直播间名称、域名等展示内容的审查,加强与电子商务平台的合作,防止主播提供不实链接或诱导用户进行私下交易,并且通过采取有效技术手段过滤和拦截包含"高仿""假货"等字样的侵权商品链接,以及被投诉成立后再次上架的侵权商品链接。

2.《广告法》下直播电子商务虚假宣传法律规制的完善路径

1) 细化直播电子商务行为的法律属性

直播电子商务中的推介行为是否构成"商业广告",是解决虚假宣传法律适用问题的关键。商业广告的实质是商品经营者或服务提供者的意见传播,如果推荐行为实际上是借"他人之口"表达"卖家之意见",应被认定为商业广告。这样的规定虽存在一定的瑕疵,但是强化了"实质性关联"这一客观标准,对于虚假宣传的治理具有重要意义。直播电子商务的推荐行为应结合具体情形以细化区分法律属性。

(1) 对于在直播间设置、展示中明显出现赞助品牌的商标、字号、宣传口号等标志性提示、购物链接,以及主播陈述中声明属于商业广告的,应当按照商业广告进行处理。此类广告应当符合"可识别性"的要求。

(2) 在推销商品或服务的商业性展示中,若经营者按照法律、法规和规章的规定向消费者展示信息,则此类展示不应被认定为广告。例如,对生产者、用途、性能、规格、等级、主要成分、生产日期等情况进行客观描述,不属于广告。但是如果在对以上情况进行陈述的同时,也表达了主播的主观感受和商品偏好,并且主播与商家存在"实质性关联",则这种情形仍属于广告行为。因为在该情形下,主播的意见仍然是商品经营者或服务提供者的意见,且依托主播影响力实现了信用背书,具有广告的实际效果。

(3) 如果直播电子商务仅仅依赖于低价和优惠活动来吸引消费者,而非以测评、对比、现场示范等中立身份进行推荐,那么这种情形不应被认定为广告。这种销售方式实际上是主播利用其影响力与商家进行的利益交换,但从保护消费者的角度出发,它并不会实质性地影响消费者对商品和服务本身品质的判断及自主选择权。

2）明确主播的"广告荐证人"身份及法律责任

直播电子商务吸引消费者的原因，不仅在于主播的描述有煽动效果，更重要的是可视化的荐证能帮助消除顾虑，加之对主播如同"朋友"一样的身份预设，使消费者产生更多信任。"广告荐证人"这一用语，更能体现直播电子商务活动中主播的主体功能与作用，从而维护消费者的信赖利益。"广告荐证人"在法律上的明确，不仅需要转变对"广告代言人"的传统观念，也需要在立法上实现规则的协调统一。

实现"广告代言人"到"广告荐证人"的过渡，并不是一蹴而就的，需要理论与实务部门进一步完善。但不可否认的是，主播属于《广告法》中广义层面的"广告代言人"。立法部门也认可主播身份的独立性，意图赋予其法律意义上的人格化地位，《网络主播行为规范》和《关于加强网络直播规范管理工作的指导意见》都提到了主播责任，"直播内容构成商业广告的，需承担《广告法》中广告发布者、广告经营者、广告代言人的义务与责任"，然而对于何种直播内容构成商业广告，相关规范没有明确规定。或许因考虑到法律适用实然状态下可能造成的混乱，目前我国仍采取谨慎的态度。

3. 灵活适用"虚假广告"与"虚假宣传"

"虚假广告"与"虚假宣传"不是非此即彼的关系。存在欺骗或误导性的商业宣传，不属于"虚假广告"的，未必就是法律意义上的"虚假宣传"。与绝大多数违法行为与其危害结果的同时性不同，虚假广告行为与其危害结果的产生往往有时间间隔，但这并不表明没有危害。

直播电子商务中有一些具有虚假宣传效果的行为，仍处于法律规制的模糊边界，例如，未披露与商家的"实质性关联"，该情形在我国既不属于"虚假广告"，也难以被认定为"虚假宣传"，只能根据《最高人民法院关于审理不正当竞争民事案件应用法律若干问题的解释》第八条第三款的规定，结合"日常生活经验""相关公众的一般注意力""被宣传对象的实际情况"等因素进行综合判断。从适用主体上，为避免过于单一和适用不当，构成共同侵权的，仍可能依据《民法典》侵权责任的相关规定承担连带赔偿责任。在行政责任方面，直播宣传中的虚假宣传行为不应立即施以过高的行政处罚，建议根据虚假宣传行为的实际影响、对同业竞争者造成的损害等因素进行灵活处置，增设临时执法措施。

9.2 农村电子商务法律法规

【知识目标】

（1）了解农村电子商务的概念，明确其产生的背景。
（2）了解农村电子商务存在的法律风险。
（3）了解解决农村电子商务法律风险的对策。
（4）熟悉农村电子商务法律法规健全策略。

【技能目标】

（1）能够说出农村电子商务存在的法律风险。

(2)能够说出解决农村电子商务法律风险的对策。

(3)能够说出农村电子商务法律法规健全策略。

9.2.1 农村电子商务概述

1. 农村电子商务的概念

农村电子商务是电子商务在农村经济中的一种特殊模式,也需要依托信息网络这种媒介,将农村实体经济与网络虚拟经济联系起来。农村电子商务是以农村为依托、以农业为基础、以农民为主体的网络电子商务。

2. 农村电子商务产生的背景

改革开放以来,我国经济飞速发展,互联网渗透人们的生活,人们的生产生活方式发生了巨大改变,由此而产生的新型产业电子商务也逐渐被人们所追捧。2005年1月8日,国务院办公厅发布了《国务院办公厅关于加快电子商务发展的若干意见》(国办发〔2005〕2号),这是政府第一次以公开的方式提出电子商务,第一次明确电子商务是国民经济和社会信息化的重要组成部分,这个文件也是促进电子商务发展的纲领性文件。

随着电子商务模式的迅速发展,国务院于2015年5月再次印发《关于大力发展电子商务加快培育经济新动力的意见》(国发〔2015〕24号),这是国务院再次颁发对促进电子商务具有纲要性的文件。文件中明确将电子商务农村化与互联网结合起来,将互联网的发展融入农村的发展之中,引入产业链、价值链、供应链等现代管理理念和方式,开展电子商务进农村的综合示范。

2015年11月9日,国务院印发《国务院办公厅关于促进农村电子商务加快发展的指导意见》,该文件指出政府的政策要加速对农村电子商务主体的培养,充分发挥现有的市场资源和第三方平台作用,培育多元化农村电子商务主体,鼓励电子商务、物流、商贸、金融、邮政等各类社会资源加强合作。

> **知识拓展**
>
> **发展农村电子商务的意义**
>
> 1. 有利于农产品市场资源的优化配置
>
> 在农业生产过程中,为了扩大农业生产、提高生产质量等,人们会购买先进设备、生产资料。当然,不同地区的经济发展水平不一样,先进设备、生产资料等价格也不尽相同。农业生产者一般为较小的农业个体,购买生产资料、设备等所需资金不够充足。为了解决这一问题,农村电子商务网站建设应运而生。
>
> 农村电子商务网站可以为农村生产者提供丰富的信息,包括来自更多不同地区的产品设备、生产资料等。这有效缓解了该地区农业生产中因资料、设备短缺而导致的价格差异问题,有利于国内生产资料、设备的优化配置。它使得农业生产者在选择生产资料、设备时有了更多的选择,更能购买到适合自己需求的产品,从而降低购买成本。从另一方面来说,这也降低了生产成本,提高了劳动生产率,进而增加了人们的收入。

2. 改变农村生产经营模式，节约生产及销售成本

农村电子商务的竞争阻力小，传统农产品供应链环节较长，从农业生产者到消费者环节较多，导致农产品在储运、加工和销售环节中的成本较高。

首先，电子商务将农产品直接推向市场，拓展了传统交易方式的同时，简化了供应链环节，降低了农产品交易成本。其次，可以解决小农户的销售途径，避免因为产量小而没有经销商收购。再次，可以降低农业生产风险。农村电子商务的应用能够让农业生产者准确、实时地了解市场动态信息，了解市场需求状况，降低农业生产风险，合理组织生产，以避免因产量和价格的巨大波动带来的效益不稳定，从而降低农业生产风险。

3. 有利于提高农业经营者的市场竞争力

农业生产者是一个独立的个体，由个体去面对瞬息万变的市场始终是一个问题，因为有些地方的经销商非常少，在遇到天灾时不能快速将信息传播出去以减少损失。这也是农业生产的分散性、抵御市场风险能力差造成的。

4. 有利于提高农村地区人民的生活质量

在生活方面，农村电子商务消费市场一样存在巨大的潜在需求。由于农村特殊的自然和社会环境，较少有超市、商场等成规模的规范的购物场所，农民购买物品相比城市显得非常不方便，而电子商务恰好可以弥补这一不足。农村相对较低的经济收入水平，使得人们对商品的价格更为敏感，而在线营销的普遍低价可以很好地满足农村市场的需求。此外，农村在文化娱乐设施方面的缺乏，也为相关方面的电子商务企业提供了广阔的市场空间。

综上所述，发展农村电子商务可以很好地解决我国农业现状的"小农户与大市场"的矛盾，电子商务模式的优势就是能把小农户组织在一起，在销售环节实现规模化，在降低市场流通成本的同时还可以更好地满足市场的需求，提高农村经济的竞争力。

3. 农村电子商务发展现状

1）农村电子商务向优质快速方向发展

目前，我国农村电子商务向稳步提升、经营提速的新方向发展。

（1）随着农村经济改革继续深入、农业产业化建设不断完善，电子商务成为目前农村经济发展的"新亮点"。通过发展农村电子商务，带动了农产品、手工艺制品等多项要素营销，为农民增收、农业增效提供了新路径。

（2）随着农村电子商务的不断发展，电子商务成为释放剩余农村劳动力的"新选择"。大量懂技术、有创意的新型农民选择农村电子商务作为就业、创业的新机遇。农村电子商务为农村人才资源发挥最大价值营造了积极、良性的生态环境。

（3）随着农村电子商务发展日益产业化、系统化，电子商务企业成为农村经济发展的"新主体"。自《电子商务法》颁布以来，农村电子商务经营主体积极向企业化、规范化方向转型，通过品牌建设、技术创新和规范运营，实现了农村电子商务竞争力的全面提升。

2）农村电子商务具备完善的政策法律保障

在"互联网+农业"成熟发展背景下，农村电子商务已成为推进乡村振兴战略、激发

农村市场活力的重要选择。因此，国家相继出台了一系列法律、政策进行规范引导，为农村电子商务业务发展提供了重要保障。

（1）在政策方面。国务院出台了"互联网+农村"的发展计划，推动农业生产与电子商务市场有效衔接。商务部专门针对农村电子商务发展出台了相关指导意见。财政部为农村电子商务发展提供了专项财政支持。各地方根据区域实际，出台了一系列扶持农村电子商务发展的政策、意见和计划，为农村电子商务发展提供了完善的政策保障。

（2）在法律方面。《电子签名法》开启了电子商务法律应用进程，对电子商务企业提出了相关要求。《合同法》及时扩充内容，明确了电子合同与书面合同具有同等功能。《电子商务法》的出台和应用，更是从全方位视角对农村电子商务发展提供了法律基础。

3）农村电子商务经营市场日益活跃

目前，我国农村电子商务逐渐替代传统农业产业模式，成为引发农村经济发展的"动力引擎"。

（1）参与力量多元。物流企业、电子商务企业和农业龙头企业积极利用时代环境，重视发展电子商务业务，为农村电子商务注入了强大动力。2018年，我国加快电子商务公共服务机制和物流配送体系建设，形成了农村淘宝、邮乐购、京东帮等各类农村电子商务服务网点，有力地推动了农特产品电子商务营销。

（2）营销形式多样。在快手、抖音等短视频平台、直播平台的助力下，电子商务营销进入新的"带货时代"，农村电子商务进入发展快车道。通过创作"三农"题材微视频，吸引消费者的关注，实现从产品焦点向营销卖点的成功转型。

（3）形成了涵盖全领域、全流程的农村电子商务体系。截至目前，我国各种涉农电子商务平台数量超过3万个，形成了包含综合电子商务、社交电子商务和跨境电子商务等所有电子商务形态的销售模式，以及完善的物流配送服务体系和金融支付结算服务的农村电子商务体系。

4）农村电子商务经营呈现新变化

目前各地区相继出台扶持和引导农村电子商务业务发展措施，积极完善电子商务发展基础，提升电子商务运营能力，推进产业融合，走出了符合农村特色的电子商务发展之路。在数字经济环境下，农村电子商务发展呈现出全新变化。

（1）城乡资源要素流动加快，农村电子商务优势逐渐下降。随着各大电子商务企业积极拓展农村业务，农村电子商务市场的竞争力日益加大，尤其在技术、人力等成本不断增加的背景下，农村电子商务发展所需要投入的经营成本持续加大。

（2）大众消费更加个性化、多元化，农村电子商务产品适应能力差。相对于城市工业化产品，农村电子商务产品主要以原材料、手工制品为主，生产效率慢、品质把控难度较大，与目前电子商务市场需求和行业规范要求之间存在一定的差距。

（3）经营平台更加多样，传统物流配送难题得到有效解决，农村电子商务进入新阶段。目前，农村电子商务覆盖了传统电子商务、社交电子商务和专门农村电子商务等各类电子商务平台，增加了农村电子商务从业者的选项。同时，通过完善建设现代物流体系，不断改良电子商务产品的物流配送模式，传统农产品物流配送短板得到了显著改善，大量生鲜农产品能够及时配送给消费者，有效地提升了农村电子商务的大众认可度。

5）农村电子商务经营风险加剧

农村电子商务以市场信息反馈为基础，综合研判市场需要，通过连接农产品与消费市场，实现了农产品供需结构的有效平衡。

（1）尚未形成良好的电子商务运营环境。目前，农村地区积极探索电子商务发展路径，实现了外部资源引入、农业产业升级和城乡资源元素的自由流动。但实践表明，农村电子商务在发挥优势的同时，还面临着电子商务产业规模普遍不大、电子商务发展氛围较为滞后、电子商务发展水平参差不齐等诸多现实困境。

（2）尚未形成完善的风险防范意识。多数农村电子商务从业者对电子商务企业的规范、依法运行了解不够，未能用相关法律标准来规范、约束电子商务企业经营，未能形成用法律维护自身权益的常态意识，引发农村电子商务经营风险。

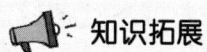

知识拓展

农村电子商务能够快速发展的十大条件

1. 农村消费需求提升

近年来我国普遍消费水平提升，农村消费需求同样也得到提升，但是没有适当的渠道获得更多的商品。农村电子商务的发展正好解决了这个问题，让消费者可以满足自己的消费需求。

2. 国家政策的大力支持

国家对农村电子商务的发展一直给予政策支持，包括鼓励高校毕业生、农村青年、返乡农民工等积极参与农村电子商务。此外，国家还投入大量资金给予支持。

3. 电子商务向农村经济社会渗透

农村电子商务是互联网技术、电子商务技术和农村经济工作的结合。

4. 农民巨大的消费潜力逐渐被释放

互联网普及后，农村地区，以及三、四线城市的消费潜力被释放，因为边远农村地区的商业基础设施不太完善，所以，只能通过网络释放。

5. 农产品流通的驱使

传统的农产品流通有传统的渠道，但当我们提供互联网平台之后，产品生产者通过互联网去销售他们的产品，这就形成了农村电子商务巨大的群体。

6. 电子商务平台降低了商品和服务的流通成本

互联网加上第三方支付和物流的发展，使小生产者可以用低成本接触到大量的消费者。农村地区的流通成本迅速下降。

7. 农村生产力的释放

农村地区有很大的生产力，但没有渠道可以释放，因为传统渠道比较小，而互联网提供了一个广阔的平台，促进了农村生产力的释放。

8. 农村群体有大量的休闲时间

农民通过互联网可以做很多其他的工作，包括传统的农业生产、现代的服务等都可以实现。

9. 农村电子商务基础设施,包括物流、互联网等发展良好

随着我国互联网及通信的发展,很多边远乡村地区上网已不是问题。

10. 为农产品提供了销售渠道,提高了农民收入

农产品的销路一直是一个困扰农民的问题,而农村电子商务则为这样的农产品提供了销售渠道。通过电子商务平台,农民可以把农产品销售到全国,提高了农民的收入。

9.2.2 农村电子商务存在的法律风险及其原因分析

1. 农村电子商务存在的法律风险

在国家的大力支持下,在市场经济的推动下,农村电子商务呈现出良好的发展态势。但同时还必须认识到,目前我国农村电子商务市场准入门槛较低,交易主体良莠不齐,交易产品质量安全难以保障,加上电子商务平台存在恶性竞争,网上支付受到威胁。由于缺乏健全的法律制度及市场监管体系,使得网络消费者的消费意愿大打折扣。

1)交易主体资格风险

在电子商务交易过程中,主体资格的重要性总是在交易纠纷中得到凸显。一般而言,参与农村电子商务的主体有农村企业、农户和农民合作社。与农户和农民合作社不同,农村企业是依法在工商管理部门进行注册的法人主体,在法律层面能够独立承担民事责任,处于国家法律监督与管理范围之内,并受国家相关法律的保护。在电子商务交易过程中,如果农村企业与网络消费者之间产生纠纷,那么网络消费者的合法权益则能够得到有效保障。与此不同的是,农户、农民合作社在参与农村电子商务交易时,并未经过国家工商管理部门的注册登记,要成为电子商务主体,只需要在电子商务平台上填写个人信息进行用户注册即可,由于他们不具备法人资格,因此很难被有效监管。一旦网络消费者与他们产生纠纷,则消费者合法权益的维护则显得较为困难。总而言之,维护网络消费者权益,关键在于科学界定电子商务交易主体,在此基础上进一步构建促进农村电子商务发展的法律机制。

2)交易产品法律风险

电子商务交易依赖于网络平台,网络的特殊性提高了工商部门对电子商务交易的监管难度。在线下交易中,产品价格围绕价值上下波动;在线上交易中,产品价格偏离价值规律,高价和低价都是有可能出现的。这意味着农村电子商务交易产品价格是存在一定风险的。除了产品价格风险,产品质量风险也是客观存在的。个体农户是农村电子商务交易中的主体之一。个体农户在电子商务平台上所展示的产品多数为自家种植农作物,他们普遍缺乏产品质量安全意识,所经营的农产品多为"三无产品",无疑增加了交易产品的质量风险。从另一个角度讲,一些个体农户道德素质不高,为了追求更大的经济效益,置消费者利益于不顾,在电子商务平台上交易的产品存在"以次充好"甚至是"弄虚作假"的现象,使得交易产品的质量安全难以得到保障。

3)交易平台法律风险

作为农村电子商务发展的载体,交易平台同样具备一定的法律风险,其风险来源主

（1）交易平台欺诈注册商家的风险。随着互联网的飞速发展，电子商务平台的数量与日俱增。在种类繁多的交易平台中，不乏有一些不合规、不合法的平台。由于农村电子商务主体多为农民，他们对网络了解得不够深入，缺乏对不法平台的鉴别能力，当他们在电子商务平台上进行注册时，很可能会因为程序不合法而不具备合法主体资格，致使其合法权益受到损害。

（2）交易平台之间恶意竞争引起的风险。为了在竞争市场中赢得一席之地，一些交易平台之间产生不正当竞争，对商家进行平台限制，不允许同一商家在不同交易平台经营，这种做法严重损害了电子商务交易的公正性，且容易增加商家的交易成本。

（3）基于交易平台的第三方支付风险。为了避免卖家收到货款不发货和买家收到货物不付款，就需要有一个独立于网络经营者与消费者的第三方主体负责网络支付。第三方支付的流程如下：买家通过电子商务平台购买商品并提交订单后，将货款支付到第三方支付平台之后卖家发货，直到买家收到商品，再经由第三方平台将货款支付给卖家。毋庸置疑，第三方支付平台的优势使得其在农村电子商务交易中被普遍应用，但其劣势也极为明显，一旦遇到木马病毒、钓鱼网站等，那么账户的资金安全将受到严重威胁。

2. 农村电子商务存在法律风险的原因

农村电子商务在发展过程中之所以会存在上述法律风险，究其原因主要有以下3点。

1）缺乏农村电子商务相关法律规范

网络交易的覆盖面广，参与主体数量庞大，商品种类多且更新速度快，在交易过程中难免会出现一些无法预料的新问题。与电子商务发展速度相比，国家在电子商务领域的立法进程相对缓慢。针对农村电子商务，目前并未有专门的法律规范进行调整，这并非代表农村电子商务发展完全没有法律依据。为促进电子商务有序发展，虽然我国在2019年年初正式颁布并实施了《电子商务法》，但其中的条款并未考虑农村电子商务的特殊性。针对农村电子商务中遇到的新情况也难以单纯凭借《电子商务法》进行调整，在电子商务交易中，一旦出现不法分子，网络主体权益将容易被侵犯。

与此同时，与线下交易不同，线上交易中的纠纷常常因法律制度不完善而无法得到妥善解决。换句话说，在电子商务模式下，网络交易的经营者与消费者之间出现争议，因缺乏有效的争端解决机制，使得任何一方利益受损时都会遇到维权困难的问题。当然，农村电子商务交易的特殊性更加突出，这是因为交易产品多为水果、蔬菜、粮食等农产品，保鲜期限短，容易变质或者被损坏，当消费者收到问题商品时，很难判断是商家的责任还是物流公司的责任。

2）农村电子商务交易监管力度不足

农村电子商务交易是在虚拟网络上进行的，要有效规范电子商务交易行为，除了要科学制定商业规则，还必须加强立法，建立专门的监管制度，整合管理体系，尽可能做到对网络交易的全方位监管。但是现阶段农村电子商务监督存在制度不健全、方法陈旧、力度不足等问题，短时间内无法适应行业发展需求。必须承认，国内网络监管制度亟待完善，农村电子商务监管体制建设滞后于电子商务行业发展速度。随着互联网在农村地区的广泛普及，农村电子商务发展速度随之提升，主要特征集中表现为数量多、规模小、分布分散等，要实现农村电子商务的有效监管，势必要消耗大量的人力、物力及财力，这显然与网络监管部门有限的资源相矛盾。另外，农村电子商务交易之所以存在监管困难，很大程度上在于该行业的准入门槛低、交易群体数量庞大、涉及地域范围广。经营者要从事电子商务活动，一般只需要在电子商务平台上进行身份注册即可，通过微信、QQ等社交软件同样可以完成商品交易。这些虚拟的交易行为灵活多样，将以往的监管方式直接用于监管农村电子商务交易是难有成效的，容易出现监管空白，最终使得电子商务交易陷入维权难的困境。

3）农村电子商务主体的法律意识淡薄

从事农村电子商务经营的主体中，个体农户所占比例较高，其中，相当一部分个体农户受教育程度较低，道德及法律意识相对淡薄。具体来说，个体农户网上交易之前，需要在电子商务平台上提交个人信息，一些农户道德素质不高，填写虚假个人信息，销售假冒伪劣产品，出现纠纷时便"溜之大吉"，严重损害了消费者的合法权益。受经济条件、学历水平等因素制约，个体农户普遍缺乏电子商务的相关知识，也未能熟练掌握操作技能，缺乏对自身权利与义务的正确认识。当他们效仿城镇居民进行电子商务交易时，其无侵权意图的行为可能会损害他人权益，或者其自身权益受到损害时仍然未能察觉，这也是法律意识淡薄的具体表现。

9.2.3 解决农村电子商务法律风险的对策

农村电子商务在发展过程中存在的法律风险，可以从多方面、多层次、多角度最大限度地被消除。

1. 完善农村电子商务的法律法规

无规矩不成方圆，完善的法律法规是保障所有产业健康有序发展的重要因素。当前农村电子商务借助互联网发展的大趋势得到了迅猛发展，但是由于法律法规本身具有一定的滞后性，导致其不能全面、及时地规范当前农村电子商务交易中存在的各种法律关系，无法有效地调解农村电子商务交易中的纠纷，在一定程度上影响了我国农村电子商务的健康有序发展。因此，我们应当针对农村电子商务中存在的突出、特定的问题，尽快出台相应的法律法规，进一步完善电子商务相关的法律制度，为农村电子商务的公平、有序、健康发展提供强有力的法律支撑。

2. 健全农村电子商务监管体系

建立健全的法律法规后，政府应加大力度确保法律法规的实施，对经营行为进行有效监管，防止由于监管不到位导致法律实施不彻底的问题发生。首先，完善农村电子商务的监管要从产业链开始抓起，采取相应的措施，区分不同个体的监管方法以实现监管目的。对经营者要突出对其主体资格合法性的监管，明确其法律地位和法律责任，以此提高产品的质量；对物流方要强化服务的精准化、高效化，切实提高消费者的购物体验；对第三方平台要利用法律法规落实好责任制度和兜底制度，当交易纠纷发生时，交易平台能够及时介入，明确责任方，用相应的兜底制度确保交易双方的合法权益不受侵犯。其次，成立农村电子商务办公室，赋予其执法权，进行电子商务的监督和管理，以增强监管的效果和成效，切实打造良好的农村电子商务的运营环境。最后，要把整个监管体系融合起来，做到上下统一。各级政府和监管部门要准确把握市场准入的条件和规则，统一市场准入的标准；对农村电子商务交易的全过程进行系统化的监管，及时与各大平台进行沟通，通过经营者的属地划分对各种经营主体进行登记造册，及时检查和抽查经营主体的经营行为；对商家侵权、售卖假冒伪劣产品等违反法律法规的行为要及时处理，切实规范经营主体的经营行为。

3. 建立多元化的农村电子商务纠纷解决机制

随着农村电子商务的飞速发展，电子商务的交易量呈现爆炸式增长趋势，交易纠纷的数量也直线增长。怎样快捷、高效、公平地解决交易纠纷成为当务之急。首先，通过完善立法保障当事人的合法权益。明确纠纷当事人对纠纷的处理方式和方法拥有选择权，如是否接受可信的第三方机构进行在线调解等，可以由当事人按照自己的意愿进行选择。其次，加强引导，打造在线争议处理机制。应积极谋划、推动网络法院、线上调解综合平台的建设和落地；完善顶层设计，更好地适应互联网时代的发展要求。最后，调解与诉讼相结合，完善电子商务纠纷解决衔接机制。相关部门应出台规范性文件，衔接农村电子商务的仲裁和诉讼，畅通诉讼和调解的渠道，确保纠纷能够得到及时、有效的解决。

4. 充分发挥政府的服务职能

目前，农村电子商务的发展受到经营者法律意识、道德意识及专业认知等因素的影响。首先，政府要充分利用国家优惠政策对农村电子商务进行适度的引导和扶持，聘请相关的专业人士对农村电子商务经营者进行必要的专业知识和法律知识培训。其次，各地政府要发挥主导优势，提供技术援助和政策支持，积极协调有关部门帮助农民对农产品进行安全检验和检疫，从源头上严把质量关，真正让消费者买得放心、吃得安心。最后，政府要大力扶持农村电子商务经济，打造广泛认可的农村电子商务信用体系，建立失信企业和个人失信记录登记，对信用差的企业和个人进行联合惩戒。政府要组织相关部门共同出台电子商务信用体系建设的相关要求和规章制度，努力促成多部门联合执法，督促经营主体合法经营，积极营造公开透明、公正公平的市场氛围，并借此进行品牌推广和打造。通过打造知名品牌、完善信用体系，进一步推进我国农村电子商务交易的健康有序发展，形成公平、公正的互联网交易体系，使农村电子商务迸发出生机与活力，让电子商务真正在农村开花结果。

9.2.4 农村电子商务法律法规健全策略

在"互联网+"背景下，农村电子商务的发展为农产品销售提供了新的路径。由于农村电子商务相关法律制度不够完善，使得农村电子商务发展遇到了诸多难题，采取积极措施规范农村电子商务势在必行。

1. 完善农村电子商务领域的法律法规

我国《电子商务法》对农村电子商务发展的确起到了一定的规制作用，但鉴于农村电子商务的特殊性，有必要对其中部分规定进行适当调整，或者添加一些新的法律条款，以弥补立法空白。要修订完善涉及农村电子商务的配套法律法规，如《食品安全法》《农产品质量安全法》等，必要的时候，还可以添加农村电子商务领域的其他适用性规定，在优化电子商务法律体系的同时，推动其更好地适应电子商务发展。具体来说，一方面，要从电子商务交易主体方面入手，制定针对农村电子商务交易主体的规定或条例。建立注册登记制度，提高电子商务行业市场准入门槛，凡是要从事农村电子商务交易的主体，不论是个体农户，还是其他经营主体，都如实填写身份信息，并接受第三方的审核，审核通过方可进行电子商务经营。审核时，如果发现有不良交易记录的商户，应该拒绝其进入农村电子商务市场。符合市场准入条件的商户需要通过工商注册来确定经营范围，日后所经营的商品必须在注册经营范围内，严禁经营超出注册经营范围的商品，从根源上杜绝"挂羊头卖狗肉"的现象。

此外，政府要积极引导并支持农村电子商务交易主体完善内部管理制度，尤其要重视财务管理制度，为规范交易行为提供制度保障，为促进农村电子商务发展夯实基础。另一方面，为了提升电子支付的安全性，必须加大对电子商务交易犯罪的惩治力度，力争为网民提供更加安全、更加可靠的网络环境。从电子商务支付安全方面出发，应当通过立法来确立归责原则。电子支付是农村电子商务交易过程中的核心环节。实践中，不论是发起人过错，还是银行系统过错，都会直接造成电子支付失败。建议按照损害事实来进行过错推定，除非当事人能够证明自己不存在过错，否则就必须承担法律责任。

2. 健全农村电子商务的监管体系

农村电子商务监管体系构建是一项极为复杂的工程，其中，涉及工商、行政、农业、食品等多个监管主体。从纵向上看，农村电子商务监管体系包括从市场准入到商品经营，再到商品售后等每个环节的监管。

（1）对农村电子商务主体进行身份监督，要求网络经营者如实填写个人信息，并在法律允许范围内明确经营范围，明确网络经营者的主体资格及法律地位。

（2）监管产品经营的全过程，产品的生产、加工、销售、运输等多个环节及相关主体行为的监管通常由网络安全部门、质量监督部门等联合执法，多个监督主体在具体实践中应该加强沟通，争取能够协商解决，从而有效避免监管空白、重复监管等问题。

（3）对商品售后进行监管，一旦发现交易纠纷，应该引起重视并妥善解决。从横向上看，农村电子商务监管体系涉及商家、消费者、电子商务平台等不同参与者。农村电子商务的商家主要是个体农民、乡镇企业等，在经营过程中必须严于律己，严格把控产品质量；消费者要增强法律意识，提升自身素质，勇于并善于维护自身的合法权益；电子商务平台要做好信息登记管理工作，重视对用户及产品的监管与管理；电子商务行业内部应该科学制定行为准则，企业与企业之间要相互监督，形成良好的风气。

3. 提高农村电子商务主体的道德素质及法律意识

电子商务主体的法律意识淡薄，严重阻碍了农村电子商务的健康发展。对此，要通过宣传与教育手段来提升农村电子商务、主体的法律意识及法律素质。具体来说，有以下3个方面。

（1）地方政府要加强对法律知识的宣传，组织专人对典型网络犯罪的案例进行讲解，提升农民的风险防范意识；还可以联合电子商务平台在农村地区举办关于电子商务知识的讲座,让更多的农民能够掌握电子商务操作技能;同时,还要在全社会范围内进行诚信意识宣传,切实提升农村电子商务主体的法律与道德意识。

(2)对农村电子商务经营主体进行定期或者不定期的专业培训,培训内容主要有电子商务理论知识、实践操作技巧,以及与电子商务相关的法律知识。通过继续教育与培训,让农村电子商务经营主体认识到电子商务交易中的各种风险,并有能力规避这些风险。为了让广大农民尽快掌握电子商务销售技巧,地方政府应当制定优惠政策,将精通互联网与法律的复合型人才引入农村,为他们创造机会来帮助当地农民学习法律知识、网络知识,教会农民在网络上销售商品,教会农民做到知法、守法、用法。

(3)可在中小学课堂教学中增设互联网、法律等内容,让农村孩子从课堂上便有机会学习到网络知识、法律知识。这样有助于培养掌握现代网络科技知识且具有法律素养的新型农民。

9.3 跨境电子商务法律法规

【知识目标】

(1)了解跨境电子商务的概念和特点。
(2)掌握跨境电子商务的分类。
(3)掌握我国跨境电子商务的发展现状。
(4)掌握我国跨境电子商务法律监管现状。
(5)掌握完善我国跨境电子商务法律监管的对策。
(6)熟悉跨境电子商务知识产权的法律风险及其法律保护发展对策。

【技能目标】

(1)能够说出我国跨境电子商务的法律监管现状。
(2)能够提出完善我国跨境电子商务法律监管的对策。

9.3.1 跨境电子商务概述

1. 跨境电子商务的概念

跨境电子商务(Cross-Border Electronic Commerce)简称跨境电商,是指通过电子商务平台使处于不同关境的交易主体进行信息交流、商品交易、结算,并借助跨境物流完成商品送达的一种国际商务活动。

与传统国际贸易相比,跨境电子商务在交易形式、物流、结算方式等方面都存在较大差异。一方面,跨境电子商务实现了贸易的无纸化、数字化、网络化,包括支付环节在内,都可以借由网络完成。同时,交易合同、运输单据等传统的纸质票据都是以电子文件形式存在的。可见,跨境电子商务是一种包括在线数据传输、电子交易、电子支付、电子货运单据等多环节的国际贸易新形式。另一方面,跨境电子商务缩短了传统国际贸易的交易环节,基于互联网传递信息的便捷、快速及范围广,卖方可以直接与不同国家的消费者进行联络沟通,减少了传统贸易中的某些流通环节,把更多的利润留给了消费者,这也是跨境电子商务最大优势所在。

目前，对跨境电子商务概念的认知主要集中在以下几个方面：政策领域、国际组织、咨询公司、学术研究。

（1）政策领域。欧盟在其电子商务统计中出现了跨境电子商务名称和有关内容，主要是指国家之间的电子商务，但并没有给出明确的含义。

（2）国际组织。联合国于2000年就已经关注到了国际贸易和电子商务的关系。2010年，国际邮政组织在《跨境电子商务报告》中分析了2009年的跨境电子商务状况，但对跨境电子商务的概念也没有明确的界定，而是出现了"Internet shopping""online shopping""online cross-border shopping"等多个不同的说法。

（3）咨询公司及学术研究。在eBay、尼尔森等著名公司及诸多学者的表述中运用了不同的名词表述，如跨境在线贸易、外贸电子、跨境网购、国际电子商务等；阿里巴巴电子商务研究中心在2016年的报告中对跨境电子商务的概念界定如下："跨境电子商务有广义和狭义之分，广义的跨境电子商务是指分属不同关境的交易主体通过电子商务手段达成交易的跨境进出口贸易活动。狭义的跨境电子商务概念特指跨境网络零售，指分属不同关境的交易主体通过电子商务平台达成交易，进行跨境支付结算，通过跨境物流送达商品，完成交易的一种国际贸易新业态。跨境网络零售是互联网发展到一定阶段所产生的新型贸易形态。"

> **小常识**
>
> **尼尔森**
>
> 尼尔森是全球著名的市场监测和数据分析公司，1923年由现代市场研究行业的奠基人之一的阿瑟·查尔斯·尼尔森创立，总部位于英国牛津。
>
> 尼尔森是全球领先的市场研究、资讯和分析服务的提供者，服务对象包括消费产品和服务行业，以及政府和社会机构。

总的来看，这些概念虽然表述不同，但还是反映了一些共同的特点。

（1）渠道上的现代性，即以现代信息技术和网络渠道为交易途径。

（2）空间上的国际性，即由一个经济体成员境内向另一个经济体成员境内提供的贸易服务。

（3）方式上的数字化，即以无纸化为主要交易方式。

2. 跨境电子商务的特点

1）全球性

互联网具有全球性和非中心化特征，跨境电子商务以互联网为基础，也具备全球性和非中心化特征。区别于传统贸易受制于地理因素，跨境电子商务是一种无边界贸易，网络用户考虑更多的是产品属性及附加值，地域国界不再是阻碍贸易发生的主要因素。全球性积极的一面是信息共享，消极的一面则是用户需面对更多因政治、文化、法律法规的不同而带来的风险。

2）无形性

数字化产品和服务在互联网时代得以盛行，借助不同类型的媒介如数据、图像、声音在网络环境下完成数字化传输,而这些媒介是以计算机数据代码形式存在的,因而是无形的。跨境电子商务是一种特殊形式的数字化传输活动,不同于传统交易以实物交易为主,无形产品可以取代实物在跨境电子商务交易中发生,如电子图书,消费者只需购买该书籍的网上数据权即可获得书中的信息和知识。

3)可追踪性

跨境电子商务的整个交易过程——议价、下单、支付、物流等环节都会留有记录,消费者可以随时查询购买记录,实时追踪交易产品的发货及物流信息。可追踪性同时也有利于货物的报关报检工作效率的提升。例如,对于进口商品,我国建立了保税区试点,区内商品纳入海关监管范围,商检部门对进口商品进行检验,从而建立对跨境电子商务企业源头可追溯、过程可控制、流向可追踪的闭环监管体系。

4)即时性

在传统的信息传输模式中,接收信息的时间与交流方式相关,如信件、电报、传真等不同的方式存在接收时间差,并且传输的速度受地理距离影响。而在跨境电子商务中,无论距离的远近,信息交流具有即时性的特点,一方发送信息,另一方几乎同一时间就可接收到信息。随着网络技术的发展、5G应用的普及化,使某些数字化产品可以瞬间完成在线交易,提高交易效率。

> **小常识**
>
> **5G**
>
> 第五代移动通信技术(5th Generation Mobile Communication Technology,5G)是具有高速率、低时延和大连接特点的新一代宽带移动通信技术。5G通信设施是实现人机物互联的网络基础设施。
>
> 国际电信联盟(International Telecommunication Union,ITU)定义了5G的三大类应用场景,即增强型移动宽带、超高可靠低时延通信和海量机器类通信。增强型移动宽带主要面向移动互联网流量爆炸式增长,为移动互联网用户提供更加极致的应用体验;超高可靠低时延通信主要面向工业控制、远程医疗、自动驾驶等对时延和可靠性具有极高要求的垂直行业应用需求;海量机器类通信主要面向智慧城市、智能家居、环境监测等以传感和数据采集为目标的应用需求。
>
> 为满足5G多样化的应用场景需求,5G的关键性能指标更加多元化。ITU定义了5G八大关键性能指标,其中高速率、低时延、大连接成为5G最突出的特征,用户体验速率达1Gbps,时延低至1ms,连接密度可支持每平方千米100万台设备。

5)无纸化

互联网通信记录可以取代一系列传统纸质文件,因此,在跨境电子商务交易中主要采取无纸化操作,这也是电子商务最为显著的特点。电子信息的传输以比特形式,从而实现信息发送和接收电子化。无纸化摆脱了交易对纸张的依赖,节约了资源,但对某些以"有纸交易"为依据的法律法规是一个很大的挑战。

6）快速演进

互联网是一个新生事物，以迅猛的发展速度向前演进，网络设施和软件协议都具有很大的不确定性。在此基础上建立起来的跨境电子商务也同样处于瞬息万变中，不仅在技术、交易方式、商品种类上由原来的 EDI 转变为现在的电子商务零售，由最初单一电子化产品和服务为主扩展到现在几乎涵盖所有的产品大类。同时，政府制定的电子商务政策也具有较大的不确定性，传统的贸易政策是针对传统贸易制定的，在跨境电子商务交易中必然显现出不适应性，也带来了前所未有的冲击和挑战。

小常识

EDI

电子数据交换（Electronic Data Interchange，EDI）是指按照同一规定的一套通用标准格式，将标准的经济信息通过通信网络传输，在贸易伙伴的电子计算机系统之间进行数据交换和自动处理。由于使用 EDI 能有效地减少直到最终消除贸易过程中的纸面单证，因而 EDI 也被称为"无纸交易"，它是一种利用计算机进行商务处理的新方法。EDI 可将贸易、运输、保险、银行和海关等行业的信息，用一种国际公认的标准格式，通过计算机通信网络，使各有关部门、公司与企业之间进行数据交换与处理，并完成以贸易为中心的全部业务过程。

3. 跨境电子商务的分类

1）按照商品的流向分类

按照商品的流向分类，可将跨境电子商务分为出口跨境电子商务和进口跨境电子商务。

（1）出口跨境电子商务。出口跨境电子商务又称出境电子商务，指产品的产地在国内借助跨境电子商务平台与国外消费者达成交易、收取货款，并通过跨境物流递送商品，进而将商品销往海外市场的一种国际商业活动。

（2）进口跨境电子商务。进口跨境电子商务又称入境电子商务，指产于国外的商品借助跨境电子商务平台达成国内采购交易、支付货款，借助跨境电子商务物流运送商品，输入国内市场的一种国际商业活动。

2）按照商业模式分类

按照商业模式分类，跨境电子商务分为 B2B、B2C 和 C2C 3 种主要模式。

（1）B2B（Business to Business）又称在线批发，是指不同国家企业间通过跨境电子商务平台进行商品、服务及信息交换的一种商业模式。跨境电子商务企业最终面对的客户是企业或企业集团。目前，B2B 模式占中国跨境电子商务交易规模的 90% 以上，占有主导地位，代表企业有敦煌网、阿里巴巴国际站、中国制造网、环球资源网。

（2）B2C（Business to Consumer）和 C2C 跨境电子商务统称为在线零售，是分属不同关境的跨境电子商务企业将产品或服务最终销售给个人客户，并通过跨境物流将商品递送给客户的网上零售方式。B2C 类跨境电子商务模式在中国整体跨境电子商务交易规模比例不断提升，代表企业有全球速卖通、兰亭集势、米兰网、大龙网等。

（3）C2C 是指分属于不同关境的个人卖家将商品或服务销售给个人买家，并通过跨境物流递送商品的电子商务应用模式，代表企业有洋码头、全球购、街蜜等。

目前，我国主要的跨境电子商务出口模式是 B2B 和 B2C，进口模式则以 B2C 为主。随着跨境电子商务的发展还衍生出一些其他不同的跨境电子商务模式。M2C 是指生产厂商通过跨境电子商务平台直接提供商品或服务给消费者，无须经过传统流通渠道的多个环节，进而达到降低销售成本、保障产品质量、提升售后服务的目的。

3）按照运营方式分类

现阶段跨境电子商务按照运营方式分类可分为平台运营型和自建网站运营型。

（1）平台运营型。平台运营型跨境电子商务也称第三方开放平台，指电子商务平台搭建线上商城，并提供支付、物流、运营等跨境电子商务交易服务，吸引商家入驻平台从事对外贸易活动，平台以交易佣金和增值服务为主要盈利模式，代表企业有阿里巴巴国际站、全球速卖通、敦煌网、环球资源网等。

（2）自建网站运营型。自建网站运营型跨境电子商务，指企业在线搭建跨境电子商务平台，整合供应链通过进出货差价赚取利润，其中又分为综合型和垂直型两类，代表企业有环球易购、兰亭集势、米兰网、大龙网等。

知识拓展

跨境电子商务的业务模式

1. 出口方面

目前主要采用"清单核放、汇总申报"的管理模式，解决电子商务出口退税、结汇问题。

2. 进口方面

（1）直邮进口模式。直邮进口模式流程如图9-1所示。

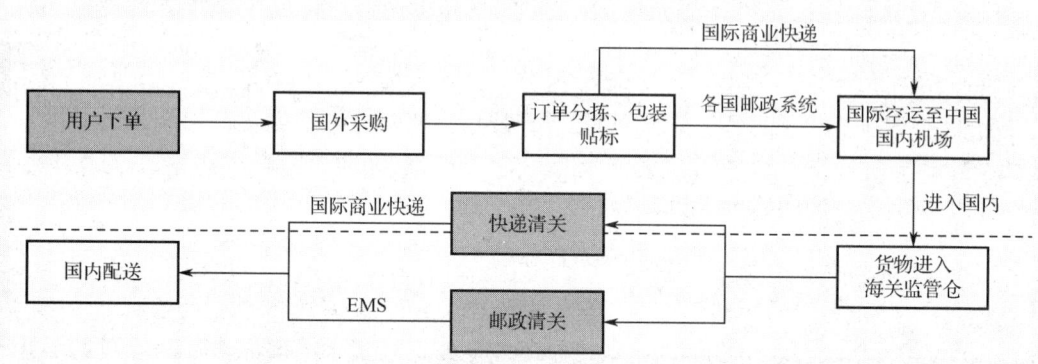

图 9-1　直邮进口模式流程

① 运作方式。消费者购买境外商品，境外商户通过国际运输的方式发送商品，直接送达境内消费者。

② 优缺点。产品丰富多样，中国消费者可以直接购买稀缺、优质、新奇的全球商品，并可与海外卖家直接沟通；但收货时间稍长，为7～10天。

③ 商品价格构成：商品标价+物流费用+行邮税（具体依据商家有所调整）。

（2）保税进口模式。保税进口模式流程如图9-2所示。

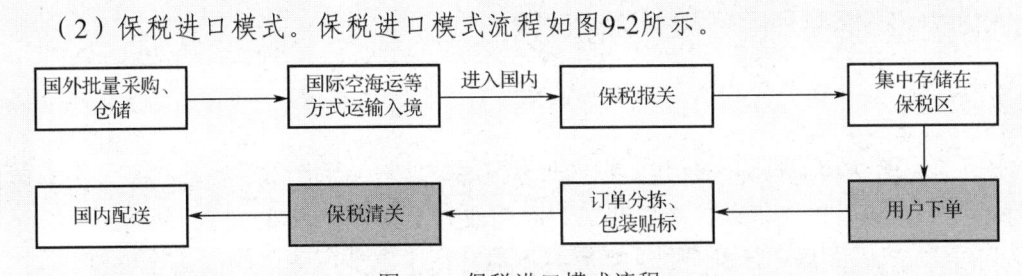

图9-2　保税进口模式流程

① 运作方式。境外商品入境后暂存保税区内，消费者购买后以个人物品出区，包裹通过国内物流的方式送达境内消费者。

② 优缺点。缩短物流时间，海关监管保证质量，方便退换货等售后服务，优化购物体验；但商品可供选择的范围有限。

③ 商品价格构成。商品标价+行邮税（具体依据商家有所调整）。

（3）集货进口模式。集货进口模式流程如图9-3所示。该模式相当于直邮进口模式的升级版，以集运代替零散的运输，节约成本。

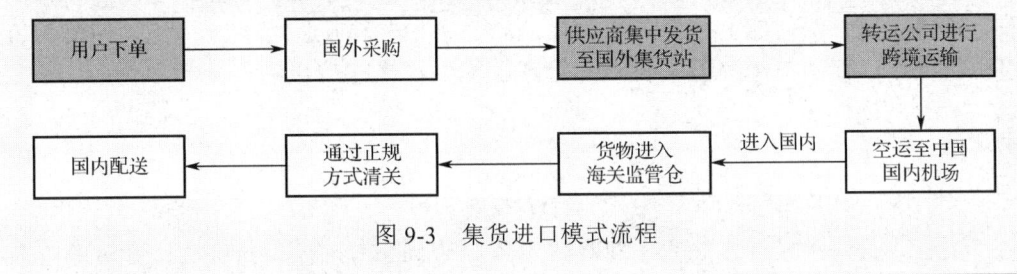

图9-3　集货进口模式流程

4. 我国跨境电子商务发展现状

随着"一带一路"倡议的不断深入推进，2012—2022年我国跨境电子商务的交易规模一直在扩大，具体增长情况如图9-4所示。我国跨境电子商务交易规模之所以发展非常迅速，主要是因为电子商务模式取代了一些传统的贸易模式，缩短了贸易环节，便捷的购物方式引发了新的消费需求。可以预见，未来我国跨境电子商务行业将继续稳定发展，当然，也要看到跨境电子商务行业的发展速度正在放缓，需要寻找新的驱动力继续推动其发展。

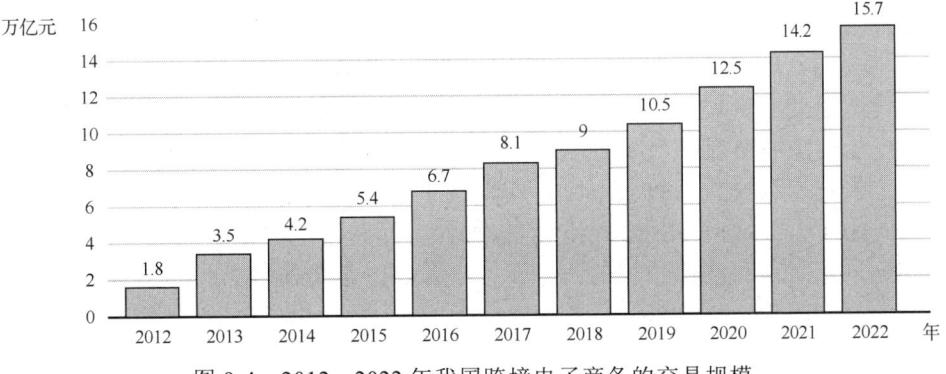

图9-4　2012—2022年我国跨境电子商务的交易规模

9.3.2 跨境电子商务相关法律政策

跨境电子商务相关的法律法规主要包括《中华人民共和国对外贸易法》《中华人民共和国电子商务法》等。

《中华人民共和国对外贸易法》主要涉及国际服务贸易的方面，包括市场准入和国民待遇的原则，以及国家可以在特定情况下限制或禁止某些国际服务贸易的情形。

《中华人民共和国电子商务法》则更具体地介绍了电子商务活动的法律规范，包括电子商务经营者的责任和义务，如用户信息的保护、数据信息的提供、电子商务平台经营者的责任等。该法还规定了电子商务经营者应遵守的进出口监督管理法律、行政法规和国家有关规定，以及电子商务平台经营者对进入平台销售商品或提供服务的经营者的真实信息进行核验、登记的义务。

2013年8月21日，国务院办公厅转发商务部等部门印发的《关于实施支持跨境电子商务零售出口有关政策意见的通知》。这是国务院发布的第一个支持跨境电子商务的专项文件。2015年6月，国务院办公厅印发《关于促进跨境电子商务健康快速发展的指导意见》（国办发〔2015〕46号），明确了跨境电子商务的主要发展目标，也从多个方面给出政策支持，包括优化配套的海关监管措施、完善检验检疫监管政策措施、明确规范进出口税收政策、完善电子商务支付结算管理、提供积极财政金融支持等。

> **小常识**
>
> **O2O模式**
>
> O2O即Online to Offline，也即将线下商务的机会与互联网结合在一起，让互联网成为线下交易的前台。这样线下服务就可以用线上来揽客，消费者可以用线上来筛选服务，成交可以在线结算，很快达到规模。该模式最重要的特点是推广效果可查，每笔交易可跟踪。

此外，国务院及地方政府相关部门相继发布支持或规范跨境电子商务行业的法律法规，如《国务院关于同意在天津等12个城市设立跨境电子商务综合试验区的批复》《国务院关于同意在北京等22个城市设立跨境电子商务综合试验区的批复》《国务院关于同意在石家庄等24个城市设立跨境电子商务综合试验区的批复》《国务院关于同意在雄安新区等46个城市和地区设立跨境电子商务综合试验区的批复》《海关总署关于跨境电子商务企业海关注册登记管理有关事宜的公告》《海关总署关于实时获取跨境电子商务平台企业支付相关原始数据接入有关事宜的公告》《海关总署关于开展跨境电子商务企业对企业出口监管试点的公告》《关于跨境电子商务零售进口税收政策的通知》《国家外汇管理局关于进一步促进跨境贸易投资便利化的通知》《关于调整扩大跨境电子商务零售进口商品清单的公告》《广东省人民政府办公厅印发关于推进跨境电商高质量发展若干政策措施的通知》《广州市人民政府办公厅关于修订〈加快广州跨境电子商务发展若干措施（试行）〉的通知》等，这一系列法律法规的出台，对于我国跨境电子商务的良好健康发展提供了政策支持与有效监管。

9.3.3 我国跨境电子商务法律监管现状

1. 监管体系不完善

跨境电子商务与传统商务贸易有着极大的不同，在贸易方式和交易途径上都截然不同，因此，传统的贸易法律法规很难适用于跨境电子商务之中，还需要及时进行调整和改进。电子商务贸易发展十分迅速，当前我国尚未制定出真正适合跨境电子商务的监管体制，从而导致在跨境电子商务交易中经常出现诚信问题和税收问题等，这些都严重地影响着跨境电子商务的健康发展。此外，我国针对跨境电子商务的法律法规大部分都是以条文形式存在的，并没有形成健全的法律监管体系。我国当前阶段的跨境电子商务经营模式主要包含B2B、B2C和C2C 3种。B2B在一定意义上还属于传统商贸经营方式，但是，如果采取传统的监管模式对B2C和C2C这两种经营模式进行管理，那么就会出现明显的不适性。首先从海关监管方面和税收方面来说，跨境电子商务的商品主要以货物进口和行邮快件进口两种方式进入我国境内。如果以货物进口模式，则按照一般贸易方式征税。如果以行邮快件方式进口，则按照行邮快件征收邮税。这两种方式产生的税费是不同的，行邮快件在整体税率水平上比较低。我国很多海淘店铺属于小型贸易商，如果采取货物进口方式则会多交一些税费，但如果以邮政的方式进口，则能减少很多税费。因为这些邮件体积小、价值比较低，所以，在很多时候监管是无法进行全面甄别的。这也使得很多电子商务企业利用这个漏洞逃避关税，导致国家税收受到影响。

2. 缺乏与跨境电子商务相符的法规

跨境电子商务作为一种与传统方式完全不同的贸易模式，其有着多样化的特点，也就是说，在传统贸易中的法律法规是无法满足跨境电子商务发展需求的，尤其是在税务、海关等方面。我国当前在跨境电子商务方面的法律法规并不完善，导致跨境电子商务的经营活动无法得到有效监督，行业内经常发生混乱现象，如假冒伪劣、侵权、税收漏洞等问题，可以说法律法规方面的缺失是导致行业发展受限的关键问题。我国在2013年由国务院办公厅转发商务部等部门印发的《关于实施支持跨境电子商务零售出口有关政策的意见的通知》，其中对海关监管模式、交易模式、税收及出口检验等方面都进行了规定，提出了整体方针和指导办法。此后为了将文件精神和政策落到实处，税务总局、海关总署等都相继出台了关于跨境电子商务管理的政策和文件，建立起了初步的法律体系。虽然这些方针开始逐步落实，但是这些法律法规大部分都是为了解决一时之需而制定的，缺少全面性，操作中规范性也不足，很难应对发展中出现的新问题。也就是说，在当前制定出一部统一的、完善的跨境电子商务法及实施条例是相当重要的，也是迫在眉睫的。

3. 网络支付安全问题

跨境电子商务中主要依靠网络虚拟方式进行交易，有一定的便捷性，但同时也存在一定的风险性。例如，在网络交易中存在的诈骗行为，再加上我国网络监管中的不足等问题，导致网络支付安全隐患明显。此外，在跨境电子商务中有一些电子商务卖家为了躲避法律的监管，获取最大的经济利益，在交易中经常使用非法途径，这也导致跨境电子商务交易风险增加，并对其他合法企业造成了不利影响。这些问题的存在都说明了我国法律监管上的不足需要进行调整和改进。

4. 市场秩序混乱

我国目前对于跨境电子商务的法律监管缺少直接进入内部审查的专业机制，从而无法进行全面检查。很多商家会利用市场监管的漏洞来进行售假或者其他不良行为，侵犯知识产权、监管不力、不正当竞争现象随时发生，对于整个跨境电子商务的市场秩序发展都是十分不利的。此外，在监管过程中还存在多重监管的现象。当前阶段能够对跨境电子商务进行监管的部门就已经达到大约16个，这些部门都有着自己独立的数据库和监管系统，并且当前并没有建立全国统一的政府监管机构，也没有全国统一的数据库可以进行协调工作。在监管系统中每个部门的监管数据都不尽相同，缺少统一监管办法，各个监管部门之间也缺少工作协调性，导致跨境电子商务法律监管效率下降，难以产生好的监管效果。多重监管的问题不仅会造成资源浪费，也将影响监管的工作效果，无法更好地实施全面管理。

9.3.4 完善我国跨境电子商务法律监管的对策

1. 建立健全的法律体系

目前跨境电子商务方面存在法律体系不健全的现象，法律体系缺陷导致该行业内没有严格的法律标准，造成了监管漏洞，使很多不法分子可以打法律的"擦边球"，由此来获得自身利益。针对这一现象，我国相关立法部门必须引起高度重视，在立法环节中进一步完善相关法律，在调研实施的过程中，广泛征求群众意见，既包括征求跨境电子商务主体的意见，也需要征求消费者的意见，制定规范的法律来对该行业中的行为进行严格的查处。另外，我国目前实行的《电子商务法》针对跨境电子商务方面的规定比较笼统，缺乏细节性的要求。针对这一现象，有必要对《电子商务法》进行完善和细化囊括跨境电子商务相关的外贸行为。通过严格细化立法的方式来进一步建立健全的法律体系，对违反法律的行为进行大力监督和整治，由此来规范市场行为，规范跨境电子商务外贸主体的日常行为，切实保护消费者的合法权益。

2. 建立健全的信用体系

当前跨境电子商务的信用体系并不健全，主要体现在跨境电子商务结算和商品交易两个方面，其中导致跨境电子商务结算信用体系不健全的根本原因在于银行征信系统不健全。目前，银行征信系统已经基本完成了大型企业信用等级的评价和更新工作，但是对于中小型企业来说，信用等级的评价和更新工作仍然任重而道远。在下一步的工作过程中，银行仍然需要对此征信系统进行进一步的完善和优化，将中小型企业的信用等级也纳入征信系统中，并在此基础上尝试拓展个人信用体系建设。

3. 构建多元化的监管系统

目前来说，政府监管方面仍然存在监管不力、监管漏洞等现象。在实际工作运转的过程中，仅仅依靠政府监管还远远不够，毕竟政府的力量是单方面的。因此，为了能够进一步加强监管，需要构建多层次、多元化的监管系统。在这方面不仅需要政府系统发挥作用，还需要行业协会、第三方机构和群众等多个主体的共同努力。在相关监管方面，行业协会应该在建立行业标准的基础上进一步加大监管力度。对群众来说，鼓励消费者在消费的过程中勇敢举报自己生活中遇到的销售不合格商品的行为，切实维护自身的合法权益。相关部门应对举报行为给予一定的奖励。通过群众举报的方式来查获日常监管过程中不容易发现的假冒伪劣产品，进而追踪溯源，查获相关的跨境电子商务主体。对于第三方监督机构来说，目前第三方监督机构发展仍然处于初级阶段，中国目前仅有一家第三方监督机构——中国质量认证中心。中国质量认证中心的主要作用是对海外直邮商品进行假冒伪劣的查处。应鼓励建立更多的第三方监督机构，通过第三方机构的专业化力量来对相关市场环境进行监督管理。只有依靠以上多个主体的共同努力，才能在各个行业、各个领域完善监管模式，弥补监管漏洞，彻底净化市场环境，维护跨境电子商务市场的有序运营。

9.3.5　跨境电子商务知识产权的法律风险及其法律保护发展对策

1. 跨境电子商务知识产权的法律风险

1）跨境电子商务知识产权的商标侵权风险

在开放的网络环境下，跨境电子商务活动频繁，商标共享且制作相对简单，商标侵权行为时有发生，且风险越来越大。商标侵权的主要方式有以下 5 个方面。

（1）网络平台主管未经权利人授权而私自将商标专用权进行销售。

（2）模仿商标图案、结构等，形成相似性极高的商标而达到侵权目的。

（3）非法使用他人公司名称、他人商标等。

（4）利用网络域名注册的方式，抢注与其他公司的商标、商业名称相似度极高的域名达到侵权目的。

（5）冒用他人商标使用权等。

2）跨境电子商务知识产权的著作权侵权风险

在网络环境下，著作以电子信息化方式传播，使得著作权侵权行为普遍存在。简单的复制、篡改就可以利用著作名称、内容进行获利。跨境电子商务中的著作权侵权主要有两种方式：一是直接冒用达到侵权目的；二是间接侵权。侵权涉及复制权、传播权和发行权等。网络开放性和无地域性的限制，使得著作权侵权在跨境电子商务活动中频繁发生，而且追踪、封锁、维权比传统方式更难，影响范围更大，影响层次更深。

3）跨境电子商务知识产权的专利侵权风险

专利保护是对权利人的经济保护和技术保护，但在跨境电子商务中，往往存在企业未征得权利人授权的情况下私自将专利产品在跨境网络活动中进行交易，或者模仿专利产品进行销售来获得高额收益的行为。在知识产权纠纷中，专利侵权行为比例较低，并且具有一定的连带责任，涉及的第三方也会承担侵权责任。目前，针对第三方责任的界定并不明确，需要进行侵权风险问题的研究，使所有侵权者无论是在定性还是责任定量上都给出明确的规定。

2. 跨境电子商务知识产权法律保护的发展对策

1）建立健全跨境电子商务知识产权法律保护制度与监管机制

面对跨境电子商务中知识产权客体的变化及知识产权的法律风险，首先，需要从市场出发进行法律体系的完善。跨境电子商务的市场行为、规律、特征等是知识产权保护体系的影响因素，从根本出发进行法律制度的监管体系的完善，能够为侵权提供明确的法律保障。其次，针对跨境商品知识产权保护标准不统一的问题，为降低侵权风险，从立法角度对跨境商品给出明确的标准体系，使跨境电子商务平台拥有明确的交易标准。最后，在第三方电子商务的责任划分上，以效率优先兼顾公平作为判断标准和方法，使第三方平台重视侵权监管，做好事前、事中、事后管理。当发现可能发生侵权行为时，第三方平台主要进行侵权查验，以防发生连带责任。另外，在面对当前跨境电子商务存在明显的立法滞后问题时，还要特别注重法律制度和监管体系的完善。首先，为保证责任清晰，管理有序，必须指定某机构作为跨境电子商务知识产权侵权管理的唯一部门，其他管理部门与之加强合作、信息共享，形成管理范围明确、责任划分清晰的管理体系。其次，加强海关的作用与监管力度，将跨境电子商务侵权行为封锁在国门之外。因此，立法中要将海关的权力、管理范围、管理内容、管理体系、管理制度等进行完善与明确，真正发挥海关的监管作用。

2）完善跨境电子商务企业准入机制，加强信用评价公示与处罚力度

侵权行为是企业或个人的信用和品质问题，网络环境下所有电子商务平台或个人都要重视。有了品牌信誉，企业或网络平台才会具有较高的信用等级，才能保证电子商务过程中知识产权得到有效保护。首先，企业信用等级是一次次电子商务互评积累起来的，是企业社会形象的显现。在跨境电子商务中，政府要依靠自身的职能和引导作用，将企业信用进行社会公开，并尽快完善信用评价体系，在一定程度上防范跨境电子商务的知识产权侵权行为发生。其次，注重准入制度的完善。对跨境电子商务企业资质、身份、信用、服务质量等进行审查，并运用大数据挖掘技术，对跨境电子商务企业进行信用模型构建和分类，根据企业所处的类别提供相应的服务。再次，知识产权保护与信用体系挂钩，侵权、失信均记录在案，为进行知识产权保护提供参考。如跨境电子商务企业有侵权行为发生时，立即将其纳入失信黑名单队列中，并对侵权信息进行社会公开曝光，使企业重视失信、重视知识产权及连带责任。最后，将跨境电子商务企业的大数据信用评价进行公开公示，促使其自觉实施知识产权保护，诚信经营，同权利人一起共筑产权防线。

3）推进"互联网+法院"模式，实现线上调解与仲裁

当跨境电子商务企业产生侵权纠纷时，维权的途径常常以司法调解为主。这种方式耗时耗力，明显跟不上网络时代的发展。所以，国际上将维权方法转向替代争议方式，不进行诉讼仲裁，通过选择性争议来解决纠纷，如协商、调解等。然而，跨境电子商务的经营模式多以零售、小额为主，维权时采用替代性争议解决方式并不适合。当前，每个国家对知识产权保护的标准、维权方式、法制体系等差异较大，亟须统一的知识产权维权标准和体系来实现高效维权，从而保证跨境电子商务良性发展。所以，针对跨境电子商务的产权纠纷，可运用"互联网+"法院在线争议解决机制，使法院实现线上调解

与仲裁，同时，调解与仲裁的线上共享性能够使法院的公开性、公正性得到保证，企业的信用信息也能及时公开，保证跨境电子商务知识产权维护更加高效、直接。

复习思考题

1. 填空题

（1）与传统的商品展示相比较而言，直播电子商务具有很强的_____。

（2）农村电子商务是以农村为依托、以_____为基础、以农民为主体的网络电子商务。

（3）农村电子商务交易是在_____上进行的，要有效规范电子商务交易行为。

（4）与传统国际贸易相比，跨境电子商务在_____、物流、结算方式等方面都存在较大差异。

（5）按照商品的流向分类，可将跨境电子商务分为_____跨境电子商务和_____跨境电子商务。

2. 简答题

（1）什么是直播电子商务？直播电子商务有哪些特性？
（2）直播电子商务法律法规存在的问题有哪些？
（3）什么是农村电子商务？农村电子商务产生的背景是什么？
（4）农村电子商务法律风险有哪些？
（5）什么是跨境电子商务？跨境电子商务的特点有哪些？

参考文献

[1] 韩晓平. 电子商务法律法规[M]. 4 版. 北京：机械工业出版社，2022.

[2] 凌斌，胡凌. 电子商务法[M]. 2 版. 北京：中国人民大学出版社，2022.

[3] 欧志敏. 电子商务法律法规[M]. 北京：中国人民大学出版社，2022.

[4] 王庆春，刘溪，王晓亮. 电子商务法律法规[M]. 3 版. 北京：高等教育出版社，2022.

[5] 郑春贤. 跨境电子商务法律问题研究[M]. 北京：中国商务出版社，2021.

[6] 李爱君，徐林海. 电子商务法律与实务[M]. 北京：知识产权出版社，2021.

[7] IMS（天下秀）新媒体商业集团. 直播电商法律法规解析[M]. 北京：清华大学出版社，2022.

[8] 张克夫，郭宝丹. 跨境电子商务法律法规[M]. 北京：清华大学出版社，2021.